Active Hope

액티브 호프

크리스 존스톤 지음
양춘승 옮김

암울ㅎ   ㅣ래를 여는
ㅓㄱ적 희망 만들기 프로젝트!

KB075236

벗나래

차례

엉망진창인 현실,
어떻게 해결할 것인가?

　이 책의 원서인 『Active Hope』의 번역을 의뢰받았을 때, 사실 망설이지 않을 수 없었다. 저자들의 깊은 학문적 세계와 현실에 대한 진지한 고민을 제대로 옮길 수 있을지 자신이 없었기 때문이다. 그러나 영문판을 두 번 읽으면서 그들의 세계관과 현실 문제를 해결하려는 열정이 나를 감동시켰다. 결국 나는 감히 이 책을 번역할 결심을 하게 되었다.

　공저자 중 한 명인 조안나 메이시 여사는 불교, 체계이론, 그리고 심층생태학을 연구한 학자로, 자신이 공부한 과학적 지식에 근거하여 모든 중생이 하나의 뿌리에서 나왔음을 설파한다. 그 믿음을 바탕으로 현재의 지구적 지속 가능성의 위기를 이겨 내려면 새로운 인류로의 진화가 필요하고, 또 그것이 가능하다고 역설한다. 또 다른 공저자인 크리스 존스톤 박사는 정신과 의사로, 오랫동안 중독 치료를 해온 경험을 토대로 메이시 여사가 창안한 '재교감 작업'에 참여해 인간이 자신의 삶과 세상을 변혁시킬 수 있는 능력을 가졌음을 설파한다.

저자들은 우리가 지구적 지속 가능성의 위기를 극복하기 위해서는 단지 문제를 인식하는 것만으로는 부족하다고 주장한다. 우리 인간이 현재의 문제를 해결할 능력이 있음을 확신하고, 그런 방향으로 우리 삶의 양식을 하나씩 바꿔 나갈 때, 우리는 지구의 문제를 해결하고 인류가 한 단계 더 진화하는 이른바 '대전환'의 시대로 진입할 수 있다고 역설한다.

기후변화와 지구적 지속 가능성 문제로 학위 논문과 씨름한 적이 있는 역자 입장에서 볼 때, 이 책은 그동안 불확실하거나 애매했던 나의 문제의식을 확실히 해주는 계기가 되었을 뿐만 아니라, 문제 해결의 대장정에 나서는 방법과 논리를 제공해 주었다고 생각한다. 문제를 지적하기는 쉽지만, 해결에 나서기는 어려운 게 현실이다. 저자들은 이 책에서 문제해결 과정을 장기간에 걸친 모험담으로 비유하고, 그 모험을 끊임없이 진행하여 마침내 성공리에 끝내기 위한 전략과 마음자세를 제시한다.

이 책을 읽는 독자들을 위하여 몇 가지 주의사항을 언급한다.

1) 번역은 2012년 New World Library, California에서 출간된 『ACTIVE HOPE : How to Face the Mess We're in without Going Crazy』를 바탕으로 하였다.
2) 서적은 『   』로, 영화 등의 작품명은 《   》로, 단체 등의 이름은 〈   〉로 구분하였다.
3) 인명은 현지 발음에 근거하여 한글로 표기하였다.
4) 저자는 둘이지만, 번역은 주된 저자인 조안나 메이시 입장에서 하였다.

5) 원서에서는 저자와 독자들을 '우리' 라고 통칭했으나, 여기서는 저자들은 '저희', 독자들은 '우리' 와 '당신' 으로 나타냈다.

조금의 오역이라도 피하기 위해 최선을 다했지만, 저자들의 깊은 생각을 정확하게 전달하지 못했을까 봐 여전히 두렵다. 혹시라도 의미 전달이 부족하거나 잘못된 부분이 있다면 역자의 잘못이다. 독자 제현의 준엄한 지적을 부탁드린다. 여러 방면에서 전문적 조언을 아끼지 않았던 무수한 친구들과 전문가 여러분께 감사드린다.

청림동에서
역자 양춘승

새로운 사회,
대전환을 향한 희망 프로젝트!

'위험하다.', '두렵다.', '통제 불능이다.' — 이 단어들은 사람들이 "지금 세상 돌아가는 꼴을 볼 때, 앞으로 어떻게 될 것이라고 생각합니까?"라는 질문에 우선적으로 떠올리는 말입니다. 지난 수십 년간 저희는 다양한 처지에 놓여 있는 수만 명의 사람들과 이런 문답을 계속해 오고 있습니다. 이 과정에서 듣는 반응을 보면, 우리는 앞날에 대한 높은 수준의 경고를 보여주는 설문 결과를 떠올리게 됩니다.[1]

이렇게 광범위한 우려에는 사실 그럴 만한 충분한 이유가 있습니다. 지구가 더워지면서 사막은 늘어나고, 이상기후는 일상화되고 있습니다. 마실 물, 어족 자원, 표토, 원유 매장량 등 필수 자원은 줄어드는데 반해 인구와 소비는 늘어나고 있습니다. 경제 위기에 앞으로 어떻게 대처할 것인지 절망적인 기분이 드는데도 수조 달러의 돈이 전쟁을 하는 데 들어가고 있습니다.[2]

상황이 이렇게 안 좋으니 사람들이 근본적으로 미래에 대해 신뢰를 하지 않는 것은 당연합니다. 우리는 더 이상 우리가 의존하는 자원, 즉 음식, 연료, 식수가 앞으로도 원활하게 조달될 것이라고 보아서는 안 됩니다. 우리는 더 이상 인류 문명이 살아남을 것이라거나 지구의 여건이 앞으로도 복잡한 생명체가 살아가기에 계속 좋을 것이라고 보아서도 안 됩니다.

저희는 이런 불확실성을 '우리 시대의 중심적인 심리적 현실'이라고 이름 짓고자 합니다. 그러나 이런 이야기는 통상 너무나 두려운 주제라서 우리 마음 뒤편에 언급되지 않은 채 남아 있는 경우가 많습니다. 우리는 가끔 이것을 인식할 때도 있지만, 그저 침묵해 버립니다. 그러나 서로 입을 다물고 있으면 상황은 더 심각해질 뿐입니다. 왜냐하면 우리의 반응에 귀를 막는 것이 바로 우리 시대의 가장 큰 위험이기 때문입니다.

우리는 흔히 "거기 가지 마라. 너무 무서운 곳이야."라거나 "안 좋은 일은 너무 오래 곱씹지 마라."와 같은 지적을 듣습니다. 그러나 이런 접근법은 우리의 대화와 사고를 닫아 버린다는 문제점을 가지고 있습니다. 만약 우리가 엉망진창인 현재 상태가 너무 두려운 주제라서 생각조차 하기 싫다면, 어떻게 해결에 나설 수가 있겠습니까?

이렇게 엉망진창인 현실을 대할 때, 세상에서 벌어지고 있는 비극적 사건들에 대한 참담한 뉴스를 접할 때, 우리는 그것이 불가항력으로 느껴질 수 있습니다. 도대체 우리가 이런 현실에 대해 무엇을 할 수 있을지 회의를 가질 수도 있습니다. 그러나 이것은 우리에게 출발점이 됩니다. 마주하기엔 너무 고통스럽고, 받아들이기엔 너무 어렵고, 그냥 살아가기엔 너무 혼란스러운 바로 그런 현실에 이 시대가 직면해 있다는 것을 우리는 인정해야만 합니다. 저희의 접근법은 바로 여기서 출발합니다. 이것은 우리를 강하게 만들고, 우리의 생명력을 심화시키는 놀라운 여정의 출발점입니다. 이 여정의 목적은 '희망 만들기'라는 선물을 찾고, 제안하고, 받아들이는 것입니다.

'희망 만들기'란 무엇인가?

어떤 상황에 부딪치든 우리는 우리의 반응을 선택할 수 있습니다. 불가항력적인 도전에 마주치면 우리는 우리의 행위가 그다지 의미가 없다고 느낄지도 모릅니다. 그러나 어떤 반응을 하고 그 반응이 얼마나 중요한 역할을 할 것인지는, 우리가 희망을 어떻게 생각하고 느끼느냐에 따라 달라집니다. 예를 하나 들겠습니다.

제인은 세상에 깊은 관심을 가지고 살펴보다가 현재 일어나고 있는 일에 몸서리를 쳤습니다. 그녀는 인간이 더 이상 가망 없는 존재이고, 파괴적인 삶의 양식에 빠져 있어 이 세상의 파멸은 불가피하다고 보았습니다. '이 세상이 나아가는 방향을 바꾸지 못한다면, 무엇을 한들 의미가 있단 말인가?'라고 그녀는 반문했습니다.

'희망'이라는 말은 사실 두 가지 의미를 가지고 있습니다. 하나는 '가망성(hopefulness)', 즉 합리적으로 판단했을 때 바라는 결과가 생길 것 같은 경우를 뜻합니다. 어떤 행동에 나서겠다고 다짐하기 전에 우리는 이런 종류의 '희망'을 필요로 합니다. 하지만 가망성이 아주 높지 않으면 우리는 반응을 저지해 버립니다. 제인의 경우가 바로 그렇습니다. 그녀는 너무도 가망이 없다고 느꼈기 때문에 뭔가를 해보려는 시도조차 무의미하다고 본 것입니다.

두 번째 의미는 '소망(desire)'에 관한 것입니다. 이 세상에서 일어났으면 하는 일이 무엇이냐고 제인에게 물었을 때, 그녀는 주저하지 않고 자신이 바라는 미래와 꿈꿔온 세상에 대해 말했습니다. 우리의 여정이 출발할 수 있는 것은 바로 이런 '희망' 때문입니다. 우리가 무엇을 희망하는지, 우리가 무엇을 좋아하고 사랑하고 일어났으면 하는지를 알아가는 여정 말입니다.

실제로 세상에 영향을 미치는 것은 우리가 이런 '희망'을 어떻게 다루는가에 달려 있습니다. 우리가 바라는 것을 외부의 누군가가 가져다주기를 기다리는 것은 수동적인 희망입니다. 우리의 희망 만들기, 즉 능동적인 희망은 우리가 바라는 것을 이루기 위해 스스로 능동적인 참여자가 되는 일입니다.

희망 만들기는 실천입니다. 태극권이나 원예처럼 우리가 행하는 어떤 것이지, 뭔가를 소유하는 것이 아닙니다. 이것은 어떤 상황에서든 적용할 수 있는 과정으로, 다음의 3단계를 거칩니다.[3] 1단계에서는 현실에 대한 분명한 관점을 가집니다. 2단계에서는 상황이 변했으면 하고 바라는 방향이나 표출되었으면 하는 가치관의 관점에서 우리가 희망하는 것이 무엇인지를 확인합니다. 3단계에서는 우리 자신이나 상황을 그 방향으로 움직이도록 필요한 조치를 취합니다.

희망 만들기는 낙관주의를 전제로 하지 않습니다. 따라서 가망성이 없다고 느끼는 영역에도 적용이 가능합니다. 희망을 만들어가는 동력은 바로 의도입니다. 우리가 이루고 싶은 것, 추구하는 것, 표현하고자 하는 것을 바로 우리 자신이 선택합니다. 가망성을 따져보고 승산이 있을 때만 추진하는 것이 아니라, 우리가 자신의 의도에 초점을 맞추면 그 의도가 우리를 인도합니다.

희망 만들기라는 선물은 주고받는 것

전 세계적인 쟁점을 다루는 대부분의 책에서는 우리가 직면한 문제나 필요한 해결책 중 어느 하나만을 서술하는 데 초점이 맞춰져 있습니다. 이 책은 두 가지 모두를 다루면서도, 행동하려는 의도를 어떻게 하면 강화하고 지원하여 이 세상을 치유하는 데 우리의 역할을 가장 잘 할 수 있도록 할 것인가에 초점을 두고 있습니다.

우리는 각자 지구의 다른 지역에 살고 있고, 각자의 독특한 관심, 재능, 경험을 가지고 있습니다. 그래서 우리 모두는 서로 관심사도 다르고 반응 방식도 다릅니다. 하지만 희망 만들기라는 선물을 통해 우리 모두는 세상을 치유하는 데 기여할 수 있습니다. 이 책의 목적은 우리가 할 수 있는, 최고의 선물을 주는 우리의 능력을 강화하는 데 있습니다. 이것이야말로 천의 얼굴을 가진 지속 가능성의 위기에 대한 최고의 대응책이라고 할 수 있습니다.

우리가 위급함을 인식하고 그에 대처하려고 하면, 우리 내부에서는 뭔가 강력한 것이 활성화됩니다. 목적의식이 작동하면서 우리는 미처 몰랐던 우리의 강점을 발견하게 됩니다. 그리고 변화를 일궈낼 수 있을 때,

우리는 활력을 찾고, 우리 삶이 더 가치 있다고 느끼게 됩니다. 그래서 희망 만들기를 실천하면 우리는 주기만 하는 것이 아니라 여러 가지 방식으로 받기도 하는 것입니다. 이 책에서 저희가 서술하는 접근법은 의무감을 갖거나 칭찬을 받는 것에 관한 것이라기보다는, 우리 삶을 근본적으로 만족스럽게 만드는 '완전한 삶'의 상태에 들어가는 것에 관한 것입니다.

우리 시대의 세 가지 이야기

위대한 모험에는 항상 장애물이 있게 마련입니다. 첫 번째 난관은 문명으로서, 또한 종으로서 인류가 위기의 지점에 부닥쳐 있음을 인식하는 일입니다. 주류 사회와 그들이 표현하는 우선순위나 추구하는 목표를 살펴보면, 이것을 인식하고 있다는 증거를 찾기가 어렵습니다.

그래서 1장에서는 사람의 인식이 자신이 동일시하는 이야기에 의해 어떻게 형성되는가를 살펴보면서 위기의 규모와 대응 수준 사이의 엄청난 차이를 알아보려고 합니다. 이제 세 가지 이야기, 즉 무슨 일이 일어나고 있는지를 우리가 보고 이해하는 데 렌즈 역할을 해주는 현실에 대한 세 가지 해석을 말씀드리겠습니다.

첫 번째 이야기는 '통상적 삶(Business as Usual, BAU)'입니다. 이는 우리가 살아가는 방식을 바꿀 필요가 없다는 가정하에 자리하고 있습니다. 경제 성장은 번영을 위해 필수적인 것으로 간주되며, 출세에 관한 것이 중심적인 줄거리가 됩니다. 두 번째 이야기는 '대파국(Great Unraveling)'입니다. 이것은 통상적 삶이 가져올, 그리고 이미 가져온 재앙에 주목하는 것으로, 생태계와 사회 체제의 붕괴, 기후변화, 자원 고갈, 생물 종의 소멸 등을 그 증거로 설명합니다.

세 번째 이야기는, 첫 번째 이야기가 우리를 파국으로 인도하고 있다는 것은 알고 있지만, 두 번째 이야기가 사실이 되도록 내버려두어서는 안 된다고 생각하는 사람들이 가지고 있는 현실에 대한 해석입니다. 이 것은 새롭고 창의적인 인간의 대응을 포함하여 경제 성장을 위주로 하는 산업 사회에서 세상의 치유와 회복을 위주로 하는 생명 중심 사회로의 획기적인 전환을 이루는 것에 관한 이야기입니다. 저희는 이를 '대전환(Great Turning)'이라고 부릅니다. 이 이야기의 중심적인 줄거리는 희망 만들기라는 우리의 선물을 찾아서 내놓는 것입니다.

이 이야기 중 어느 것이 올바른가를 따지는 것은 아무런 의미가 없습니다. 지금은 세 가지 이야기가 모두 벌어지고 있습니다. 문제는 '우리가 열정을 어디에 쏟아붓기를 바라는가'입니다. 그래서 1장에서는 우리가 현재 어디에 서 있는지를 살펴보고, 우리 삶이 표출하고 싶어 하는 이야기를 선택할 것입니다. 그리고 나머지 부분에서는 '대전환'에 최고로 기여할 수 있는 우리의 역량을 어떻게 하면 강화할 수 있을 것인가에 초점을 맞출 것입니다.

'재교감 작업'의 나선형 순환

2장에서 시작해 이 책 전체로 계속되는 여정은, 수십 년 동안 저희가 진행한 워크숍에서 제시했던 역량 강화 과정에 기초를 두고 있습니다. 1970년대에 제가 처음 개발한 이 과정은 많은 동료들의 열성적인 공헌 덕분에 점점 진화하고 확산되었습니다. 그리고 남극 대륙을 제외한 모든 대륙에서 사용되고, 여러 언어로 실행되면서 신념과 배경과 나이가 다른 수십만 명의 사람들이 이 과정을 거쳐갔습니다.

이 접근법은, 우리가 생명망과 서로 하나로 연결되어 있다는 교감을 되찾도록 도와주기 때문에 '재교감 작업(the Work That Reconnects)'이라고 알려져 있습니다. 우리 내부의 자질과 외부 공동체를 계발하도록 도와주는 일을 통해, 이 재교감 작업은 우리가 충격적인 소식을 접하더라도 안정감 있게 대응할 능력을 강화시켜 줍니다. 이런 작업을 해온 경험에서

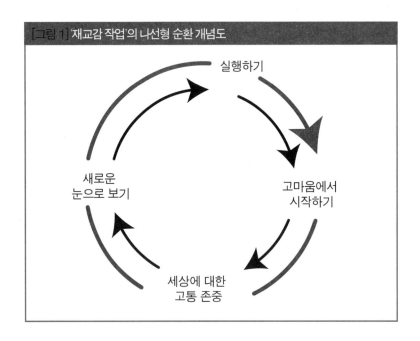

[그림 1] '재교감 작업'의 나선형 순환 개념도

실행하기

새로운
눈으로 보기

고마움에서
시작하기

세상에 대한
고통 존중

보면, 사람들은 '대전환'에서 자신의 역할을 하게 되면서 활력과 헌신을 발현한다는 사실을 알 수 있습니다.

저희가 이 책을 쓰게 된 이유는, 바로 당신이 '재교감 작업'의 변혁적인 힘을 경험하고, 그에 의지하여 우리 시대의 위기에 창의적으로 대응할 수 있는 자신의 역량을 확대시키도록 하기 위해서입니다. 앞으로 나올 본문에서는 재교감 작업이 거치는 4단계의 나선형 순환이 등장합니다. '고마움에서 시작'해서 '세상에 대한 우리의 고통을 존중하기'를 거쳐, '새로운 눈으로 보기', '실행하기'로 발전해 가는 과정이 나옵니다. 이와 같이 4단계를 거치는 여정은 반복될수록 강력해지고, 효과는 심화됩니다.

이 여정은 혼자 떠나도 많은 보상을 받을 수가 있습니다. 하지만 동료와 함께 하면 재교감 작업의 이익은 훨씬 빨리 커집니다. 그래서 우리는 이 책을 함께 읽거나 여행 중간에 기록한 것을 공유할 친구를 구하라고 권합니다. 우리의 관심거리를 공개적으로 드러내는 일은 엉망진창인 현재 상태를 마주하는 데 있어서 핵심적인 부분입니다.

앞으로 알아볼 여러 가지 이유 때문에 두려움이 생겨서 이런 식의 공유를 못하는 경우도 물론 흔히 있습니다. 그래서 저희는 지구적 위기에 대해 말하는 게 왜 이토록 어려운지를 알아보고, 우리 시대가 요구하는 역량을 강화하는 대화에 나설 수 있도록 지원 수단도 제공할 것입니다. 당신이 여기에 제시된 수단들을 실천함으로써 이 수단들과 친해지기를 바랍니다.

그리고 이 책 여기저기에는 '따라해 보세요'라는 항목이 있습니다. 이것은 개인이나 단체 모두에게 소중한 실천 행위를 경험하도록 초대하는 자리입니다.

이 책은 무엇을 제공하는가?

이 책의 핵심에는 고립된 개인보다 함께 일할 때 얼마나 더 많은 것을 달성할 수 있는가를 중시하는 공동 권력 모델이 있습니다. 이 책을 공동으로 쓴 것이 좋은 예입니다. 이 책을 내자는 아이디어는 '재교감 작업'을 하면서 우리가 배워야 할 것에 관한 대화에서 비롯되었습니다. 몇 시간이나 계속된 대화에서 저희 둘은 이전에는 가져 보지 못했던 탁월한 생각들이 자주 떠올라 서로 놀라고 흥분했습니다. '재교감 작업'의 핵심 뼈대, 개념, 실천 행위를 반복하는 과정에서, 저희는 어디에서도 발간된 적이 없는 수많은 소재를 묶어내, 그것들을 풍성하게 하고 다듬고 첨가해 갔습니다.

"백지장도 맞들면 낫다."라는 말이 있습니다. 두 개의 다른 시각으로 보면 3차원의 입체감이 나오기 마련입니다. 공동 저자인 저희는 서로 다른 배경을 가지고, 다른 대륙에 살며, 다른 출처에서 글감을 가져왔습니다. 이 모든 것은 저희에게 풍부한 경험과 시너지를 가져왔고, 저희 글 전반에 반영되었습니다.

저 조안나는 불교와 일반 체계이론, 심층생태학을 연구하는 학자입니다. 저는 미국의 여러 대학에서 강의를 하고, 세계 곳곳을 돌며 지구적 위기에 대응하는 우리의 역량에 활력을 불어넣고 강화하는 교육을 하고 있습니다. 저는 80대 초반의 나이로 캘리포니아 주의 버클리에 살고 있습니다. 지난 50여 년간 활동가로 살아왔고, 평화와 정의, 생태운동에서 지명도가 있는 편입니다. 여러 권의 책을 단독 또는 공동으로 썼으며, 이들 대부분이 영어권 이외의 다른 나라 언어로 번역, 출간되었습니다.

공동 저자인 크리스는 행동 변화, 회복 탄력성, 중독으로부터의 재활 등에 관한 심리 치료 전문의입니다. 그는 영국에 살면서 행동의학 분야에서 건강 전문가를 훈련시키는 지도자로 일하고 있으며, 긍정적인 정신 건강을 증진시키는 회복 탄력성 훈련 분야의 개척자이기도 합니다. 10대 때부터 활동가의 길을 걸어온 그는, 현재 40대 후반으로 지난 20여 년간 지속 가능성의 심리학에 관해 강의와 저술 활동을 계속해 오고 있습니다.

저희 두 사람은 지난 1989년 스코틀랜드에서 제가 주도한 1주일짜리 교육 프로그램에서 만났습니다. '심층생태학의 힘'이라는 프로그램이었는데, 이것은 크리스의 인생을 바꾼 사건이 되었습니다. 그 후로 저희는 많은 일을 함께 해왔습니다. 이 책은 저희가 공유하고 소중히 간직해 온 작업을 기술하고 있습니다. 우리 문제에 대한 청사진 같은 해결책이라기보다는 힘을 얻는 일련의 실천과 식견으로서, 그리고 변혁을 가져오는 신비한 여정으로서 저희는 이 책을 쓰게 되었습니다.

레베카 솔닛(미국의 대중운동가 겸 작가. 1961~)은 이렇게 썼습니다.

비상사태란 친밀함으로부터의 이탈이고, 새로운 환경으로 갑자기 들어가는 것입니다. 우리 스스로 잘 대처하라고 흔히 요구하는 그런 것입니다.[4]

엉망진창인 현실을 마주하면 우리는 '통상적 삶'이 지속될 수 없다는 것을 깨닫게 됩니다. 이런 난국에 잘 대처하도록 도와주는 것은, 우리의 뿌리가 우리 자신보다 훨씬 큰 어떤 존재에 닿아 있음을 경험하는 일입니다.

인도의 시인인 타고르(1861~1941)는 그 생각을 이렇게 표현했습니다.

내 핏줄을 밤낮없이 흐르는 바로 그 생명의 물줄기가 이 세상 구석구석에 흐르고 있습니다.5

우리가 쫓아가는 것은 바로 이 물줄기입니다. 이 물줄기는 세상을 고갈시키지 않고 풍부하게 만드는 삶의 길을 우리에게 가리키고 있습니다. 이 물줄기를 따라가다 보면, 우리는 '희망 만들기'라는 선물을 만나게 됩니다. 이 선물을 가지고 엉망진창인 현실을 마주한다면 우리 삶도 풍성해질 것입니다.

ACTIVE
HOPE

Part 1

대전환

Part 1. 대전환

우리 시대의
세 가지 이야기

사회가 공유하는 이야기가 주변 여건과 맞지 않으면
스스로 제약이 되고 생존을 위협받기까지 합니다.
우리의 현재 상황이 바로 그렇습니다.

- 데이비드 코텐, 『The Great Turning』[1]-

2001년 5월 7일, 미국 워싱턴 D.C.에 있는 백악관 기자회견장에 기자들이 몰려들었습니다. 조지 부시 미국 대통령의 대변인이었던 애리 플라이셔는 그날 딱히 공표할 내용이 없어서 모여든 기자들에게 질문을 요청했습니다. 그러자 곧바로 에너지 가격 상승이 주요 관심 주제로 떠올랐습니다. 그리고 다음의 질문 하나는 큰 반향을 불러일으켰습니다.

기 자 1인당 에너지 사용량을 고려할 때, 세계의 다른 나라 국민보다 미국 국민이 얼마나 에너지를 많이 쓰고 있는지 대통령이 알고 계십니까? 그리고 우리가 에너지 문제를 해결하기 위해서 우리의 생활 양식을 바꿀 필요가 있다고 대통령도 믿고 계십니까?

플라이셔 그것은 별일 아닙니다. 대통령께서는, 그것이 바로 미국식 생활 양식이고 정책 담당자의 목표는 미국식 생활 양식을 지키는 것이어야 한다고 믿고 계십니다.[2]

대통령이야 자주 바뀌겠지만, 플라이셔의 "별일 아닙니다."라는 말은 여전히 이 사회에서 강력한 힘으로 남아 있습니다. 그것은 우리가 살아가는 방식에 대해 의문을 제기하지 않는 사람들의 목소리입니다. 이런 확신은 이 세상이 어떤 상황에 놓여 있는지에 대한 특정한 이야기로부터 기인합니다. 여기서 말하는 '이야기'란 소설 작품을 의미하는 게 아니라 일어나고 있는 사건들을 해석하는 방식을 의미합니다.

이 장에서는 서문에서 이미 언급했듯이, 우리 시대에 벌어지고 있는 세 가지 이야기를 하려고 합니다. 첫 번째 이야기는 우리 사회가 올바른 방향으로 가고 있고, 따라서 통상적인 방식으로 계속 살아도 문제가 없다고 가정합니다. 두 번째 이야기는 통상적인 생활 양식이 가져오는 파괴적인 결과와 생물학적, 생태적, 사회적 체제의 점진적인 붕괴를 폭로하고 있습니다. 세 번째 이야기는 위기 대응에 대한 대중적 지지 확대와 생명을 지탱하는 문명으로의 다면적인 전환에 관한 것입니다.

어떤 이야기에 따라 살아갈지를 선택할 수 있다는 사실을 인식하면 우리는 자유로와집니다. 그리고 참여할 수 있는 좋은 이야기를 알게 되면, 삶의 목적과 완전한 삶에 대한 우리의 감각은 커집니다. 어떻게 이 이야기들이 지구적 위기에 대한 우리의 대응을 형성하는지 살펴보겠습니다.

1: 첫 번째 이야기 – 통상적 삶

당신이 하루 전에 먹은 음식 재료 중에서 얼마 만큼이 수백 또는 수천 킬로미터 떨어진 곳에서 생산되었을까요? 산업화된 나라에 사는 사람들은 아마 "거의 대부분입니다."라고 답할 것입니다. 예를 들어 아이오와 주에 있는 슈퍼마켓에서 팔리고 있는 당근, 양배추, 딸기는 평균 2,900킬로미터 이상 떨어진 곳에서 온 것들입니다. 이것은 비단 음식에만 해당되는 것이 아닙니다.[3]

우리가 사용하는 많은 것들은 대개 먼 거리에서 왔습니다. 이 운송 비용 때문에 우리 시대는 역사상 에너지 비용이 가장 많이 드는 시대가 되었습니다. 애리 플라이서는 이것을 미국식 생활 양식이라고 생각할지도 모르겠습니다. 그러나 과연 그럴까요? 부유한 나라에 사는 미국 이외의 사람들에게도 이것은 점점 더 현대적이고 일반적으로 받아들여지는, 우리가 정상이라고 생각하는 생활 양식이 되고 있습니다.

우리가 말하는 이런 현대적 삶은 많은 매력을 가지고 있습니다. 사람들이 먼 지역으로 휴가를 떠나고, 자가용을 굴리고, TV와 컴퓨터와 냉장고를 보유하는 것은 이제 일반적인 일이 되었습니다. 두세 세대 이전만 해도 그런 것들은 부자들의 전유물로 간주되었습니다. 하지만 요즘은 광고 때문에 누구나 그 정도는 가지고 있어야 한다는 생각이고, 이전보다 얼마나 더 많이 소유하고 있는가, 그리고 멀리까지 얼마나 빠르게 갈 수 있는가가 진보의 기준이 되고 있습니다.

우리 시대를 해석하는 이런 류의 이야기는 우리가 엄청난 성공 스토리를 쓰고 있다고 보고 있습니다. 경제적·기술적 발전으로 우리 삶의 많은 측면이 더욱 편리해졌습니다. '어떻게 앞으로 나아갈 수 있을까?'를 고민할 때, 이 이야기가 제시하는 길은 '이제까지 한 것을 더 많이 하자.'는 것입니다. 저희는 이것을 '통상적 삶'이라고 부릅니다.

이것이 바로 대부분의 주류 정책 담당자와 기업 경영자들이 해온 이야기입니다. 그들의 견해는 경제가 계속 성장할 수 있고, 응당 그래야 한다는 것입니다. 그들은 경기 침체나 불황이 닥쳐도 머지않아 다시 회복될 것이라고 가정합니다. 2010년 11월, 오바마 미국 대통령은 경제 성장에 대한 자신의 믿음을 표현하면서 "부채와 재정 적자를 줄이기 위해 우리가 할 수 있는 가장 중요한 단 하나의 일은 성장이다."라고 말했습니다.[4]

시장 경제가 성장하려면, 매출을 늘려야 합니다. 이 말은 곧 우리에게 지금보다 더 많이 물건을 사고 소비하라는 뜻입니다. 이런 소비를 부추기는 데 광고가 핵심 역할을 하고 있고, 각 가정에서 물건을 더 사도록 하기 위해 심지어 어린이까지 광고의 대상으로 삼는 일이 점점 늘어나고 있습니다. 미국의 어린이는 연평균 2만 5천~4만 건, 영국의 어린이는 대략 1만 건 정도의 TV 광고를 시청하는 것으로 추산됩니다. 우리는 성장하면서 다른 사람이 하는 것을 보며 배웁니다. 무엇이 정상이고, 무엇이 필요한지는 우리가 뭘 보고 자라는가에 따라 다르게 나타납니다.

당신이 이런 세상에 살고 있으면, 세상은 원래 그런 것이려니 생각하기 쉽습니다. 젊은이들은 대개 지금 상황에서 자기 자리를 찾는 것 말고는 다른 길이 없다는 소리를 들을 것입니다. 핵심 줄거리는 출세이고, 보조 줄거리로는 배우자를 만나고 가족을 부양하며, 잘 나가는 사람으로 보이고, 무언가를 사는 것 등이 될 것입니다. 이런 삶의 관점으로 보면 세상 문제는 '강 건너 불'이 되고, 개인적 삶의 드라마와는 전혀 관련이 없는 것들일 수밖에 없습니다.

이러한 현대적 삶에 관한 이야기는 전 세계의 매스컴을 타고 세계적으로 유행을 타면서 소비 욕구를 더욱 부추기고 있습니다. 1970년 이전에 중국인들은 단지 4가지만을 생필품으로 보았습니다. 자전거, 재봉틀, 손목시계, 라디오가 그것입니다. 그런데 1980년대가 되면서 소비층도 늘어나고 품목도 냉장고, 컬러 TV, 세탁기, 녹음기 등으로 확대되었습니다. 여기서 10년이 더 흐르면 이제는 더 많은 중국인들이 자동차, 컴퓨터, 핸드폰, 에어컨 등을 보유하는 게 보통이 됩니다.[6] 그리고 아직도 늘어나는 품목들이 있습니다. 다음은 월마트의 아시아 담당 대표인 조 햇필드의 설명입니다.

처음에 우리는 1.2미터짜리 진열대의 피부보호 제품으로 시작했습니다. 이제 그 진열대는 6미터가 되었습니다. 현재는 탈취 크림이 없지만, 언젠가는 중국에서도 탈취 크림을 팔게 될 것입니다. 5년 전만 해도 여기서 향수는 큰 사업거리가 못 되었습니다. 그러나 이제는 보다시피 떠오르는 시장이 되었습니다. … 자전거는 훨씬 줄어들었습니다. 자전거 운행이 줄면서 사람들은 더 뚱뚱해지고 있습니다. 이것은 무슨 의미일까요? 운동 기구 판매가 늘고 있습니다. 운동복, 조깅복 등도 마찬가지입니다. 그리고 어느 때가 되면 슬림패스트(미국의 다이어트 식품 상표 – 역자주)와 그런 유형의 제품들도 팔게 될 것입니다.

어떤 사람들은 이런 것을 진보라고 보고 있습니다.

상자 1-1›› 통상적 삶의 핵심 가정

1_경제 성장은 번영을 위해 필수적이다

2_자연은 인간의 목적을 위해 사용되는 상품이다

3_소비 촉진은 경제를 위해 좋은 일이다

4_중심 줄거리는 출세하는 것이다

5_다른 사람, 다른 나라, 다른 생물 종의 문제는 우리의 관심사가 아니다

왜 세상의 다른 편에 살고 있는 사람들은 서구에서 정상이라고 생각하는 생활 양식을 해서는 안 되는 것일까요? 그리고 우리는 왜 더 많은 물건을 사고 그렇게 많은 에너지를 사용하는 경제 성장이라는 '통상적 삶'을 계속해서는 안 되는 것일까요? 이 질문들에 대답하려면 우리는 현대의 생활 양식이 가진 어두운 측면과 그런 생활로 인해 우리에게 일어날 일에 눈을 돌릴 필요가 있습니다. 이제 두 번째 이야기로 넘어가 보겠습니다.

2: 두 번째 이야기 – 대파국

2010년 CBS[8] 와 폭스 뉴스[9] 가 공동으로 진행한 여론 조사를 보면, 응답자의 대다수가 다음 세대의 여건이 현재 세대보다 더 나빠질 것이라고 믿고 있습니다. 그보다 2년 전에 60개 나라 6만 1,600명을 대상으로 실시한 여론 조사에서도 비슷한 결과가 나왔습니다.[10] 이렇게 많은 사람들이 여건이 좋아질 거라는 믿음을 상실하자 매우 다른 해석이 등장하고 있습니다. 이 해석은 우리 세상이 쇠퇴하고 있다는 인식을 내포하고 있기 때문에, 사회 사상가 데이비드 코텐의 용어를 빌려 이를 '대파국'이라고 부르겠습니다.[11]

사람들과 함께 이 세상에 대한 걱정거리를 다루는 일을 하면서, 저희들은 얼마나 많은 문제들이 경고를 보내고 있는가를 알고 충격을 받았습니다. 아래의 [상자 1-2]에는 가장 공통적인 걱정거리 5개가 제시되어 있습니다. 아마도 당신은 여기에 덧붙이고 싶은 항목이 더 있을 것입니다. 이런 문제를 보고 있으면 기분이 언짢아지고 너무 가슴이 아플 것입니다. 하지만 우리가 가고 싶은 곳으로 가려면 현재 우리가 서 있는 지점에서 출발해야 합니다. 대파국이라는 이야기는 현재 우리에게 일어나는 충격적인 상황을 마치 그림처럼 보여주고 있습니다.

상자 1-2» 21세기 초의 대파국

1_경제 불황

2_자원 고갈

---

[01] 경제 불황

2008년 터진 세계 경제 위기는 금융기관의 붕괴뿐 아니라 세계 곳곳에서 물가 상승, 실업, 주택 압류, 식량 폭동 등을 가져왔습니다. 바로 몇 년 전인 2005년 초만 해도 사람들은 세계 경제가 호황이라고 생각했습니다. 미국에서 주택 가격이 빠르게 상승하자, 부동산은 안전한 투자처로 여겨졌습니다. 담보 대출만 받으면 돈은 조달할 수 있었고, 신용 등급이 낮은 사람에게도 대출은 쉽게 이루어졌습니다.

그러나 이 호황은 거품이 되어 결국 터지고 말았습니다. 경제학자들은 이를 호황과 불황이 지속되는 경기 순환으로 봅니다. 다른 표현으로는 '과열과 붕괴'라고도 말합니다. 그 이유를 알아보겠습니다.

지탱할 수 있는 한계를 벗어나 더 나아가는 것을 과열이라고 합니다. 균형을 되찾으려면 우리는 과열을 알아차리고 바로잡아야 합니다. 그렇지 않으면 체제는 계속 더 많은 것을 요구하고, 결국 끝까지 가면 언젠가 실패와 붕괴 지점에 도달하기 때문입니다. 주택시장이 영원히 성장할 수 없듯이, 경제도 마찬가지입니다.

수년간 지속 불가능한 성장을 한 후 미국의 주택시장에서 드디어 거품이 폭발했고, 2006년과 2007년에 부동산 가격은 폭락했습니다. 많은 금융기관이 주택담보부 증권에 투자했기 때문에 그 위기는 모든 경제에 영향을 미쳤습니다. 도미노 현상처럼 대형 금융기관들이 앞다퉈 쓰러졌습니다. 정부는 과열과 붕괴를 겪으며 망해가는 금융기관을 살리기 위해 엄청난 돈을 빌려주었습니다. 그러나 경제 체제 전체가 과열 상태에서 현재 거품이 빠지고 있다면, 무슨 소용이 있겠습니까?

또한 지속적인 경제 성장이라는 거품은 자원을 더 많이 투입해야 합니다. 이로써 더 많은 양의 유독성 쓰레기가 만들어집니다. 자원과 쓰레기, 이 두 가지는 지속 가능한 한계를 넘어가면 갈수록 더 큰 파국에 이를 수밖에 없습니다.

[02] 자원 고갈

1859년 미국 최초의 유전이 펜실베이니아 주에서 발견되었을 때, 세계 인구는 약 10억 명을 넘는 정도였습니다. 그랬던 것이 1930년에는 그 두 배가 되었고, 1974년에는 석유 동력을 이용한 농업이 가져온 식량 생산 증가로 인해 다시 그 두 배가 되어 40억 명이 되었습니다. 이제는 또 다시 그 두 배가 되는 과정에 있고, 2011년에는 70억 명을 넘어섰습니다. 인구만 늘어나는 게 아닙니다. 앞에서 보았듯이, 현대적 생활 양식이 퍼지면서 특히 에너지 수요가 날이 갈수록 증가하고 있습니다.

20세기 들어 화석 연료에 대한 수요는 전 세계적으로 스무 배가 늘었습니다. 주연료인 석유는 현재 하루에 8천만 배럴(1,120만 톤)이 소비되고 있습니다. 이런 식으로 가면 수십 년 내에 석유는 바닥날 것입니다.[12] 바닥나기 훨씬 전부터 문제는 발생합니다. 기존에 있던 유전이 고갈되면 남아 있는 매장지에서 석유를 캐는 일은 더 어렵고, 돈이 더 많이 들게 됩니다. 전체적으로 세계 에너지 공급이 모두 이런 상황입니다. 그 결과, 연료 가격이 오르고 있고, 값싼 석유 시대는 이미 과거지사가 되었습니다.

지난 35년 동안 유가가 폭등할 때마다 경기 불황이 찾아왔습니다. 2008년 경기 침체 직전 12개월 동안에 유가는 두 배가 뛰었습니다.[13] 석유 생산이 정점을 지나 줄어들기 시작하면(석유 생산 정점, peak oil) 공급이 수요를 맞출 수 없어 석유 가격이 천정부지로 오를 것입니다.

그러나 새로운 원유 매장지를 찾는다고 해도 이 문제가 해결될 것 같지는 않습니다. 왜냐하면 지난 30년간 새로 발견된 매장량보다 더 많은 양의 석유가 소비되었기 때문입니다. 가령 2006년 새로 발견된 원유가 1배럴이라면 쓰는 양은 4배럴로, 그 차이가 벌어지고 있습니다.[14] 더구나 새로운 매장지는 해수면 1마일 이하의 심해 유정처럼 접근하기 어렵거나 캐나다의 타르 모래처럼 품질이 낮은 것들입니다. 세계 전체의 석유 소비는 이미 지속 가능한 수준을 넘었습니다. 이 문제를 해결하지 못한다면 우리는 파국을 향해 치달을 수밖에 없을 것입니다.

이 지구에 사는 생명에게는 그보다 더 중요한 것이 있습니다. 바로 마실 물이 줄어들고 있다는 것입니다. 최근에 나온 UN 보고서에서는 앞으로 20년 이내에 세계 인구의 2/3가 물 부족 위험에 처할 것이라고 경고하고 있습니다.[15] 산업화, 관개, 인구 증가, 현대적 생활 양식 등으로 물 소비가 크게 늘어나 지난 20세기에 물 사용량은 무려 6배가 늘었습니다.[16] 어떤 곳에서는 비가 많이 오지만 어떤 곳에서는 훨씬 적은 비가 내리는 기후변화도 그 요인 중 하나입니다. 1970년 이래 극심한 가뭄이 증가했

고, 건조한 기후로 고통받는 면적이 15%에서 30%로 증가했습니다.[17]

[03]기후변화

더 많은 사람들이 더 많이 소비하면, 자원이 고갈될 뿐만 아니라 쓰레기도 늘어납니다. 미국에서 매년 발생하는 쓰레기의 양을 트럭에 실어 연결하면 지구 여섯 바퀴를 돌 정도라고 합니다.[18] 눈에 보이는 쓰레기 뿐만이 아닙니다. 평균적인 유럽 사람들은 매년 8.1톤의 이산화탄소를 배출합니다. 미국 사람들은 이보다 두 배 이상 많습니다.[19] 이런 온실가스는 눈으로 볼 수는 없지만, 그 결과는 눈으로 확인할 수 있습니다. 기후변화는 미래 세대에게만 위협적인 것이 아닙니다. 이미 눈에 띄게 파괴적인 모습으로 우리에게 다가와 있습니다.

1980년대는 그때까지의 역사상 가장 더운 10년이었습니다. 1990년대는 더 더워졌고, 2000년대는 더 더워지고 있습니다.[20] 온난화와 연계되어 기후 관련 재해(홍수, 가뭄, 허리케인 등)도 크게 늘고 있습니다. 1980년대에는 연평균 300건이었던 것이, 1990년대는 480건으로 늘었고, 2008년에 이르러서는 620건이나 됩니다. 2007년에는 전 세계적으로 874건의 기상재해가 있었습니다.[21]

지구가 더워지면 물이 빨리 증발하기 때문에, 지구의 어떤 지역에서는 땅이 건조해져 작물이 자라지 못하고 산불이 더 자주 발생합니다. 2005년 브라질에서 발생한 가뭄은 100년에 한 번 일어날까 말까한 사건이었습니다. 2010년의 가뭄은 그보다도 심했습니다. 미국의 워싱턴 주에서는 지난 10년간 산불로 인한 피해가 지난 30년 동안의 피해를 모두 합친

것보다도 많았습니다.[22]

　동시에 더워진 바람은 바다로부터 더 많은 수분을 끌어와 다른 지역에 홍수와 호우 피해를 줍니다. 오리건 주립대의 생물기후학 교수인 로날드 닐슨 교수는 "지구가 더워지면서 바다로부터 더 많은 수증기가 증발하고, 이는 결국 어느 지점에서 비가 되어 내리게 되어 있다."라고 설명합니다.[23] 2004년 방글라데시에서는 단 하루 동안 무려 356mm의 강우량을 기록했습니다. 이로 인해 천만 명이 집을 잃었고, 곡식 수확을 대부분 포기해야 했습니다. 2010년 파키스탄에서는 홍수로 국토의 1/5이 물에 잠기고, 2천만 명이 집을 잃었습니다.

　세계 주요 도시들은 바다나 큰 강에 접한 항구로 개발되었습니다. 6억 3천만 명 이상의 인구가 해수면보다 10m 정도밖에 높지 않은 지역에 살고 있습니다. 그린란드와 남극 서부 지방의 빙하가 녹기 시작하면, 해수면이 상승해 런던, 뉴욕, 마이애미, 뭄바이, 캘커타, 시드니, 상해, 자카르타, 동경 등 세계 주요 도시들은 침수될 것입니다.[24] 또한 땅이나 바다는 얼음보다 태양열을 더 많이 흡수하기 때문에 얼음이 녹는 것 자체가 큰 문제가 됩니다. 얼음이 녹으면 그만큼 태양열을 덜 반사해 지구는 더 더워지고, 그러면 얼음이 더 빨리 녹는 악순환에 빠지기 때문입니다.(상자 1-3 참조)

　숲은 이산화탄소를 흡수하여 기후를 유지하는 역할을 합니다. 하지만 삼림이 벌채되면서 이 중요한 역할이 사라지고 있습니다. 더구나 공기가 더워져 땅이 일정 정도 이상으로 건조해지면 토양은 큰 나무를 더 이상 지탱하지 못하게 됩니다. 따라서 열대 지역 나무들은 더 위험한 처지에 몰리게 됩니다. 기온이 4℃ 이상 오르면 아마존 열대우림 대부분이 사라질 것이라고 합니다.[25] 이런 일이 일어난다면 삼림이 주는 냉각 효과가 없어질 뿐만 아니라, 나무가 썩거나 타면서 나오는 온실가스가 지구를 더 덥게 해 또 다른 악순환을 만들어 낼 것입니다.

'고삐 풀린 기후변화'라는 말은 이처럼 온난화의 결과로 더 심한 온난화가 생겨나는 위험한 상황을 일컫는 용어입니다.(상자 1-3 참조) 〈기후변화 틴들 센터(Tyndall Center for Climate Change)〉의 케빈 앤더슨 교수는 이로 인한 파국을 다음과 같이 경고하고 있습니다.

인류에게 이 문제는 사느냐 죽느냐의 문제입니다. 기온이 섭씨 4℃ 상승하면 인류는 떼죽음을 면치 못할 것입니다. 만약 2050년까지 인구가 90억 명이 되고 기온이 섭씨 4~6℃가량 오른다면, 아마도 5억 명 정도밖에 살아남지 못할 것입니다.[26]

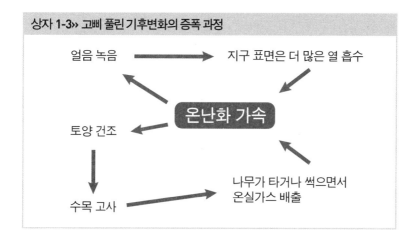

상자 1-3» 고삐 풀린 기후변화의 증폭 과정

얼음 녹음 → 지구 표면은 더 많은 열 흡수

온난화 가속

토양 건조

수목 고사

나무가 타거나 썩으면서 온실가스 배출

[04] 사회 분열과 전쟁

지금 당장, 대파국의 타격을 받고 있는 것은 세상에서 가난한 사람들입니다. 유가가 오르자 곡물 가격이 폭등했습니다. 2001년 2월부터 2011년 2월까지 10년 사이 세계 곡물 가격은 두 배나 올랐고, 많은 사람들이 빈곤선 이하로 내몰리고 있습니다.[27] 2010년에만 9억 명 이상이 만성적 기아에 시달렸습니다. 반면 세계 인구 중 상위 20%(하루 10달러 이상 쓸 수 있는 사람)가 전체 수입의 3/4을 받고 있는 게 지금의 현실입니다.[28]

어떤 사람들은 빈곤 문제를 해결하려면 경제 성장이 필요하다고 주장합니다. 하지만 세계 경제가 성장하면서 가난한 사람들보다는 부자들에게 부가 몰리고 있습니다. 몇십억 달러씩 버는 사람의 수는 늘고 있지만, 아직도 세계 인구의 절반가량은 하루에 2.5달러 이하로 살아가고 있습니다.[29]

부자 나라 안에서도 빈부 격차는 점점 더 벌어지고 있습니다. 25년 전 미국에서는 상위 1%가 국가 수입의 12%를 벌어들였고, 국가 전체 부의 33%를 소유하고 있었습니다. 이것이 2011년이 되자 국가 수입의 25%, 국가 전체 부의 40%를 차지하는 것으로 바뀌었습니다.[30] 여러 연구 결과에 따르면, 사회의 경제적 불평등이 심화될수록 신뢰 수준이 떨어지고 범죄가 늘어나며 공동체가 붕괴된다고 합니다.[31]

UN의 새천년 프로젝트에 따르면, 연간 1,600억 달러 정도만 들이면 2025년까지 극빈층과 세계의 굶주림을 해결할 수 있다고 합니다.[32] 그러나 2010년 세계의 군비 지출은 이 금액의 10배에 달했습니다. 특히 미국의 군비 지출은 전 세계 나머지 국가들의 군비를 모두 합친 것과 거의 맞

먹는 수준이었습니다.*33* 부분적으로 이 세상의 파국은 경제적 불평등의 심화, 자원 고갈, 기후변화 같은 데서 오는 위협을 해결하지 않고, 적과의 전쟁을 통해 안보를 추구하는 데서도 그 이유를 찾을 수 있습니다.

|05| 생물 종의 대멸종

오염이 늘고 서식지가 파괴되고 기후가 변하면서 야생동물이 엄청난 희생을 당하고 있습니다. 양서류의 1/3, 포유류의 1/5, 조류의 1/8이 멸종 위기에 놓여 있습니다. 『세계 생물 종 다양성 전망(The Global Biodiversity Outlook)』이라는 UN 보고서는 다음과 같이 결론짓고 있습니다.

> 우리는 지금 6,500만년 전 공룡이 사라진 이래, 지구 역사상 여섯 번째로 중대하고 가장 광범위한 대멸종에 대해 선택을 해야 합니다.*34*

어떤 종들은 자연 생태계가 건강하게 작동하는 데 결정적인 역할을 합니다. 우리의 생존은 그들에게 달려 있습니다. 예를 들어, 바다의 미세한 플랑크톤은 물고기의 밥이 됩니다. 이들 플랑크톤은 우리가 마시는 산소도 만들어 냅니다. 화석 연료를 태울 때 나오는 이산화탄소를 바다가 흡수하면, 바닷물은 더 산성화되어 플랑크톤에게 해를 끼칩니다. 바닷물의 산성화와 기온 상승으로 플랑크톤 개체 수가 이미 크게 줄어든 상태입니다.*35* 이런 추세로 플랑크톤이 계속 줄어든다면, 물고기 폐사나 우리가 마실 산소의 상당한 감소와 같은 파국적인 결과가 언제 일어날지 모릅니다.

3: 이중적 현실

통상적 삶이나 대파국, 이 두 이야기는 우리가 사는 세상에 대해 극명하게 대조적인 해석을 보여주고 있습니다. 이들은 같은 시간, 같은 공간에 함께 존재하는 두 개의 다른 현실을 이야기합니다. 당신은 당신과 다른 이야기 속에 살고 있는 사람을 알고 있을 것입니다. 당신 또한 이 두 이야기 사이를 오갈 수도 있습니다. 오늘날과 무척 닮은 미래를 계획하면서 하루의 일부를 통상적 삶으로 살다가 어떤 계기로 우리가 처한 엉망진창의 현실을 인식하고, 파국이 다가오는 것을 가슴 깊이 느낄 수도 있습니다.

점점 더 많은 사람들에게 파국은 이미 가까이 다가와 있습니다. 홍수로 집을 잃거나, 장기 가뭄으로 농사를 포기하거나, 물이 오염되어 못 마시거나, 일자나 저축한 돈을 잃어버린 사람들까지, 파국을 맞고 있는 사람들은 부지기수입니다. 통상적 삶을 누리는 주류의 현실이 대파국이라는 나쁜 소식으로 방해를 받는 일이 점점 더 자주 일어나고 있습니다.

처음으로 우리가 처한 상황의 엄중함을 알게 되면 당신은 상당한 충격에 빠질 수도 있습니다. 이러한 이슈들은 대부분 주류 매스컴에서는 걸러지고, 보도가 되어도 어쩌다 한 번 나오는 다큐멘터리나 비주류 간행물 정도로 제한되고 맙니다. 특히 서구 사회에서 현대 언론의 관심은 유명 인사들의 소문에 더 초점이 맞춰져 있습니다. 앨 고어의 표현처럼, 우리는 오락 문화에 젖어 살고 있는 것입니다.*36*

이들 이슈가 대화 중에 나오면, 어색한 침묵이 흐르기도 합니다. 두 개의 다른 관점 때문에 말문이 막히는 것입니다. 첫 번째 관점은 문제가 부풀려 있다고 일축하는 것입니다. 상황이 실제로는 그렇게 나쁘지 않다고 말하는 첫 번째 이야기에서 나오는 소리가 바로 그것입니다. 두 번째 관점은 대파국을 온전히 품고 있습니다. 이들은 지속적인 악화는 어쩔 수 없으며 그래서 더 말하면 입만 아프다는 견해를 띱니다. 사태는 이미 물 건너갔고, 이제 우리는 아무것도 할 수 없는, 즉 돌아올 수 없는 다리를 건넜다는 체념을 하면서 현실을 받아들이는 것입니다.

"사태는 이미 물 건너갔다."라는 말은 과열되었다는 것의 또 다른 표현입니다. 지금은 너무 늦어 이미 입은 피해를 막을 수 없고, 진행 중인 붕괴도 피할 수 없다는 것입니다. 물고기를 마구 잡은 결과, 이제 세계 수산업은 거의 다 붕괴되었습니다. 기후변화로 세계 도처에서는 이상기후가 늘고 있습니다. 미국, 영국, 러시아를 포함해 많은 석유 생산 국가에서는 생산 정점을 지나 이제 원유 생산량이 줄고 있습니다.[37]

우리 주변에서 이런 일들은 이미 일어나고 있습니다. 하지만 우리는 이를 타산지석으로 삼아 지금부터 어디로 갈 것인지 선택할 수 있습니다. 현대 물질 중심 경제의 세계적 과열 현상을 자세히 연구해 온 환경학자인 도넬라 미도우즈, 요르겐 랜더스, 데니스 미도우즈 등은 이렇게 말합니다.

과열은 서로 다른 두 가지 결과를 가져올 수 있습니다. 하나는 어떤 형태로든 파국입니다. 다른 하나는 의도적인 유턴, 궤도 수정, 주의 깊은 속도 조절입니다. … 우리는, 아직도 궤도 수정이 가능하고 이를 통해 세상 사람 모두에게 바람직하고 지속 가능하며 부족함이 없는 미래에 도달할 수 있다고 믿고 있습니다. 또한 우리는, 큰 변화가 빨리 이루어지지 않으면 어떤 형태로든 파국이 확실하다는 사실도 믿고 있습니다. 그것도 오늘을 살고 있는 많은 사람들의 수명이 채 다하기 전에 말입니다.[38]

'통상적 삶'이라는 이야기를 따라가면, 우리는 커다란 재앙과 충돌하는 길로 들어서게 됩니다. 대파국은 그 자체가 공포 영화처럼 너무나도 무서운 것이어서 우리를 무력화시키고 마비시킵니다. 하지만 다행히도 세 번째 이야기가 있습니다. 그것은 점점 가시화되고 있는 이야기이기도 합니다. 지금쯤은 당신도 이미 그 이야기의 일부가 되어 있을 것입니다.

4: 세 번째 이야기 – 대전환

1만 년 전 농업혁명이 일어나 인류가 식물과 동물을 집에서 기르게 되면서 사람들의 생활 양식에는 근본적인 변화가 나타났습니다. 이삼백 년 전 산업혁명 때도 그와 비슷하게 극적인 변화가 일어났습니다. 여기서 변화란 사람들의 삶에서 그저 소소한 것이 바뀌었다는 뜻이 아닙니다. 사람들 사이의 관계와, 사람과 자연과의 관계를 포함하여, 사회의 기반 전체가 완전히 탈바꿈했다는 의미입니다.

바로 지금, 그에 견줄 만큼 크고 넓은 변화가 일어나고 있습니다. 그것은 이른바 생태혁명이자 지속 가능성의 혁명이고, 필연적인 혁명이라고까지 말할 수 있습니다. 이것이 바로 세 번째 이야기입니다. 저희는 이를

'대전환(Great Turning)'이라고 부르고, 우리 시대가 반드시 감당해야 할 모험이라고 보고 있습니다. 그것은 산업 성장이라는 운이 다한 경제로부터 이 세상의 회복을 다짐하고 생명을 살리는 사회로 이행하는 것입니다. 이런 이행은 이미 진행 중에 있습니다.

중대한 이행이 일어나기 시작하는 단계에서는 그 초기 활동이 변두리에만 국한되어 있는 것처럼 보일지도 모릅니다. 그러나 때가 되면 생각과 행동이 전염됩니다. 고무적인 전망을 전달하는 사람들이 많으면 많을수록, 그 전망은 그만큼 더 인기를 끌게 됩니다. 그리고 어느 지점에 이르면 저울추가 기울고 변화가 일어납니다. 그 전에는 비주류였던 관점과 실천 행위가 새로운 주류로 바뀌는 것입니다.

대전환의 이야기에서는 지구상의 생명을 위해 일하겠다는 다짐뿐 아니라 그렇게 하겠다는 비전과 용기와 결속도 인기를 끕니다. 사회적 혁신과 기술적 혁신이 합쳐져, 사람들은 에너지와 관심과 창조성과 투지를 동원합니다. 폴 호켄은 이를 '역사상 최대의 사회운동'이라고 표현했습니다. 『축복받은 불안(Blessed Unrest)』이라는 책에서 "나는 처음에 10만 개 단체라고 추정했는데, 곧바로 이것이 실제의 1/10도 안 된다는 사실을 알았습니다. 지금은 100만 개 이상 어쩌면 200만 개 단체가 생태적 지속 가능성과 사회 정의를 위해 일하고 있다고 믿습니다."라고 그는 적었습니다.[39]

당신이 이렇게 대단한 사회 변화를 주요 신문이나 주류 매스컴에서 본 적이 없다고 놀라지는 마십시오. 보통 그들의 초점은 자신들의 카메라에 담을 수 있는 갑작스럽고 개별적인 사건에 맞춰져 있으니까요.

문화적인 변화는 다른 차원에서도 일어납니다. 이런 변화는 우리가 뒤로 물러서서, 시간이 흘러 큰 그림이 변하는 모습을 볼 수 있을 때에만 시야에 들어옵니다. 신문의 사진을 돋보기로 보면, 그것은 작은 점들에 지나지 않습니다. 우리의 삶과 선택이 이런 점들처럼 보일 때는 그것이 어떻게 변화라는 큰 그림에 기여하는지 알기가 쉽지 않습니다. 어쩌면 더 큰 문양을 보고 대전환의 이야기가 우리 시대에 어떻게 일어나고 있는지를 알아보는 훈련이 필요할지도 모릅니다. 그러나 일단 보이기만 하면 알아보는 것은 훨씬 쉽습니다. 그리고 거기에 이름을 붙이면 이 이야기는 더욱 현실적인 것이 되고, 우리에게 더욱 친밀해지게 됩니다.

당신이 이 이야기의 일부가 되는 방법을 쉽게 알려주기 위해서 대전환의 세 가지 차원에 대해 설명하겠습니다. 그들은 서로를 강화해 주고, 똑같이 필요한 것들입니다. 편의상 이를 제1차원, 제2차원, 제3차원이라고 부르겠습니다. 그렇다고 해서 순서가 있거나 중요성에 차이가 있다는 뜻은 아닙니다. 어디서 시작해도 좋습니다. 일단 시작만 하면 자연스럽게 나머지 다른 차원으로 넘어가게 됩니다. 당신은 어느 지점에서 행동하는 게 옳은지 자신의 느낌만 따르면 됩니다.

[01]제1차원 : 지연 전술

지연 전술의 목적은 통상적 삶의 정치 · 경제로 인한 피해를 저지하고 둔화시키는 것에 있습니다. 그 목표는 자연의 생명 유지 체제에 남아 있는 것들을 지켜내는 것, 즉 생물 종의 다양성, 맑은 공기와 물, 숲, 그리고 표토를 우리가 할 수 있는 한 구해내는 것입니다. 또한 지연 전술은 사회 구조의 파국에 대응하는 것으로, 피해 입은 사람을 보살피고 착취, 전쟁,

기아, 불평등으로부터 공동체를 지켜내는 것이기도 합니다. 그렇게 보았을 때, 지연 전술은 곧 지구라는 우리 집에서 우리의 공존과 삶의 온전함을 지켜주는 것이라고 할 수 있습니다.

여기에는 산업화가 환경과 사회, 건강에 미치는 영향에 대한 증거를 모으고, 이를 기록해서 발생하고 있는 피해에 대한 의식을 고양하는 일도 포함됩니다. 오염과 어린이 암 발생 증가 사이의 연관성, 연료 소비와 기후 교란과의 연관성, 값싼 상품과 노동 착취나 작업 조건과의 연관성 등을 밝혀내는 과학자, 활동가, 언론인 등의 노력이 우리에게는 필요합니다. 이런 연관성을 명백히 밝혀내지 못한다면, 우리는 아무 생각 없이 계속해서 쉽게 이 세상의 파국에 기여하게 됩니다. 의식을 고양하고 더 많이 배우며 다른 사람들에게 우리 모두가 부닥치는 이슈를 환기시킬 때, 우리는 대전환의 이야기에 참여하게 됩니다.

여기에는 물론 여러 가지 방법이 있습니다. 문제가 된다고 알고 있는 행동과 상품에 대한 지지를 그만둬도 좋고, 다른 사람들과 함께 이 세상을 위협하는 관행에 반대하는 캠페인, 청원, 불매운동, 집회, 법적 소송, 직접 행동, 기타 여러 형태의 항의 시위에 힘을 보태도 좋습니다. 이러한 지연 전술은 진전이 느리거나 패하면 힘이 빠지기도 하지만, 중요한 승리로 이어지는 경우도 있습니다. 캐나다, 미국, 폴란드, 호주 등지에서 단호하고 지속적인 투쟁을 통해 오랜 숲이 지켜진 경우가 좋은 예입니다.

지연 전술은 반드시 필요합니다. 생명을 구하고, 생물 종과 생태계를 지키며, 미래 세대를 위해 유전자 풀(gene pool)을 남겨두기 때문입니다. 하지만 그것만으로는 대전환을 가져올 수 없습니다. 한 평의 숲을 지켜내도 다른 곳에서 수백 평의 숲이 벌목과 벌채로 사라지기 때문입니다. 멸종 직전에 있는 생물 종을 구해 놓으면, 다른 종들이 사라지는 것입니다.

항의는 물론 매우 중요합니다. 그러나 변화를 위한 유일한 방안으로 항의에만 의존한다면, 투쟁의 피로감에 빠지거나 환멸을 느낄 수 있습니다. 피해를 중단시키는 일과 동시에 우리는 그 피해를 유발하는 체제를 바꾸거나 변혁해야 합니다. 그것이 바로 우리가 제2차원에서 해야 할 일입니다.

[02] 제2차원 : 생명 유지 체제와 실천 행위

우리 문명이 재창조되고 있음을 보여주는 증거는 찾아보면 도처에서 얼마든지 발견할 수가 있습니다. 건강 관리, 사업, 교육, 농업, 운송, 통신, 심리학, 경제학 등 여러 영역에서 그 전에는 당연시했던 접근법에 의문을 가지면서 변화가 시작되고 있습니다. 이것이 바로 대전환의 두 번째 부분으로, 우리가 행하는 방식을 다시 생각해 보고 우리 사회를 이루고 있는 구조와 체제를 창조적으로 재설계하는 것입니다.

2008년 금융 위기를 겪으면서 사람들은 현재의 금융 시스템에 의문을 제기했습니다. 그 해에 이루어진 여론 조사를 보면, 응답자의 절반 이상이 예전에는 이자율이 주된 관심사였는데 이제는 돈이 어디에 투자되고, 어떻게 쓰이는지와 같은 다른 요인도 감안한다고 답했습니다.[40] 이러한 사고의 전환으로 트리오도스 은행처럼 금융 원칙을 다시 쓰는, 즉 '3부문 수익'이라는 원칙에 따라 운용되는 새로운 유형의 은행이 등장했습니다.

이 원칙에 따르면, 재무적 수익뿐 아니라 사회적 · 환경적 편익이 발생하는 경우에 투자가 이루어집니다. 자신의 예금을 이런 식으로 투자하는 사람이 많으면 많을수록, 단순히 이윤만 추구하는 것이 아니라 더 큰 편익을 추구하는 기업에 돌아갈 자금이 많아지게 됩니다. 이렇게 되면 '3부문 결산(triple bottom line)'에 근거한 새로운 경제 부문의 발전이 가능해집니다. 이런 투자는 특히 경제가 불안정한 시기에도 안정적이라는 사실을 입증받아 윤리적 은행에 유리한 입장을 제공하고 있습니다.

이런 투자로 덕을 보는 부문 중 하나가 바로 농업으로, 이 덕분에 사회적 · 환경적 책임을 지는 농법으로의 선회가 가능해졌습니다. 기업형 농장에서 사용되는 농약과 기타 화학물질의 유독성에 대한 우려로 많은 사람들이 유기농산물을 구매해서 먹게 되었습니다. 공동체 지원 농업(community supported agriculture, CSA: 소비자들이 농장에 매년 소정의 금액을 내는 주주로 가입해 계절마다 생산되는 각종 싱싱한 유기농을 가져다 먹는 농업 방식- 역자주)과 직거래 장터가 활발해져 신토불이 농산물을 쉽게 구하게 되어 푸드 마일리지(food mileage: 식품이 생산되어 소비자의 식탁에 오르기까지의 이동 거리 – 역자주)가 단축되는가 하면, 공정무역으로 생산자의 작업 조건이 개선되고 있습니다. "피해를 주지 않고 이익을 얻는 더 나은 방식은 없는가?"라는 이상적인 질문에 대한 해답으로 새로운 조직 체제가 등장하면서 여러 영역에서 강한 녹색의 새싹이 돋아나고 있습니다. 또한 친환경 건물처럼 어떤 영역에서는 몇 년 전만 해도 주류가 아니었던 설계 원칙들이 이제는 널리 받아들여지고 있습니다.

이처럼 새로 출현하고 있는 생명 중심 문화의 물결을 지지하고 참여할 때, 우리는 대전환의 일부가 됩니다. 어떻게 이동하고, 어디서 쇼핑하고,

무엇을 사고, 어떻게 아끼는가에 대한 우리의 선택을 통해 이 새로운 경제가 어떻게 발전할 것인지가 결정됩니다. 사회적 기업, 초소형 에너지 프로젝트, 지역사회 토론회, 지속 가능한 농업, 윤리적 금융제도 등 이 모든 것들이 생명 중심 사회의 내용을 풍부하게 만들고 있습니다. 그러나 이들 새로운 체제도 그것을 지탱하는 가치관이 몸속 깊이 배지 않으면, 뿌리를 내리고 살아남을 수 없습니다. 이것이 바로 우리가 대전환의 제3차원에서 해야 할 일입니다.

[03] 제3차원 : 의식의 전환

사람들이 당장 개인적으로 이익이 되지도 않는 사업에 나서거나 그런 활동을 지지하는 이유는 무엇일까요? 우리 의식의 중심에는 배려와 동정심이 솟아나는 샘이 있습니다. 우리 자신의 이런 측면, 즉 관계적 자아 (connected self)는 계발되고 성장합니다. 우리는 이 세상에 속해 있다는 감각을 심화시킬 수 있습니다. 나무가 뿌리를 뻗어 가듯이, 우리는 서로 관계 속에서 성장하고 저 깊은 힘의 저수지에서 힘을 끌어내서, 지금 여기 우리에게 절실히 요구되는 용기와 지능을 얻을 수 있습니다. 제3차원의 대전환은 가슴, 마음, 그리고 현실을 보는 관점의 변화로부터 생겨납니다. 그것은 덕망 높은 영적 믿음으로 충만한 통찰력과 실천을 수반하는 것으로서, 과학이 주는 혁명적인 새로운 지식과도 일치합니다.

이 이야기에서 중요한 사건은 바로 1968년 12월에 있었던 우주선 아폴로 8호의 발사입니다. 달까지의 우주 비행과 거기서 찍은 사진으로 인류는 지구의 전체 모습을 처음으로 보게 되었습니다. 이보다 20년 전, 천

문학자인 프레드 호일 경은 "지구 밖에서 찍은 지구 사진이 나온다면, 역사상 가장 강력하고 새로운 아이디어가 터져 나올 것이다."라고 했습니다.[41] 최초로 지구 사진을 찍은 우주 비행사 빌 앤더스는 "우리는 달을 탐험하러 이 먼 길을 왔지만, 가장 중요한 사실은 우리가 지구를 발견했다는 것입니다."라고 평했습니다.[42]

우리는 이 놀라운 장관을 인류 역사상 처음으로 본 사람 중 하나입니다. 그와 동시에 세계가 어떻게 작동하는지 근본적으로 새롭게 이해하는 과학도 발전했습니다. 가이아 이론(Gaia theory)은 지구를 하나의 전체로 보고, 지구가 자기 규제적 생명체로서 작동하고 있다고 설명합니다.

지난 40년 동안 지구 사진과 가이아 이론 그리고 환경의 도전 등으로 인해 우리 자신에 대한 새로운 사고방식이 나타났습니다. 어느 나라 국민인가를 떠나 우리는 더 깊은 공통의 정체성을 찾아가고 있습니다. 많은 원주민의 전통이 세대를 넘어 가르침을 주듯이, 우리는 지구의 일부입니다.

'인류란 무엇인가?'라는 더 큰 시야에 서게 되면서 의식의 전환이 일어나고 있습니다. 이와 동시에 이전에는 충돌할 것으로 생각했던 두 영역, 즉 과학과 영성의 아름다운 수렴 현상이 나타나고 있습니다. 우리를 연결하는 유일체가 깊이 존재한다는 인식은 많은 영적인 믿음의 한가운데에 자리잡고 있습니다. 그런데 이제는 현대 과학도 비슷한 방향을 제시하고 있습니다. 우리는 현실에 대한 새로운 시각이 출현하는 시대, 즉 영적인 통찰력과 과학적 발견 모두가 인류를 세상과 밀접하게 연결된 존재로 파악하는 시대에 살고 있습니다.

우리가 세상을 위해 행동할 능력과 소망을 키워 주는 변화의 내적 경계,

개인적 발전 그리고 영적 계발에 눈을 돌릴 때, 우리는 제3차원의 대전환에 참여하게 됩니다. 우리에게 동정심이 많아지면, 용기와 투지가 생깁니다. 이 세상에 속해 있다는 감각을 되살리면, 우리를 살찌우고 탈진하여 쓰러지지 않도록 해주는 관계의 그물이 넓어집니다. 지난날에는 자아의 변화와 세계의 변화는 별개로 치부되었고, 이것 아니면 저것의 문제로 여겼습니다. 그러나 지금 대전환의 이야기에서 이 둘은 서로를 보강해 주고 서로에게 반드시 필요한 것으로 받아들여지고 있습니다. (상자 1-4 참조)

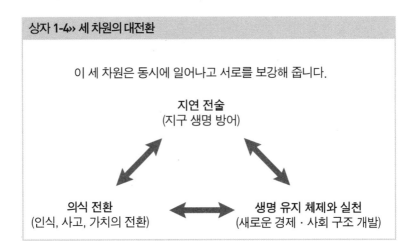

상자 1-4›› 세 차원의 대전환

이 세 차원은 동시에 일어나고 서로를 보강해 줍니다.

지연 전술
(지구 생명 방어)

의식 전환
(인식, 사고, 가치의 전환)

생명 유지 체제와 실천
(새로운 경제 · 사회 구조 개발)

5: 희망 만들기와 우리 삶의 이야기

우리 후손들은 우리가 사는 이 시대를 되돌아볼 것입니다. 그 이야기가 어떤 것일지는 살아 있는 동안 우리의 선택에 달려 있습니다. 가장 확실한 선택은 당연히 우리 삶이 바탕을 둘, 우리가 참여하는 그런 이야기일 것입니다. 그 이야기가 바로 우리의 다른 모든 결정에 영향을 미칠 수 있도록 우리 삶의 여건을 만들어 줍니다.

우리는 그 이야기를 선택함으로써, 후손에게 어떤 종류의 세상을 물려줄지에 대해 투표를 던질 뿐만 아니라 지금 여기 자신의 삶에도 영향을 미치게 됩니다. 우리가 올바른 이야기를 찾아 완전히 몰두할 때, 그 이야기는 우리를 통해 작용하고, 우리가 행하는 모든 것에 새로운 생명을 불어넣습니다. 우리는 마음이 움직이는 방향으로 나아갈 때, 살아 있음을 느끼게 해주는 목적을 추구하기 위해 더욱 가속도를 내게 됩니다. 위대한 이야기와 만족하는 삶은 매우 중요한 요소를 공통적으로 가지고 있습니다. 개인의 득실보다 훨씬 큰 논쟁이 되고 의미있는 목표 지점을 향해 가는 한눈팔 수 없는 줄거리, 즉 대전환이 바로 그것입니다.

나선형 순환을 신뢰하기

적극적 희망은 근거없는 낙관이 아닙니다.

적극적 희망은 영웅이나

다른 구세주가 구해주기를 기다리는 것이 아닙니다.

적극적 희망은 우리가 위해 줄

생명의 아름다움을 깨닫는 것입니다.

우리는 이 세상 것입니다.

생명의 거미줄이 지금 우리를 부르고 있습니다.

우리는 먼 길을 왔고, 이제 우리 몫을 해야만 합니다.

적극적 희망 만들기를 하면서, 우리는 다가올 모험과

찾아낼 강점과 함께 할 동지가 있음을 알게 될 것입니다.

적극적 희망은 참여를 예비함입니다.

적극적 희망은 우리 자신과 다른 사람들이 가진 장점을

찾아내고,

희망을 갖는 이유와 사랑할 필요를

발견하고,

크고 강한 우리 마음, 빠른 사고력, 흔들림 없는 목적,

우리 자신의 권능, 생명에 대한 사랑, 왕성한 호기심,

그 속을 모를 깊은 우물 같은 인내와 근면, 예리한 감각,

앞장 설 수 있는 능력,

이 모두를 알아가는 일입니다.

이들 어느 것도 위험 부담 없이 탁상공론으로는 얻어지지 않습니다.

대전환은 적극적인 희망 만들기입니다. 우리의 역할을 가장 잘 해내려면, "우리는 그런 일을 할 역량이 안 돼."라거나, "우리는 영향을 미칠 정도로 유능하지도, 강하지도, 현명하지도 않아."라는 소리에 반박해야 합니다. 만약 우리가 처한 엉망진창인 현실이 너무 끔찍해서 마주할 수 없다거나 그로 인한 고통을 이겨낼 수 없다는 두려움을 가지고 있다면, 우리는 그것을 극복할 방법을 찾아야만 합니다.

이 장에서는 우리가 좇아갈 세 가닥 실을 말씀드릴 것입니다. 그러면 이 세상에서 벌어지고 있는 엄청난 일과 마주하더라도, 당신은 기죽지 않고 당당히 맞설 수 있을 것입니다. 이 실은 서로 짜여져 있어서 어떤 상황에서든 우리의 대응 능력을 지원하고 강화해 줍니다. 그러므로 앞으로 우리는 이 실을 자주 찾게 될 것입니다. 첫 번째 실은 바로 모험담이라는 서사 구조입니다.

1: 모험의 실을 좇아서

대전환을 하나의 모험담이라고 생각해 봅시다. 모험담은 흔히 도입부에 주인공의 능력은 어림도 없을 만큼 불길한 상황을 설정하면서 시작합니다. 만약 상황이 당신에게 불리하다고 느껴지고, 그런 도전을 할 역량을 자신할 수 없다면, 모험담의 주인공이 갖고 있는 유서 깊은 전통을 함께 해 보시기 바랍니다. 주인공은 십중팔구 외견상 역량이 부족한 상태에서 출발하기 마련입니다.

그리고 이야기는 주인공이 절대 죽지 않도록 전개됩니다. 그 속에서 주인공들은 자신의 가능성을 높이는 데 필요한 동지, 도구, 지혜 등을 찾아 나서도록 설정됩니다. 우리도 비슷한 여정에 있다고 생각할 수 있습니다. 대전환이라는 모험담에서도 우리는 도와줄 동료, 지원 세력, 수단, 통찰력 등을 찾아갑니다.

무엇이 위태로운지를 보면서 각자의 역할을 하라는 부름을 받고 있다고 느끼는 것에서부터 우리의 여정은 시작됩니다. 그러기 위해서 우리는 모험의 실을 좇아가면 됩니다. 그리고 가는 도중에 능력을 개발하고 필요할 때에만 드러나는 숨겨진 강점을 찾아내야 합니다. 상황이 순탄치 않거나 절망적이더라도 이런 류의 이야기엔 으레 그런 상황이 있다는 것을 떠올려야 합니다. 모두가 길을 잃었다고 느낄 때도 물론 있을 것입니다. 하지만 그것 또한 그 이야기의 일부입니다. 그 순간에 어떤 선택을 하는지가 결정적인 차이를 낳을 수 있습니다.

2: 희망 만들기의 실

우리가 마주하는 어떤 상황이든 각기 다른 방식으로 풀리게 마련입니다. 좋은 방식도 있고 나쁜 방식도 있을 것입니다. 희망 만들기는 우리가 어떤 결과를 바라는지 확인하고, 그런 결과를 가져오도록 능동적인 역할을 하는 것입니다. 성공이 확실할 때까지 기다리는 것이 아닙니다. 이뤄질 것 같은 결과에만 우리의 선택을 제한하는 것도 아닙니다. 희망 만들기는 오히려 진실로 마음 깊숙이 바라는 것에 초점을 맞추고, 그 방향으로 단호한 조치를 취하는 것입니다. 이것이 우리가 좇을 두 번째 실입니다.

우리는 세계의 위기에 여러 가지 다른 방식으로 반응할 수 있습니다. 최선에서 최악까지 다양한 반응이 있을 수 있습니다. 지혜와 용기 그리고 배려를 가지고 난국에 잘 대처할 수도 있습니다. 아니면, 난국에 몸을 사리고, 덮어 버리고, 외면할 수도 있습니다. 희망 만들기는 의식적으로 최선의 대응을 찾아내서 우리 자신조차 놀라는 그런 결과를 만들어 내자는 것입니다. 우리는 어떻게 하면 더 용기 있고, 더 고무되며, 상호 교감할 수 있을까요? 이 문제는 세 번째 실과 연결됩니다.

3: 재교감 작업의 나선형 순환

'재교감 작업'의 나선형 순환은 새로운 힘과 통찰력의 원천으로서 우리는 언제고 되돌아갈 수 있습니다. 이는 우리가 어려서부터 알고 있는 것보다 훨씬 더 크고, 강하고, 깊고, 창조적인 사람이라는 사실을 일깨워 줍니다. 이것은 네 개의 연속적인 운동이나 위치, 즉 고마움에서 시작하기, 세상에 대한 우리의 고통을 존중하기, 새로운 눈으로 보기, 실행하기를 거치는 역량 강화 과정으로 설계되어 있습니다.

고마움에서 시작할 때, 우리는 이 놀라운 생명체의 세계에 살아 있다는 경이로움, 우리가 받는 무수한 선물, 우리가 음미하는 아름다움에 더욱 귀 기울이게 됩니다. 그리고 이 세상에서 우리가 사랑하고 중시하는 것을 살펴보고 있노라면, 대규모의 불법이 저질러지고, 환경 파괴와 파국이 일어나고 있음을 인식하게 됩니다. 따라서 우리는 자연스럽게 고마움으로부터 세상에 대한 우리의 고통을 존중하는 데로 흘러들어가게 됩니다.

고마움에서 시작하기 과정은, 두 번째 국면에서 난감한 현실과 마주할 수 있도록 믿음과 심리적 자신감이라는 여건을 마련하게끔 도와줍니다. 세상에 대한 고통을 존중하기에 시간과 열정을 바치면, 우리는 지금 세상에 일어나는 일에 대응하면서 생기는 슬픔, 비탄, 분노 등의 감정을 들어볼 여유를 가지게 됩니다.

그리고 우리의 비통함이 얼마나 깊은지 알게 되면, 문화적 금기까지 깨나가게 됩니다. 어려서부터 우리는 "진정해라!", "힘내라!", "조용히 해라!"라는 말을 무수히 들어 왔습니다. 세상에 대한 고통을 존중하기를 통해서 우리는 고통에 침묵하게 만드는 금기를 깨나가게 됩니다. 우리 내부에서 경고음이 더 이상 죽어 가거나 꺼지지 않고, 무언가가 켜지는 것입니다. 이것이 바로 우리의 생존 반응입니다.

존중하기(honoring)란 말에는 원래 공손한 마중(respectful welcoming)이라는 뜻이 포함되어 있습니다. 즉 무언가의 소중함을 인정한다는 의미인 것입니다. 세상에 대한 우리의 고통은 우리에게 위험에 대해 경고를 보낼 뿐만 아니라 우리의 깊은 배려를 드러내 보여줍니다. 배려는 연기(緣起), 즉 우리가 모든 생명 있는 중생과 '상호 연결되어 있는 하나(interconnectedness)'라는 것에서 나옵니다. 따라서 이런 고통은 전혀 두려워할 것이 아닙니다.

세 번째 과정에서 우리는, 세상에 대한 우리의 고통이 생명망에 속해 있음을 건강하게 표현하는 것이라고 인정하는 인식의 변화 속으로 더 깊이 들어갑니다. 새로운 눈으로 보기에서는 우리의 뿌리가 깊숙한 생태적 자아 속에 박혀 있음을 꿰뚫어 보고, 우리가 이용할 수 있는 더 넓은 자원을 드러내 보여줍니다. 이 세 번째 단계에서는 전체론적 과학(holistic science)과 고대의 정신적 지혜뿐 아니라 우리 자신의 창조적인 상상력에서도 통찰력을 끌어냅니다. 이 과정에 이르면, 무엇이 가능한지에 대한 새로운 시각과 변화를 만들어 내는 우리의 힘에 대한 새로운 이해가 열립니다.

이러한 역량 강화 관점의 이점을 경험하려면, 당신은 부딪치는 문제를 해결하는 일에 이것을 적용해 보면 됩니다. 마지막 여정, 즉 실행하기는 이 세상을 치유하기 위해 어떻게 행동할 것인가에 대한 비전을 분명히 하고, 우리의 비전을 진전시키는 실천적인 조치를 확인하는 일입니다.(상자 2-1 참조)

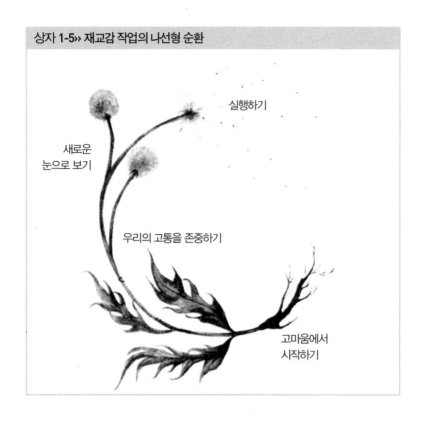

상자 1-5» 재교감 작업의 나선형 순환

실행하기

새로운
눈으로 보기

우리의 고통을 존중하기

고마움에서
시작하기

　이 나선형 순환은 지구상의 생명을 위해 행동에 나설 때, 우리의 역량
을 심화시키는 변혁의 여정을 제시합니다. 우리는 이것을 원형 순환이
아니라 나선형 순환이라고 부릅니다. 우리는 이 네 과정을 거칠 때마다
색다른 경험을 하게 됩니다. 각 요소마다 세상과 우리를 교감시키고, 각
만남마다 숨겨진 보석이 우리를 놀라게 합니다. 어느 단계에서나 다음
단계가 자연스럽게 펼쳐지면서 가속도가 붙고 흐름이 형성되며, 이들
네 요소는 단순히 부분의 합 이상의 전체를 만들기 위해 함께 작용합니
다. 우리가 이 나선형 순환의 지침을 따르면, 단순히 우리가 행동하는 것

을 넘어, 세상이 우리에게 그리고 우리를 통해서 행동하게 놔두는 것입니다.

4: 개인적 실천으로써 재교감 작업

넓은 생명망으로부터 생기는 회복 탄력성(resilience)과 상황 대처 능력(resourcefulness)을 이용할 필요가 있다면, 우리는 언제든 나선형 순환의 도움을 받거나 거기로 돌아갈 수 있습니다. 만약 당신이 불편한 뉴스 때문에 속이 상했다면, 호흡에 집중하면서 그 순간 당신을 존재하도록 하는 것에 감사하는 시간을 가짐으로써, 고마움에서 시작하기 단계로 들어갈 수 있습니다. 공기가 콧구멍으로 들어오는 것을 느낀다면, 산소, 폐, 그리고 당신이 살아 있게 해 주는 모든 것들에게 고마워하십시오. "나에게 고마운 존재는 누구(무엇)인가?"라는 질문을 하면, 당신의 관심사는 자신을 넘어 당신에게 무언가를 주는 분들과 당신을 지원하는 분들에게로 옮겨갈 것입니다.

고마움의 시간을 갖게 되면, 충격적인 소식을 들어도 외면하기보다는 정면으로 쳐다볼 능력이 길러집니다. 보는 것은 무엇이나 받아들이고, 느끼는 것은 무엇이나 느끼는 대로 놓아 두십시오. 당신에게 당장 이익이 되지 않음에도 뭔가 때문에 고통을 느낀다면, 그것은 바로 당신의 배려, 동점심, 그리고 교감(connection) 등과 같은 귀중한 감정들을 드러내 보여주는 것입니다. 어떤 형태를 취하든 세상의 고통을 존중하는 것은 당신이 그 고통을 심각하게 받아들이고, 그 고통이 주는 신호가 당신을 일

깨우도록 하는 것입니다.

새로운 눈으로 보게 되면, 당신은 이러한 현실을 마주하고 있는 것이 바로 당신 자신이 아님을 알게 됩니다. 당신은 훨씬 더 큰 이야기, 즉 35억 년 이상 흘러온, 그리고 다섯 번의 대멸종 사태에서도 살아남은 지구상의 끊임없는 생명이라는 물줄기의 일부에 지나지 않는 존재입니다. 당신이 이 깊고 강한 흐름에 빠져들어 그 일부로 느끼면, 여러 형태의 가능성이 나타납니다. 인연이라는 물길에는 세상에 대한 고통이 흐르고, 힘, 용기, 새로워진 투지, 동료들의 도움도 함께 흐르고 있기 때문에, 시야를 넓히면 당신이 활용할 자원도 늘어납니다.

새로운 눈으로 보기라는 인식의 전환을 하게 되면, 당신은 자신이 모든 것을 해결해야 한다는 생각을 내려놓을 수 있습니다. 그 대신에 자신의 역할을 찾고 그 역할을 수행하는 데 집중하여, 당신은 세상을 치유하는 데 최고의 기여, 즉 희망 만들기라는 선물을 내놓게 됩니다. 그리고 이제 실행하기로 이동하면, 당신은 '이건 뭐지? 다음엔 뭘 하지?'를 생각하게 됩니다. 그러면 그 조치를 행동으로 옮기면 됩니다.

여기서 언급한 것은 한 번 도는 데 몇 분밖에 걸리지 않는 단순한 형태의 나선형 순환입니다. 축척이 달라도 같은 형태를 갖는 프랙털(fractal: 확산된 부분과 전체가 같은 모양을 하고 있는 자기 유사성을 가진 기하학적 구조 – 역자주)처럼, 나선형 순환도 넓은 범위의 기간(분 단위, 시간 단위, 일 단위, 주 단위 등 어느 단위로 순환하든)에 적용할 수 있습니다. 당신은 지구상의 생명을 위해 행동하라는 우리의 의도를 지지하도록 네 개의 과정을 옮겨다닐 것입니다. 당신을 강화시키는 이 여정에 익숙해질수록 당신은 그만큼 나선형 순환 과정을 신뢰하게 될 것입니다. 각 과정마다 깊이 있고, 풍부한 의미가 있으며, 찾아 나서야 할 보물이 있습니다. 다음 장에서는 이것들에 대해 알아보겠습니다.

3

고마움으로 시작하기

유명한 심리학자인 로버트 에몬즈는 '고마움(gratitude)'에 대해서 '생명에 대한 경외, 감사, 그리고 소중함을 절실하게 느끼는 감정'이라고 정의했습니다.[1] 하지만 당신이 만약 지금 무기력하다고 느끼고 있다면, 그런 긍정적인 감정에 몰두하는 일이 당신에게는 어쩌면 무리일지도 모릅니다.

그러나 자신의 삶이 가지고 있는 선물을 알게 된다면, 당신은 힘이 솟아납니다. 이런 선물을 음미하노라면, 당신은 심리적으로 고양되어 격랑에 휩쓸려도 균형을 유지하게 됩니다. 이것이 바로 우리가 '고마움으로 시작하기'로 워크숍을 시작하는 이유입니다. 고마움은 심리적 회복력을 높여주기 때문에, 당신에게 불편한 소식도 마주할 수 있는 힘을 줍니다.

1: 고마움은 행복감을 키워줍니다

최근 연구를 보면, 높은 수준의 고마움을 경험한 사람들이 더 행복하고 삶에 더 만족해한다고 합니다.[2] 그 사람들은 행복하기 때문에 고마워할까요 아니면 고마워하기 때문에 행복할까요? 이것을 알아보기 위해 지원자들을 모아 고마움의 일기를 쓰게 했습니다. 일정한 간격으로 고마움을 느낀 사건을 기록하도록 한 것입니다. 실험 결과, 이런 간단한 행위조차도 우리 기분에 깊고도 확실한 영향을 끼친다는 것이 밝혀졌습니다.[3] 그 결과는 매우 충격적이어서 비슷한 효과를 가진 약물이 발명되면, 아마 대번에 특효 신약으로 취급받을 만한 것이었습니다.

당신은 고마움의 일기를 쓰는 과정을 통해 자신이 좋다고 느끼는 것에 집중하게 됩니다. 매일 밤 잠자리에 들기 전에 스스로에게 "오늘 내가 즐거웠고 고마워해야 할 일이 뭐였지?"라고 물어보십시오. 그러면 당신의 눈동자가 바뀝니다. 먼저 당신의 얼굴에 미소가 떠오른 순간이나 감사의 감정을 불러일으킨 순간이 언제였는지 기억을 더듬어 보십시오. 친구와 대화하던 순간, 비행기를 타고 가다 날아가는 새를 본 순간, 맡은 일을 끝냈을 때 만족감을 느낀 사소한 순간일 수도 있습니다. 바쁠 때면 이런 순간들은 금새 지나쳐 버립니다. 고마움의 일기를 쓰면, 이런 순간들이 나중에 계속 회상할 수 있는 기억의 모음으로 쌓여가게 됩니다.

일기를 쓰는 습관이 들면, 우리 마음은 삶의 긍정적인 면을 더 쉽게, 더 빨리 알아차리도록 단련됩니다. 고마움을 체험하는 것은 실천을 통해 발전하는, 배우기 쉬운 기술입니다. 그것은 일이 잘 풀리느냐 아니냐, 또는 남의 도움을 받느냐 마느냐 등과는 전혀 관계가 없습니다. 그것은 이미 거기 있는 것을 얼마나 더 잘 알아내느냐에 관한 것입니다.

🐑 **따라해 보세요**

- ■ **알리는 글** 당신의 기억을 더듬어 지난 24시간 동안 일어난 일 가운데 즐거웠던 일을 생각해 보세요. 반드시 큰 사건일 필요는 없습니다. 그저 '그 일로 내가 기뻤지.'라고 생각되는 일이면 됩니다.
- ■ **음미하기** 두 눈을 감고 그 순간을 다시 체험하고 있다고 상상해 보세요. 색깔, 맛, 소리, 냄새, 몸이 느끼는 감각에 주목해 보세요. 그리고 당신 내부에서 어떻게 느끼는지 집중해 보세요.
- ■ **고마워하기** 누구 또는 무엇 때문에 이 순간이 왔습니까? 다른 사람(또는 사물)도 있습니까? 그렇다면, 그들을 생각하고 고마움을 표시한다고 상상해 보세요.

고마움에는 사실 두 가지 측면이 있습니다. 첫 번째는 감사(appreciation: 가치를 인정하고 그에 따라 감사와 기쁨을 느낌 – 역자주)로, 일어난 일을 소중히 여기는 경우입니다. 두 번째는 귀인(歸因, attribution)으로, 어떤 일이 일어나게 한 누군가(또는 무엇인가)의 역할을 당신이 인지하는 경우입니다. 스스로에게 고마워해야 하는 경우라도, 당신이 쓴 기술, 힘, 자질 등을 개발하는 데에 분명히 다른 사람들의 역할이 있었을 것입니다. 고마움은 사회적 감정입니다. 그것은 바로 다른 이들을 향한 우리의 따뜻함과 선의를 가리킵니다.

2: 고마움은 믿음과 너그러움을 만듭니다

당신이 믿는 사람들을 생각해 보십시오. 당신은 그들에게 고마워합니까? 아니면 그 사람들이 당신에게 고마워할 것이라고 생각하십니까? 고마움은 믿음을 키웁니다. 고마움을 표시하는 것은 우리가 서로 믿었던 때가 있었음을 인정하는 것입니다. 한 연구에 따르면, 사람들은 고마움을 느끼는 사람을 도울 가능성이 더 크고, 그래서 도움, 고마움, 믿음, 협력이라는 긍정적인 나선형 순환이 생긴다고 하는데, 이것은 전혀 놀랄일이 아닙니다.[4] 이런 이유로 고마움은 협력적인 행위와 사회로 진화하는 데에 핵심적인 역할을 합니다.

고마움의 수준이 올라가면, 우리는 호의를 되돌려주려는 경향을 더 보일 뿐만 아니라, 생판 처음 보는 사람도 도와줄 가능성이 더 커집니다. 1970년대에 미국의 심리학자인 앨리스 이센이 다음 실험을 통해 이 사실을 증명했습니다.[5] 그는 피실험자에게 다음 사람이 공짜로 전화를 걸 수 있도록 공중전화기에 동전을 남겨 놓은 후, 그 사람이 통화를 끝내고 전화 부스에서 나올 때 우연인 것처럼 그 사람 앞에서 서류 더미를 떨어뜨리도록 했습니다. 그리고 그 과정을 동전을 남기지 않은 전화 부스에서도 반복했습니다. 그 결과, 공짜 전화라는 예기치 않은 선물을 받은 사람들이 피실험자가 서류 더미 줍는 것을 훨씬 더 많이 도와주었다고 합니다. 이 실험이나 동일한 종류의 다른 실험들 모두가 남을 위해 행동하고 싶어하는 것은 마음씨가 착하기 때문이 아님을 시사하고 있습니다. 남을 돕는 것은 우리가 경험하는 고마움의 수준에 달려 있습니다.

3: 소비 문화의 해독제, 고마움

고마움은 행복과 삶에 대한 만족을 높여주지만, 물질주의 — 의미 있는 관계보다 물질적 소유에 더 높은 가치를 두는 — 는 반대의 효과를 가지고 있습니다. 심리학자인 에밀리 폴락과 마이클 맥컬로프는 한 연구에 대한 논평에서 "부와 재산을 목표로 추구하는 것은 낮은 수준의 안녕, 삶에 대한 낮은 만족도, 낮은 행복감, 더 많은 우울과 불안, 더 많은 신체적 문제, 다양한 정신병 등과 연관이 있다."고 결론짓고 있습니다.[6]

풍요병(affluenza)은 재산과 외모에 대한 집착에서 생기는 정서적 괴로움을 나타내는 용어입니다. 심리학자인 올리버 제임스는 이 풍요병을 우리의 사고를 오염시키면서 TV, 화려한 잡지, 광고 등으로 전파되는 심리적 바이러스의 한 형태로 봅니다. 이 질병의 핵심에는, 남에게 어떻게 비쳐지고 무엇을 소유하고 있느냐에 따라 행복이 결정된다는 잘못된 믿음이 자리하고 있습니다. 황금 시간대에 TV에 나오는 모델이나 백만장자들과 외모와 부를 비교하면, 우리는 그들에게 미치지 못한다고 쉽게 느낄 수 있습니다. 제임스는 이렇게 말합니다.

"비정상적으로 호화로운 삶을 사는 소수의 매력적인 사람들로 프로그램이 가득 차 있어서 '정상적'인 것이 무엇인가에 대한 기대가 높아져 있습니다."[7]

여성 잡지에 나온 모델들의 사진을 본 후 자신의 외모를 평가하라고 하면, 여성들은 대개 자부심과 만족도가 모두 떨어집니다.[8] 우리가 어떻게 느끼는가는 이처럼 누구와 비교하는가에 따라 크게 달라집니다. 식이 장애(eating disorder: 거식증이라고도 함 – 역자주)가 늘어난 것은 날씬한 모델을 기준으로 삼았기 때문입니다. 피지에 TV가 처음 들어온 1995년까지만 해도 이 섬에는 식욕 이상 항진증(bulimia: 폭식을 하고 토하기를 반복하는 증세 – 역자주)에 대한 기록이 전혀 없었습니다. 그러나 그 이후 채 3년도 못 가서, 이곳의 젊은 여성 중 11%가 식욕 이상 항진증으로 고생하고 있는 것으로 밝혀졌습니다.[9]

고마움이란 당신이 경험하는 것에 즐거워하고 만족하는 것입니다. 광고업체는 당신에게 뭔가 부족하다는 느낌을 갖도록 만들어 그런 즐거움과 만족감을 떨어뜨리려고 합니다. 마케팅 전문가를 위한 웹사이트에는 광고업체의 다음과 같은 '불만족 법칙'이 적혀 있습니다.

광고가 하는 일은 대중들의 불만족을 만들어 내는 것입니다. 사람들이 현재의 외모에 만족한다면, 화장품이나 다이어트 책을 사지 않을 것입니다. ⋯ 사람들이 현재의 자신, 자신이 사는 곳, 자신이 버는 것에 만족한다면, 즉 당신이 그들을 행복하지 않다고 느끼게 만들지 못한다면, 그들은 잠재적 소비자가 될 수 없을 것입니다.

대부분의 화장품 광고는 아름다운 모델을 등장시킵니다. 그리고 그 제품을 사용하면 당신도 그 모델처럼 될 수 있다고 가슴에 불을 붙입니다. 이 접근법은 도저히 견줄 수 없는 이상형을 보여주는 것입니다. 대중들은 화장품을 사용하고 나서의 자신의 모습을 알게 되면, 현재의 자기 모습에 절대로 만족할 수 없고 변화의 약속을 믿을 수밖에 없습니다.[10]

매년 4천억 달러 이상이 "이걸 사면 당신 인생이 달라질 것이다."라는 메시지를 강요하는 광고에 사용되고 있습니다. 하지만 [상자 3 - 1]의 설문 조사는 물질적으로 부유한 나라 사람들이 50년 전보다 훨씬 더 많은 것을 사고 있지만, 여전히 행복하지 않다는 것을 보여주고 있습니다.[11] 우울증이 급속히 확산되어 서구 사회에서 두 명 중 한 명은 인생의 어떤 시점에 심각한 사건을 겪는다고 합니다.[12] 소비 중심의 생활 양식은 세상을 망칠 뿐만 아니라 우리 자신도 비참하게 만들고 있습니다. 그렇다면 고마움이 우리의 재활에 어떤 역할을 할 수 있을까요?

상자1-6›› 생각해 볼 점

인류가 살아온 이전의 모든 기간 동안 소비한 것보다 지난 50년간 소비한 자원이 더 많습니다.[13] 그런데도 우리는 더 행복하지 않고, 우울증은 급속히 확산되고 있습니다.

무엇이 이런 물질주의를 부추기고 있는지를 살펴 봅시다. 팀 케이서라는 학자는 두 가지 요인을 꼽았습니다. 불안감과 물질주의 가치를 표방하는 사회 모델에 노출이 그것입니다.[14] 고마움은 신뢰감을 높여 불안감을 없애는 데 도움이 되며, 호의를 되돌려주고 남을 도울 수 있도록 만들어, 우리에게 지지 세력을 강화하는 방식으로 행동하라고 독려합니다. 폴락과 맥컬로프가 지적했듯이, "고마움은 우리의 행복을 염두에 두고 사는 사람들이 있다는 사실을 깨우쳐 주고, 서로 주거니 받거니 하면서 사회적 자본이라는 우리들의 저수지를 더 깊게 만드는 동기가 됩니다."[15]

안전감을 갖기 위해 우리에게 무엇이 필요한가에 대해, 고마움과 물질주의는 전혀 다른 이야기를 합니다. 물질주의는 가져야 할 것을 소유할 때 안전하다고 느낍니다. 가져야 할 것이 무엇인가는 이웃이나 유행을 보고 판단합니다. 남보다 뒤처져 있다고 느끼면 불안감이 커지고, 'ㅇㅇ한테 뒤지면 안 되지.'라는 압박감이 커져 결국 뭔가를 더 사들이게 만듭니다.

고마움은 이런 무한 경쟁에서 우리를 끄집어내고, 무엇이 부족한가에서 무엇이 있는가로 초점을 바꿉니다. 우울증을 예방하고 동시에 과다 소비를 줄이는 문화적 요법을 강구한다면, 여기에는 반드시 고마움을 실천하는 능력을 배양하는 일이 포함될 것입니다. 고마움을 표현하는 재주를 가지는 훈련은 바로 대전환의 한 부분인 것입니다.

🐑 따라해 보세요

다음 문장을 읽고 다음에 자연스럽게 올 단어를 찾아보세요. 혼자 생각해서 써도 좋고, 두 사람이 짝이 되어 묻고 답하는 식으로 해도 좋습니다. 한 문장에 2-3분 정도 생각해 보세요. 적당한 말이 떠오르지 않는다면, 문장의 처음으로 돌아와 다시 생각해 보세요. 매번 할 때마다 다른 말이 떠오를 수도 있습니다.

1_ 내가 지구상에 살아 있는 것과 관련하여 내가 사랑하는 것은 (   )이다.

2_ 어렸을 때 나에게 즐거웠던 장소는 (   )이다.

3_ 내가 좋아하는 활동에는 (   )이 있다.

4_ 내 스스로를 믿게 만들어준 사람은 (   )이다.

5_ 내 자신에게 감사해야 할 것은 (   )이다.

4: 고마움의 장애물

가끔은 쉽게 고마움이 생겨나기도 합니다. 당신이 사랑에 빠졌거나 운수 대통이거나 일이 잘 풀려 기쁘다면, 감사나 소중함을 느끼는 감정은 아주 자연스러울 것입니다. 하지만 그다지 행복을 느낄 일이 없을 때라면 어떨까요? 관계가 틀어지거나 상해나 폭행을 당하거나 삶이 암울하게 보일 때라면 어떨까요?

자신의 삶이나 세상이 비극을 맞고 있다면, 당신은 감사해야 할 이유를 찾는 일이 애당초 말이 안 된다고 느낄지도 모릅니다. 그러나 세상 모든 일에 고마워해야 할 필요는 없습니다. 항상 더 큰 그림, 더 넓은 시야가 있고, 세상 일에는 긍정적인 면과 부정적인 면이 공존한다는 사실을 인식하는 것이 중요합니다. 어려운 측면을 분명하게 보고 창조적으로 대응할 힘을 찾으려면, 우리는 자신의 능력을 최고로 발휘하도록 만드는 자산에 의존해야 합니다. 고마움이 바로 이런 역할을 합니다. 이것은 우리가 언제든지 이용할 줄 알아야 하는 자산입니다. 예를 하나 들겠습니다.

줄리아는 방금 전 뉴스를 보았습니다. 그리고 분노했습니다. 난민촌 학교에 폭탄이 떨어져 아이들이 죽었다는 소식에 그녀는 분노에 치를 떨며 아무 말도 할 수 없었습니다. 그런데 잠시 후 그녀는 이 뉴스를 보도한 기자들에 대해 생각했습니다. 그들은 이 뉴스를 보도하기 위해 목숨을 걸었습니다. 뉴스 편집자도 어쩌면 자신의 목을 걸고, 최근의 유명인사 뒷담화 대신 이 뉴스를 포함시켰을지도 모릅니다. 그녀는 이처럼 이들이 행한 일들에 생각이 미치자 고마움을 느꼈습니다. 고마움이 느껴지자 그녀는 그 사건에 신경을 쓰는 사람이 자기 혼자만이 아니라는 사실을 새삼 깨닫게 되었습니다.

폭력과 부정이 발생하면, 믿음은 사라집니다. 믿음이 사라지면, 고마움을 경험하기가 더욱 어려워집니다. 도움을 받더라도 불신하는 마음이 있으면, 혹시 다른 속셈을 가지고 나를 도운 것은 아닌지 고개를 갸우뚱하게 됩니다. 믿음의 수준이 떨어지는 것입니다. 한 조사에 따르면, 50년 전에 비해 오늘날에는 50% 정도만이 타인을 믿을 수 있다고 합니다.**16** 이 물결을 어떻게 거꾸로 돌릴 수 있을까요? 믿음과 고마움은 서로를 먹여 살립니다. 힘든 시기라도 고마워할 줄 아는 역량을 키우려면, 이런 자질을 연마한 사람들로부터 배워야만 합니다.

5: 호디노소니족의 교훈

1977년 가을, 이로쿼이족 연합이라고도 알려진 아메리카 인디언 부족인 호디노소니족 대표단이 스위스 제네바에서 열린 UN 총회를 찾았습니다. 그들은 세상에 대한 자신들의 핵심 가치관과 관점을 기술한 내용과 더불어 경고문과 예언도 함께 제시했습니다. '양심의 부름(Basic Call to Consciousness)'으로 알려진 그 문건에는 다음과 같은 구절이 들어 있었습니다.

태초의 가르침에 따르면, 지구 위를 걸어 다니는 우리는 생명을 낳고 지지하는 모든 혼령에게 커다란 존경, 애정, 그리고 고마움을 표시하라고 가르칩니다. 우리는 옥수수, 콩, 호박, 바람, 태양 등 우리 생명을 지탱하도록 해 주는 많은 것들에게 인사를 하고 고마워합니다. 사람들이 이들에게 존경과 감사를 표시하지 않는다면, 모든 생명은 파괴되고 이 땅에서 인류의 삶도 끝나게 될 것입니다.

호디노소니족은 고마움을 생존에 필수적인 것으로 여깁니다. 서양의 개인주의 관점에서는 이런 생각이 이해하기 어려운 것일지도 모릅니다. 통상적 삶의 이야기에서는 자수성가야말로 가장 추앙받는 승리에 속합니다. 우리 스스로 두 발로 설 수 있는데 왜 콩이나 옥수수에게 고마워해야 할까요? 하지만 완전히 독립적이고 스스로 설 수 있다는 생각은, 우리가 다른 사람과 자연에 의존하며 살고 있다는 현실을 부정하는 것입니다.

호디노소니족은 인간을 모든 존재가 똑같이 소중하며 서로 하나의 더 큰 생명망으로 연결되어 있는 한 부분으로 생각합니다. 이 부족은 곡물, 나무, 강, 태양 등을 서로 도움이 되는 더 큰 공동체의 동료로서 존경하고 고마워합니다. 생명에 대해 이런 관점을 가진다면, 당신은 숲의 나무를 꺾거나 강물을 오염시키지 않을 것입니다. 그들이 '양심의 부름'에서 "우리의 생명이 나무들의 생명과 함께 존재하고, 우리의 안녕이 식물들 생명의 안녕에 달려 있고, 우리가 네 발 달린 동물의 가까운 친척임을 우리는 확실히 알고 있습니다."[17] 라고 언급했듯이, 당신은 다른 생명체를 가족으로 받아들이게 됩니다.

호디노소니족에게 감사의 표시는 '모든 것에 앞서 나오는 말'이고, 그것은 그들의 모든 지방의회 회의에서 항상 제일 먼저 등장합니다. 그들에게 감사는 매년 특별한 날에만 하는 게 아니라 일상생활인 것입니다.

6: 고마움은 세상을 위해 일하도록 부추깁니다

호디노소니족의 감사 기도가 인상적인 것은 재물이나 개인의 행운에 초점을 두지 않는다는 데 있습니다. 그들은 오히려 자연의 일부가 우리에게 주는 축복을 강조합니다. 고마움의 표현은 각 부족의 말로 동시에 표현되지만, 순서와 형태는 전통을 따릅니다. 6개 호디노소니 부족 중 하나인 모호크족의 감사 기도문은 다음과 같이 시작합니다.

– 사 람 –

오늘 우리는 여기 모여 생명의 순환이 이어짐을 봅니다. 우리는 서로간에, 모든 살아 있는 것들과 조화롭게 살아갈 의무를 부여받았습니다. 그래서 지금 우리는 마음을 한데 모아 사람으로서 서로에게 환영과 감사를 표합니다.

이제 우리는 한 마음입니다.

– 어머니 지구 –

우리 모두는 생명에 필요한 모든 것을 베풀어 주는 어머니 지구에게 고마움을 표합니다. 우리가 걸을 때 발 디딜 자리를 주시고, 태초부터 우리를 계속 보살펴 주시어 우리는 행복합니다. 우리의 어머니에게 우리는 환영과 감사를 표합니다.

이제 우리는 한 마음입니다.[18]

이어서 기도문은 세상의 강과 바다, 물속의 어류, 다양한 식물들, 들판의 곡물, 세상의 약초, 동물, 나무, 매일 삶을 즐기고 감사하라고 깨우쳐 주는 새들, 사면팔방에서 부는 바람, 생명을 새롭게 해 주는 물을 가져오는 천둥과 번개, 가장 나이 먹은 형님인 태양, 바닷물의 움직임을 지배하는 가장 오래된 할머니인 달, 보석처럼 하늘에 깔려 있는 별, 현인들, 창조자 또는 한울님, 그리고 마지막으로 모든 잊힌 것들과 거명되지 않은 것들에게 고마움을 표합니다. 이런 식으로 감사를 표하면, 우리는 더 큰 생명망에 속해 있으며, 그들의 안녕을 위해 해야 할 필수적인 역할을 가지고 있다는 본능적 지식이 깊어집니다. 호디노소니족의 추장인 레온 세난도아가 1985년 UN 총회에서 행한 연설에서 말했듯이, "인류는 모든 생명의 근원인 어머니 지구의 안녕을 지켜야 할 신성한 의무를 지고 있습니다."[19]

그런데 이야기에 따라 목적도 달라집니다. 통상적 삶의 모델에서는 거의 모든 것이 사유화됩니다. 따라서 공기나 바다처럼 개인이나 기업의 소유에 속하지 않는 세상은 우리가 책임질 영역이 아니라고 생각하게 됩니다. 또한 고마움이란 꼭 필요한 것이 아니라 그저 겸손함일 뿐이라고 생각하게 됩니다. 그러나 '양심의 부름'에서 호디노소니족은 전혀 다른 이야기를 합니다. 즉, 우리의 안녕은 자연에 달려 있고, 고마움은 생명을 소중히 하라는 우리의 목적을 지키게 해 준다는 것입니다. 이 사실을 잊는다면, 우리가 의지하는 더 큰 생태계는 우리 시야에서 사라지고, 세상은 무너지게 됩니다.

7: 현대 과학의 가이아 이론

고마움을 기술적 측면에서 본다면, 우리가 이전에 무시했을지도 모르는 이점을 인식하고, 그 가치를 따져보는 일이라고 할 수 있습니다. 새로운 정보는 변화를 가져다줍니다. 만약 우리가 남한테서 큰 도움을 받았다는 사실을 알게 되면, 남에 대한 고마움과 남을 돕고 싶은 마음이 갑자기 커지게 됩니다. 당신의 인생 경험에서도 그런 사례를 찾아볼 수 있을 것입니다. 당신에게 도움을 주었다는 사실을 들은 뒤, 그에게 더 따뜻한 느낌을 갖게 된 경우가 아마 좋은 사례일 것입니다. 이런 원칙은 우리가 세상과 맺는 관계에서도 유효합니다.

우리가 식물에서 식량을 얻듯이, 숨쉬는 공기도 마찬가지입니다. 지구와 이웃하는 두 개의 별인 화성과 금성의 대기는 몇 분 안에 우리를 죽음에 이르게 할 수 있습니다. 최근 지구의 대기도 과거에는 그와 비슷했다는 사실이 밝혀졌습니다. 30억 년 전 지구의 대기는 화성이나 금성의 그것처럼 이산화탄소가 훨씬 많고 산소는 희박했습니다.[20] 그 후 20억 년이 지나면서 초기의 식물들이 이산화탄소를 대부분 줄이고, 풍부한 산소를 공급하여 지구의 공기를 숨쉴 수 있게 만드는 대단한 서비스를 제공했습니다.

산소는 고반응도 기체라서 정상적으로는 현재의 대기 중 20%라는 높은 수준을 유지할 수가 없습니다. 수억 년 동안 산소가 이렇게 높은 수준을 유지하고 있다는, 화학적으로 불가능한 사실 때문에 영국의 과학자인 제임스 러브록은 가이아 이론의 초기 아이디어를 개발하게 되었습니다. 그는 그 생각이 떠오른 순간을 이렇게 적었습니다.

기막힌 생각이 떠올랐습니다. 지구의 대기는 여러 기체들의 보기 드문 불안정한 혼합입니다. 하지만 꽤 오랜 시간 동안 그 구성비가 일정하게 유지되어 왔음을 알고 있습니다. 그렇다면 지구의 생명체들이 대기를 만들었을 뿐만 아니라 대기를 통제하는, 즉 일정한 구성비로 생명체에게 적절한 수준을 유지하고 있는 것은 아닐까요?[21]

가이아 이론의 핵심 원리는 지구가 자기 규제적 시스템이라는 것입니다. 우리 신체가 동맥의 산소와 온도를 일정하게 유지하는 방식과 흰개미 집단이 내부 온도와 습도를 유지하는 방식 사이에는 유사성이 있습니다. 생명체는 기본적으로 균형을 유지하는 능력을 가지고 있습니다. 가이아 이론은 생명이 어떻게 스스로를 지키고, 여러 종들이 자연의 균형을 유지하기 위해 어떻게 집단적으로 행동하는지를 보여줍니다. 생명체는 산소 수준을 유지해 줄 뿐만 아니라, 바닷물의 염도와 기후의 움직임을 통제하는 역할도 하고 있습니다.

별은 늙어가면, 더 밝게 타는 경향이 있습니다. 우리의 태양도 35억 년 전 지구상에 생명체가 처음 등장했을 때보다 적어도 25%가량 더 많은 열을 내뿜고 있다고 추정됩니다.[22] 그렇다고 지구가 25%가량 더 더워졌을까요? 그랬다면 인류는 존재하지 못했을 것입니다. 이 점에 있어 우리는 식물 생명체에게 감사해야 합니다. 이산화탄소를 흡수하여 온실효과를 완화시키고, 지구 온도를 우리 인류같은 복합적인 생명체가 살아가기에 적당하게 유지시켜 주기 때문입니다.

8: 돌려주기와 물려주기

어떤 목재 회사 임원이 나무를 보면 그루터기에 쌓인 돈더미로 보인다
고 말하는 것을 들은 적이 있습니다. 고마움과 존경심으로 나무를 대해
야 한다는 호디노소니족의 견해와 한번 비교해 보십시오. 나무를 우리
를 돕는 조력자로 본다면, 우리는 나무의 우군이 되고 싶을 것입니다.

이런 역학적 관점을 가지면, 우리는 사는 데 필요한 것을 취하고, 이를
돌려주는 재생(regeneration)이라는 순환으로 들어가게 됩니다. 현대 산업
문화가 이렇게 주고받는 호혜원칙을 잊어버렸기 때문에 숲은 줄어들고
사막이 넓어지고 있습니다. 이런 파국을 거꾸로 되돌리기 위해 우리는
개인적 안녕이 어떻게 자연의 안녕에 의존하고 있는지 깨닫는 생태적
지능을 계발해야 합니다. 고마움은 여기서 매우 중요한 역할을 합니다.

🌳 **따라해 보세요 – 살아가도록 도와주는 것들에게 고마워하기**

나중에 나무나 식물을 보면 잠깐이나마 고마움을 표하세요. 지구의 공기를 변화
시켜 들이마실 수 있게 해준 식물의 엄청난 역할이 없었다면 존재하지 않았을, 산
소의 고마움을 숨을 들이쉴 때마다 느껴 보세요. 녹색 화초를 볼 때마다 이산화탄
소를 흡수하고 온실효과를 줄여 지구가 위험한 수준으로 너무 더워지지 않게 지
켜준 식물들을 기억하세요. 그런 일을 해준 식물이 없었다면 우리는 오늘날까지
살아 있지 못했을 것입니다. 어떻게 고마움을 표시하고 싶은지 생각해 보세요.

우리가 화석 연료를 태울 때 나는 이산화탄소는 수억 년 전 고대 식물이 흡수했던 바로 그 기체를 대기 중으로 되돌리는 일입니다. 화석 연료를 태운 탓에 지구를 시원하게 만드는 메커니즘 중 하나가 거꾸로 작동해서 기온이 상승하고 있습니다. 오늘날의 숲은 이산화탄소를 흡수할 뿐만 아니라 구름을 만들도록 도와줌으로써 지구를 시원하게 하는 데에도 기여합니다. 열대 숲이 베어져 나가고 그 지역의 기후가 더워지고 건조해지면, 나무가 자라기는 더욱 어려워집니다. 아마존 같은 열대우림 지역은 벌채는 물론 기후변화로 인한 가뭄에도 위협을 받고 있습니다. 우리에게 그들의 도움이 필요하듯이, 그들도 우리의 도움을 기다리고 있습니다.

우리가 들이쉬는 산소는 대부분 오래 전에 죽은 나무로부터 생긴 것입니다. 우리는 현재 나뭇잎의 선조들에게 고마움을 표할 수는 있지만, 산소를 그들에게 되돌려줄 수는 없습니다. 하지만 물려주기는 가능합니다. 우리가 받은 호의를 되돌려줄 수는 없지만, 이를 다른 누군가에게 물려줄 수는 있습니다.[23] 이렇게 하면 우리는 시간을 초월해 서로 주고받는 커다란 흐름의 일부가 됩니다. 과거로부터 이어받아 미래로 물려주는 것입니다. 기후변화와 같은 주제를 다룰 때, 고마움은 동기 부여의 근원으로서 죄나 두려움에 대한 참신한 대안 역할을 하고 있는 것입니다.

-Chapter-

4

세상에 대한
우리의 고통을 존중하기

아더 왕 궁정에서 유명한 기사인 파르지팔은 성배를 찾아 여러 날 동안 낯설고 황폐하며 아무것도 자라지 않는 황무지를 달리다가 먹을 것과 잠자리를 찾아 한 호수에 도착했습니다. 거기에는 두 사람이 배를 타고 낚시를 하고 있었고, 그 중 하나는 왕의 복장을 하고 있었습니다.

"자고 갈 데를 좀 알아볼 수 있겠습니까?"

파르지팔이 다급하게 부탁했습니다.

왕의 복장을 한 사람(사실 피셔 왕으로 성배의 보관인 – 역자주)은 그를 가까운 자신의 성으로 초대하여 머물게 하라며 몇 가지 지시를 했습니다. 얼마 지나지 않아 파르지팔은 자신이 피셔 왕의 성에 왔음을 알게 되었습니다. 신하들의 환영과 호위를 받으며 큰 방으로 가니 거기에는 의식을 갖춘 만찬석상이 차려져 있었습니다. 그리고 해먹 침대에는 왕이 누워 있었는데, 사타구니에 난 상처로 매우 고통스러워 보였습니다.

왕은 상처가 낫지 않는 마법에 걸려 있었습니다. 이 마법 때문에 피셔 왕과 그의 영토는 재생의 힘을 잃어 버렸던 것입니다. 밤이 지나도록 궁정의 어느 누구도 그들이 겪고 있는 공포에 대해 말하지 않았습니다.

그는 기사가 나타나 왕에게 동정 어린 질문을 하면 그 마법이 풀린다는 사실을 알고 있었습니다. 그러나 높은 자리에 있는 분에게 질문하는 것을 무례하고 문란하기까지 한 일로 믿고 자란 파르지팔은 인사를 하러 왕에게 가까이 다가갔을 때 상처에서 나오는 악취를 맡았지만 아무렇지 않은 듯 행동했습니다.

다음 날 아침, 파르지팔이 일어났을 때 왕과 신하, 성은 모두 사라지고 없었습니다. 다시 길을 떠난 그는 마침내 황무지를 벗어나 아더 왕의 궁으로 돌아올 수 있었습니다. 궁에서는 매우 훌륭한 이 기사의 귀환을 기념하여 잔치가 벌어졌습니다. 추하지만 현명한 마녀 쿤드리가 축하연 중간에 극적으로 등장했습니다. 쿤드리는 피셔 왕과 그의 백성들이 느끼는 고통에 대해 질문을 하지 않은 파르지팔의 잘못을 공개적으로 비난했습니다.

"기사라니요! 자신을 살펴보세요. 무슨 일이 있는지 물을 배짱도 없었잖아요!" 쿤드리는 울부짖었습니다.

쿤드리의 비난과 자괴감에 시달려 파르지팔은 우울증에 빠졌습니다. 결국 그는 피셔 왕의 궁정으로 돌아가야 한다는 사실을 깨달았습니다. 수 년에 걸쳐 무수히 많은 모험을 겪은 후 파르지팔은 그 신비의 성을 다시 찾을 수 있었습니다. 그러나 피셔 왕은 더 큰 고통을 겪고 있었습니다.

파르지팔은 이번에는 왕에게 성큼성큼 다가가 그 앞에 무릎을 꿇었습니다. 그리고 물었습니다.

"폐하, 어디가 편찮으십니까?"

이렇게 걱정 가득한 질문을 파르지팔이 던지자 바로 엄청난 일이 일어났습니다. 왕의 두 뺨에 화색이 돌고, 왕은 침상에서 일어나 다시 건강을 되찾았습니다. 동시에 황무지엔 다시 꽃이 피기 시작했습니다. 마법이 풀린 것이었습니다.

성배(the Holy Grail) 전설의 일부인 파르지팔 이야기는 800여 년 전에 글로 기록되었습니다.[1] 그러나 이야기 속 상황, 즉 커다란 고통이 실재하지만, 인정하지 않거나 마치 아무 일도 없는 것처럼 살아가는 사람들은 오늘날에도 쉽게 찾아볼 수가 있습니다. "어디가 편찮으십니까?" 또는 이 말의 현대적 표현인 "무엇 때문에 속을 썩이고 있습니까?"라는 질문은 우려와 괴로움을 나타냅니다.

왜 이런 질문을 하지 않는지, 그리고 파르지팔처럼 상황이 좋지 않다는 걸 우리 모두가 알고 있으면서도 왜 마치 모든 일이 잘 풀리는 척하는지 거기에는 다양한 이유가 있습니다. 이 세상의 상태와 관련하여 이런 일이 생기면, 또 가끔 실제로 그렇기도 합니다만, 우리의 생존 반응은 차단됩니다. 이 장에서는 무엇이 불편한 현실을 인정하지 못하도록 방해하는지 살펴보고, 세상에 대한 우리의 고통을 존중하면 통상적 삶을 유지하는 마법이 어떻게 풀리는지를 살펴보겠습니다.

1: 차단된 반응 이해하기

위험에 대한 반응에서 핵심적인 생존 메커니즘은 경보기를 작동하는 것입니다. 한 소방관은, 빌딩에 불이 나면 가장 위험한 사람은 겁에 질린 사람이나 빨리 나가려는 사람이 아니라 위험 상황임을 모르고 무엇을 챙기거나 재산을 추스르는 사람이라고 말했습니다. 이를 염두에 두고 심리학자인 빕 라타네와 존 달리는 잠재적 위험에 대한 우리의 반응에 영향을 주는 요인들을 알아보는 연구를 진행했습니다.[2]

이 연구에서 피실험자들에게는 방에서 기다리면서 설문지에 대답을 써 넣도록 했습니다. 그러는 동안 벽에 있는 환기구를 통해 담배 연기 같은 수증기를 내뿜어 방을 채워갔습니다. 사람들은 방에 혼자 있을 때는 빠른 반응을 보이며 방을 나와 도움을 요청했습니다. 그러나 여러 사람이 같이 있을 때는 다른 사람이 어떻게 반응하는가를 살폈습니다. 다른 사람들이 방에 조용히 남아 설문지를 채워가면 본인도 역시 그렇게 행동할 가능성이 높았습니다. 방에 연기가 꽉 차 앞이 잘 안 보이고 일부가 기침을 하고 눈을 비벼도, 피실험자 대부분은 설문지를 붙잡고 있었습니다. 그들은 2/3 이상이 구출될 때까지 그렇게 6분간을 계속해서 남아 있었습니다.

이 실험은 지구의 위기에 대한 우리의 대응을 은유적으로 나타내고 있습니다. 연기가 불편한 정보라면 질문지를 채우는 것은 통상적 삶을 계속하는 것과 같습니다. 인류가 종으로서 살아남으려면 위험에 대한 우리의 능동적 반응이 어떻게 차단되는지, 그런 일이 생기지 않게 하려면 어떻게 해야 하는지 이해할 필요가 있습니다. 무엇이 연기를 알아차리지 못하게 방해하고 있을까요? 흔히 우리는 뭔가를 하고자 하는 충동과 그에 대한 저항 사이에서 내적 갈등을 겪곤 합니다. 거기에는 여러 종류의 저항이 있습니다. 여기서는 흔히 일어나는 일곱 가지 흔한 저항들을 소개하겠습니다.

[01] 그게 그렇게 위험하다고는 믿지 않습니다

연기에 반응하지 않은 사람들을 인터뷰했을 때, 그들은 한결같이 진짜 불이 났다고 믿지 않았기 때문이라고 응답했습니다. 그들은 또 다른 이유를 만들어내서 연기를 단순한 경보의 원인으로 치부했습니다. 다른 사람들이 연기를 무시하는 것을 보았을 때 사람들이 불이 났다는 것을 믿지 않는다는 것은, 우리가 다른 사람의 행동에 얼마나 많은 영향을 받는지를 잘 보여줍니다. 동일한 일은 세계적인 사건에서도 일어납니다. 어떤 문제에 관해 불편한 소식을 들어도 많은 사람들이 별일 아닌 것처럼 행동하면, 우리는 그 문제가 그다지 심각하지 않다고 믿어버립니다.

기업이 지배하는 매스컴 때문에 이런 효과는 증폭됩니다. 예를 들어 당신은 TV 연속극, 시트콤, 드라마의 등장인물들이 이 세상살이에 대해 우려를 표하는 것을 본 적이 있습니까? 있다면 얼마나 됩니까? 대부분의 TV 방송국과 신문을 소수 기업이 소유하고 있으며, 이들의 주된 수입원은 바로 광고입니다. 그들의 상업적 목표는 시청자나 독자들을 광고주에게 소개하는 것입니다.

사람들에게 세상에서 일어나는 사건을 보도하긴 하지만, 그들의 관심을 끄는 수준이어야지 물건을 구매하지 못할 정도로 불안하게 만들어서는 안 됩니다. 결과적으로 우리 세상의 파국에 관한 결정적인 소식은 뉴스 보도에서 빠지거나 소소하게 취급됩니다. 예를 들어 2009년 12월 세계기상기구가 2000~2009년 10년간이 역사상 가장 더운 10년이라고 발표

했을 때, 미국 폭스 뉴스의 편집국장은 전자메일로 보도국 직원과 편성 제작자들에게 다음과 같은 지시를 내렸습니다.

지구가 특정 시기에 더워졌다는(아니면 시원해졌다는) 주장을 하려면, 이 주장이 비판론자들이 의문시하는 자료에 근거하고 있다는 것을 동시에 알려줘야 합니다. 그런 주장을 사실처럼 보도하는 것은 저널리스트로서 우리가 할 일이 아닙니다.[3]

[02] 이런 문제를 해결하는 것은 내 일이 아닙니다

통상적 삶의 개인주의는 우리 문제와 다른 사람의 문제를 분명히 구분할 뿐만 아니라 인간의 관심사와 다른 생물 종의 관심사 사이에는 더욱더 확실히 선을 긋습니다. 내 이웃인 마틴은 기후변화에 대해 이야기하다가 "북극곰에게 무슨 일이 생기건 사실 '내 책임이 아니잖아요?'"라고 말하더군요. 이 세상에 대해 배려를 하지 않는 이런 책임의 파편화(fragmentation)는 산업화 사회의 지배적인 태도입니다. 이런 관점에서 보면, 세상은 여러 조각으로 나뉠 수밖에 없고, 우리는 소유하고 지배하며 거주하는 조각에 대해서만 책임을 지게 됩니다. 우리 뒤뜰에는 엄청나게 신경을 쓰지만, 거기를 벗어난 것은 무엇이든 다른 사람의 문제라고 치부해 버리는 것입니다.

[03] 사람들 무리를 벗어나 혼자 튀고 싶지 않습니다

케네디 대통령(1917~1963)이 암살당했다는 충격적인 뉴스를 처음 들었

을 때, 저는 슈퍼마켓 계산대에서 줄을 서 있던 중이었습니다. 라디오 방송을 확실하게 들었지만, 사람들은 아무 일도 없는 것처럼 물건을 사고 있었습니다. 저는 다른 사람들처럼 아무 말도 하지 않고 그냥 줄을 서서 기다렸습니다. 가슴 속은 충격과 공포로 쿵쿵댔지만, 사람들 무리를 벗어나 혼자 튀고 싶지 않았기 때문에 조용히 있었던 것입니다.

모두가 뭔가 불안감을 느끼지만 아무도 그런 낌새가 보이지 않을 때, 만약 혼자서만 우려를 표명한다면, 남의 이목을 끌 위험이 있습니다. 하지만 침묵을 지키면 혼자 튀는 데서 오는 불편함을 피할 수 있습니다. 이처럼 무리를 따르라는 보이지 않는 압력은 교묘하고도 강력합니다. 이로 인해 자신의 인식을 의심하게 되는 경우조차 생깁니다. 모두가 말을 사슴이라고 우기면, 말을 말이라고 주장하는 것이 틀리다고 생각할 수도 있기 때문입니다.

어떤 이슈를 거명하는 것은 그 문제를 공개석상으로 꺼내는 것입니다. 그렇게 하면 현재 상태는 흔들립니다. 일단 문제가 인식되면, 그 문제를 무시하기가 어려워지기 때문입니다. 내부고발자들(whistle—blowers)이 종종 비난을 받는 것도 이전에 못 본 척했던 문제를 꺼내서 풀어가도록 만드는 불편함 때문입니다. 공개적으로 말하는 것이 위험시되면, 두려운 분위기 때문에 공모를 하는 문화가 등장할 수도 있습니다. 우리 과정에 참여했던 토니는 대기업에서 일한 경험을 이렇게 묘사했습니다.

"일을 나갈 때 양심을 전당포에 맡기는 일은 다반사였습니다. 회사 방침에 의문을 제기하면 충성심이 없다고 간주합니다. 직장생활을 망칠 수도 있지요."

특히 일자리가 불안정한 시기에 문제아라는 딱지가 붙을지 모른다는 두려움을 느끼면, 불안이나 불편한 정보를 표현할 용기를 잃게 됩니다.

[04] 이런 정보는 나의 사업적·정치적 이익을 위협하는 것입니다

1990년대 내내 태국 최고의 기상학자인 스미스 탐마사로지 씨는 태국 남서 해안에서 발생할 수 있는 쓰나미의 위험에 대해 계속해서 경고를 했습니다.[4] 그는 수십 년 동안 해저 지진과 이 거대한 해일 사이의 관계를 연구한 전문가였습니다. 그는 걱정이 되어 푸켓, 팡아, 크라비 등 해안 지역에 있는 호텔에 쓰나미 경보기를 설치하라고 권유했습니다.

하지만 그의 이런 경고가 관광 산업에 방해가 된다고 여겨져, 그는 일자리를 잃었고, 그의 권유는 무시되었습니다. 결국 2004년 12월 26일, 수마트라 섬에서 발생한 해저 지진으로 발생한 엄청난 쓰나미가 그가 경고했던 바로 그 지역을 강타했습니다. 역사상 최악의 재앙 중 하나가 발생한 것입니다. 이 사고로 태국에서만 5천여 명이 사망하고, 다른 13개 나라에서 22만 5,000명 이상이 죽었습니다.

쓰나미가 오기 전 탐마사로지 씨는 유언비어 유포죄로 기소되었고, 그가 지키려고 노력했던 지방에서조차 그가 오는 것을 막았습니다. 이처럼 듣고 싶지 않은 정보에 저항하는 방법은 정보의 근원을 공격하는 것입니다.

담배 산업도 이런 일을 수십 년간 해왔습니다. 담배 관련 업체는 흡연이 사람을 죽인다는 사실을 증명하는 과학과 과학자들을 불신하도록 캠페인에 많은 돈을 퍼부었지요. 그들의 내부 기록을 보면, 담배 업계는 과학이 옳다는 것을 알고 있었지만, 여전히 지금까지도 자신들의 상업적 이익에 상충되는 연구 성과를 무효화하려고 애쓰고 있습니다.[5] 담배와 건강 문제 사이의 연관성을 의심하도록 만들기 위해 관련 업체들은 홍보회사에 수백만 달러를 지불했습니다.

오늘날 기후변화의 과학에서도 그와 같은 일이 벌어지고 있습니다. 석유와 가스 관련 회사들은 2009년 미국에서 로비에만 무려 1억 600만 달러라는 엄청난 액수의 돈을 썼습니다.[6]

[05] 너무 속상해서 생각하기도 싫습니다

인간의 역사를 보면 많은 재난이 있었지만, 과거와 다른 점은 인류의 궤적입니다. 지구가 계속 더워지면서 과연 앞으로 어떻게 될까를 생각하는 게 두렵습니다. 그런데도 우리 대부분은 왜 통상적 삶을 지속할까요? 그 이유 중 하나는 지구적 위기가 너무나 골치 아파 제대로 살펴볼 수 없다는 데 있습니다. 우리가 인터뷰한 사람들의 말을 들어보십시오.

두 아이의 엄마인 이사벨은 이렇게 말합니다.

"나는 과거엔 정치 문제에 관심이 많았는데, 요즘엔 뉴스도 듣기 싫어요. 너무 우울한 소식뿐이라서요."

또한 나이 드신 할아버지인 존은 이렇게 말합니다.

"세상이 개판이라는 건 알아요. 하지만 그런 세상은 기억하고 싶지 않아요. 생각하기 싫어요."

[06] 마비된 기분입니다. 위험은 알지만 뭘 해야 할지 모르겠습니다

우리의 문제가 생각하기도 싫을 정도로 골치 아프다면, 어떻게 이런 문제들과 씨름할 수 있을까요? 아마 문제를 인식하고도 어떻게 대응할지 모른다면 훨씬 더 고통스러울 것입니다. 수년간 활동가로 일했던 제니퍼는 자신의 경험을 이렇게 말합니다.

1990년대에 나는 낙관적이었습니다. 사람들의 의식이 깨어나고 뭔가를 하자는 투지가 커지는 것을 알아차릴 수가 있었거든요. 그런데 별것 아니더군요. 우리가 마주한 문제는 더욱더 악화돼 갔지요. 뭔가를 해야겠다는 생각은 물론 해요. 그냥 보고만 있을 수는 없으니까요. 그런데 해야 할 일이 너무 많아요. 어디서부터 시작해야 할지 모르겠어요. 문제가 너무 커서 온 몸이 마비가 된 것 같아요.

[07] 아무 영향도 미치지 못하기 때문에 뭘 해도 무의미할 뿐입니다

너무 늦었으면 어쩌죠? 이미 피해를 너무 많이 줘서 이 세상이 죽어가고 이 산업화된 사회가 타이타닉처럼 가라앉고 있다면 어떡하죠? 이런 접근법으로는 삶의 진정한 의미나 목적을 찾기가 어렵습니다. 한편으로 우리는 통상적 삶이 거짓된 삶이라는 것을 인식하면서도, 다른 한편으로는 긍정적인 변화를 가져오려는 노력을 냉소주의로 보면서 잘못된 낙관론을 퍼뜨리고 있습니다. 그러면 멸망과 살아가는 시늉만 하는 이야기, 즉 최후의 멸망이 오기 전에 우리가 가진 것을 최대한 쓰고 가자는 것만 남습니다.

이런 전망은 암울해 보이지만, 〈정신건강재단(Mental Health Foundation, http://www.mentalhealth.org.uk)〉이 수행한 최근 연구를 보면, 그런 감정이 널리 퍼져 있음을 알 수 있습니다. 2,000명 이상을 대상으로 조사한 결과에 따르면, 네 명 중 한 명이 미래를 위한 계획을 세울 생각이 없고, 일곱 명 중 한 명꼴로 현재의 여건에서는 아이를 갖는 게 주저된다고 말했습니다.⁷ 또한 응답자의 절반 이상이 상황을 변화시키기에는 무기력하다고 느끼고, 응답자의 30%는 미래에 대한 걱정을 덜어주는 데 아무것도 도움이 되지 않는다고 답했습니다.

2: 세상에 대한 절망과 함께하기

우리는 대비되는 두 개의 현실 사이에 끼어 비상 시기를 살아가고 있습니다. 처음 네 가지 저항은 위기를 인식하지 못하는 통상적 삶의 이야기에서 나온 것이고, 마지막 세 가지 저항은 상황이 생각했던 것보다 더 나쁘다는 불편한 인식과 연관되어 있습니다.

우리에게는 이 두 가지 현실이 동시에 존재할 수 있습니다. 우리 주변에 드러나는 위기의 여러 측면을 고통스럽게 인식하면서도, 동시에 통상적 삶의 양식으로 정상적인 생활을 계속해가고 있는 것입니다. 이렇게 이중적인 현실을 살면 우리 마음에 분열이 생깁니다. 그것은 마치 뇌의 일부가 상황이 정상이 아니라는 것을 빤히 알면서도 다른 일부는 기본값, 즉 상황이 정상이라는 가정하에서 돌아가고 있는 것과 같습니다.

이런 분열이 주는 혼란과 고통을 처리하는 방법 중 하나는 위기를 안 보이는 곳으로 보내 버리는 것입니다. 설문지에 매달려 연기에는 신경을 안 쓰는 것과 같다고 할 수 있습니다. 그러나 이런 삶의 방식은 지속될 수 없습니다. 특히 우리 세상의 상황이 갈수록 나빠지고 있는 요즘에는 더욱 그렇습니다.

이에 대해서는 언급하는 것조차 어려운 것이 현실입니다. 보통의 대화에서는 너무 우울하다고 생각되는 일에 대해 논의조차 못하도록 금기시하고 있기 때문입니다. 앞으로 다가올 일에 두려움을 느끼거나, 지구상에 현재 일어나고 있는 일에 분노하거나, 이미 사라져 버린 것에 대해 슬픔을 느낄 때, 이런 감정을 어디 가서 이야기할 데가 우리에겐 없습니다.

그래서 결국 우리는 이런 감정을 혼자 간직하고 혼자 괴로워합니다. 남들이 볼 때 우리가 위기에 대해 말하지 않고 침묵을 지키면, 연기가 가득한 방에서처럼 그들도 입을 다물고 말 것입니다. 그렇다고 해서 우리가 자신의 고통을 밝히고 자신이 보는 공포를 대놓고 이야기하면, 사람들은 우리를 지나치게 부정적이거나 너무 감정적이라고 말할 것입니다.

우리는 두 가지 두려움에 사로잡힐 수 있습니다. 이 사회가 이제까지 해온 대로 계속 나아갈 때 벌어질 일에 대한 두려움과 상황이 얼마나 나쁜지를 인정할 때 오는 절망 때문에 생기는 두려움이 그것입니다. 첫 번째 두려움에 귀를 기울이면, 우리의 생존을 도와주는 반응이 생깁니다. 그러나 이 반응으로 효과를 보려면, 두 번째 두려움이 주는 억압적 영향으로부터 스스로 자유로워져야 합니다. 그러기 위한 방법이 바로 여기 있습니다.

지금으로부터 30여 년 전, 고통 때문에 사람들이 위축되거나 무기력해

지지 않고 세계적 위기에 창조적으로 대응하도록 도와주는 접근법이 개발되었습니다. 애도 과정(grief work: 슬픔을 치유하는 카운슬러의 일 – 역자주)처럼, 고통을 정면으로 마주한다고 해서 그것이 사라지는 것은 아닙니다. 하지만 고통을 마주했을 때, 이를 더 큰 전망 속에 놓고 본다면, 우리는 새로운 의미를 갖게 됩니다. 세상을 위한 우리의 고통이 두려운 감정이 아니라 그 고통 때문에 오히려 힘이 생긴다는 것을 알게 됩니다.

1970년대에 제가 최초로 개발한 이 접근법은 여러 집단과 작업하며 조직화된 워크숍 형식으로, '절망과 역량 강화 작업(despair and empowerment work)'으로 알려져 있습니다. 생명망과 관계를 심화시킨다는 뜻에서 '심층 생태학 워크숍(deep ecology workshop)'이라고도 합니다. 1990년대 후반부터는 '재교감 작업'으로 불리고 있습니다. 여기서 사용하는 원칙과 실천은 워크숍뿐 아니라 교육, 심리 치료, 지역사회 조직화, 영성 훈련 등에도 적용이 가능합니다. 이 접근법의 핵심에는 세상을 위한 우리의 고통에 대한 색다른 사고방식이 자리하고 있습니다.

3: 세상을 위한 고통은 정상적이고 건강하며, 보편적입니다

수년 전 한 심리치료사가 불도저가 숲을 밀어내는 것에 대해 제가 걱정하는 것은, 저의 리비도(libido. 심리적 용어로 인간의 행동 속에 숨어 있는 근원적 욕망 – 역자주)가 갖고 있는 두려움에 기인한다고 말한 적이 있습니다. 지구의 상태에 대한 우리의 고통을 어떤 심리적 문제나 노이로제 수준으로 축소해 버리는 경향은 아주 일반적입니다. 우리가 세상에 하고 있는 행위에 대한 분노와 경고는 치료가 필요한 병적 증세나 잠재돼 있는 개인적 문제의 표출 정도로 간주됩니다. 자활 집단은 이런 주장에 특히 취약합니다. 재활 중인 알코올 중독자는 지원 조직에 와서 이 세상에 대한 자신의 두려움을 언급하면 "당신이 그런 걱정을 스스로 키우는데 도대체 무엇으로부터 도피하려 하십니까?"라는 질문에 골치 아파해야 합니다.

불교 철학과 체계이론 간에 수렴되는 지점을 찾아보는 박사 과정을 거치면서, 저는 감정적 반응에 부여하는 의미가 매우 중요하다는 것을 깨달았습니다. 불교와 체계이론에 모두 들어 있는 근본적인 '하나임(interconnectedness)'이라는 깨달음은 세상 현실에 대해 우리가 느끼는 고통의 재해석을 지지해 줍니다. 그런 깨달음이 있기에 우리는 이런 고통이 얼마나 건강한 반응이며, 우리 생존에 얼마나 필요한 것인지 알게 됩니다. 재교감 작업은 분노, 불안, 비통함, 죄의식, 공포, 절망 등을 망라하는 말로서, 그 중심 원칙인 '세상을 위한 고통'은 트라우마에 빠진 세상에 보내는 정상적이고 건강한 반응입니다.

다른 종교도 그렇지만, 불교에서도 중생의 고통에 마음이 움직이게 해 주는 정지(正知, alertness, Sampajanna)는 강점으로 매우 중시되고 있습니다. 실로, 모든 종교적 전통에서 '함께 고통을 느낀다'는 의미를 갖고 있는 동정심은 본질적이고, 고귀한 능력으로 추앙됩니다. 이 능력이야말로 우리가 모든 중생과 하나임을 보여주는 증거입니다.

체계이론에 나오는 '음(—)의 되먹임 고리(negative feedback loop)'라는 개념을 보면 세상과 함께 고통을 느끼는 이러한 능력이 우리의 생존에 얼마나 중요한가를 알 수 있습니다. 올바른 궤도를 벗어나고 있다는 정보나 지적을 받으면, 우리는 그에 대한 대응으로 인생 항로를 궤도 수정하게 됩니다. 이런 동적 과정은 계속된 고리를 만듭니다. 궤도를 이탈하고, 이를 알아차리고, 다시 올바른 궤도로 돌아오고, 다시 궤도를 이탈하고, 알아차리고, 돌아오기를 반복하는 것입니다.(상자 1-7 참조) 이 과정이 궤도를 벗어나는 정도를 줄이는 기능을 하기 때문에 '음의 되먹임 고리'라고 하는 것입니다.

상자 1-7» 음의 되먹임 고리_ 정해진 궤도로부터 이탈이 갈수록 줄어든다

알아차림

궤도 이탈

궤도로 돌아옴

생명계(환경과 상호 작용하면서 스스로 조직해가는 살아 있는 것들의 개방체계 – 역자주) 가 균형을 이루는 것은 바로 이러한 고리를 통해서입니다. 예를 들어, 너무 추우면 사람들은 윗도리를 입는 것으로 반응합니다. 조금 있다가 너무 덥다 싶으면 윗도리를 벗지요. 만약 한 방에 있는 사람들이 너무 덥다고 느끼면, 누군가가 창문을 열게 됩니다. 방 안의 온도를 쾌적하게 하는 데 있어 이 집단의 체계는 체계로서의 의사 결정이 없이 구성원을 통해 작동하는 것입니다.

그렇다면 사회 전체로서 우리가 궤도를 이탈하고 있는지는 어떻게 알아차릴 수 있을까요? 먼저 불편하게 느끼기 시작하겠지요. 그러다 위험한 방향으로 가고 있으면 불안해질 것입니다. 뭔가 있을 수 없는 일이 발생하면 분노하게 될 것입니다. 우리가 사랑하는 이 세상의 일부가 죽어가고 있다면 우리는 비통해하겠지요. 이런 감정들은 아주 정상적이고 건강한 반응입니다. 그런 감정들 때문에 우리는 무슨 일이 일어나고 있는지 알게 되고, 우리의 반응도 생겨나는 것입니다.

4: 막힘 없는 되먹임은 에너지를 발산합니다

워크숍을 통해 우리는 사람들이 세상에 대한 고통과 절망을 함께 나누면서 활력을 느끼고 생기가 도는 것을 보았습니다. 고통을 마주 하는 일이 이처럼 사람들을 활기 있게 만든다는 사실은, 고통을 가장 잘 다루는 방법에 대한 통상의 가설을 정면으로 부정하는 것입니다.

그러나 우울한 뉴스, 어두운 생각, 고통의 감정 등을 피해야 할 '부정적인 경험'으로 보는 기류가 주류 문화권에 강하게 흐르고 있습니다. 너무 부정적인 것은 가까이 해서는 안 된다는 생각 때문에 회피는 기본 전략이 됩니다. 그러나 힘들다고 생각하는 것을 멀리할수록 우리가 그 문제를 해결할 자신감은 줄어듭니다. 회피는 금방 습관이 됩니다. 그리고 감정적 고통을 회피하는 것이 그 문화의 습관이 되면, 문제 해결에 대한 자신감이 떨어져 불편한 소식을 공개적으로 알리는 데 장벽이 만들어집니다. 이렇게 되면 참을 수 없이 고통스럽고 생각하기조차 싫은 현실은 걸러지게 됩니다.

21세기 초반 지구의 불편한 현실은, 앞으로 수십 년간 우리가 겪을 일과 더불어 역사상 지난날의 그 어떤 재앙보다도 훨씬 심각합니다. 이런 현실로 인해 생겨난 감정이 참기 어려운 것은 전혀 놀랄 일이 아닙니다. 다음은 최근 대화를 나눈 친구의 말입니다.

"이런 감정을 다 털어놓으면 아마 다시는 돌아오지 못할 나락으로 떨어질 것만 같아."

우리가 비탄이나 절망을 제대로 보기 두려워하는 것은 바로 그런 감정에 사로잡힐지 모른다는 두려움 때문입니다. 여기서 핵심 문제가 되는 것은 바로 고통을 다루는 우리의 능력입니다.

감정적 고통은 행동에 나서도록 만들기도 하지만, 감당할 수 있는 수준을 넘어서면 우리를 그냥 주저앉힐 수도 있습니다. 겉으로는 그 고통을 함께하는 것처럼 보이지만, 감정의 소통을 막아버리면 우리는 생기를 잃고 활력도 없어지고 감성도 둔해집니다. 그저 마지못해 하는 시늉만 하는 것입니다. 그런 고통을 감추기 위해 우리는 술, 마약, 쇼핑, 우울증 약 등을 사용합니다. 단기적으로는 이런 것들이 효과가 있는 것처럼 보일 수도 있습니다. 그러나 이런 것에 의존하면 우리 사회는 궤도를 벗어나게 되고, 이 세상은 황무지가 됩니다.

재교감 작업은 우리가 앞으로 나아갈 좋은 방법을 제시하고 있습니다. 워크숍 방법 중에는 안전 역량 강화 포럼이 있는데, 이를 통해 사람들은 고통을 말하고 듣고 평가하고 되먹임 고리의 막힌 곳을 뚫습니다. 다음은 한 참가자의 말입니다.

저는 이 세상에서 벌어지고 있는 진실을 직시하고 싶습니다. 비록 그 진실이 고통스러운 것이라도 저는 그 고통을 직시할 필요가 있습니다.

우리의 한결같은 경험에 따르면 절망, 슬픔, 죄의식, 분노, 두려움 등과 같은 감정적 경험의 흐름을 타인에게 털어놓으면 묵은 체증이 내려가는 것을 느낍니다. 고통을 파고드는 과정에서 뭔가 근본적인 변화, 즉 전환이 일어나는 것입니다. 고통의 깊이를 재어보면 우리는 밑바닥이 있다는 사실을 알게 됩니다. 세상에서 벌어지고 있다고 알고, 보고, 느끼는 것에 대해 사람들이 진실을 말할 수 있을 때, 변혁은 일어납니다. 그리고 그럴 때 행동하겠다는 투지도 커지고 살려는 욕구도 다시 솟아납니다.[8]

그러나 이런 변화는 여러 요소들이 함께 작용해야 일어납니다. 첫째는 앞에서 보았듯이, 감정과 정보를 억누르면 우리의 에너지가 약화된다는 점입니다. 세상에 대해 진실된 반응의 흐름에 역행하지 않고 함께 가는 것은 우리를 활력 있게 만듭니다. 둘째는 다른 사람들과 연대를 이룰 때 엄청난 위안을 받는다는 점입니다. 여기에는 다음 두 개 요소가 결정적인 역할을 합니다. 그중 하나는 고통스런 정보를 통합하는 과정에 관한 것이고, 다른 하나는 세상에 대한 고통이 자아의 본성에 대해 알려주는 것과 관련됩니다.

5: 정보만으로는 부족합니다

환경적·사회적 변화를 추구하는 조직들은, 상황이 얼마나 나쁜지 알게 되면 사람들이 적극적으로 그 문제를 해결하려 들 것이라는 함정에 자주 빠집니다. 그래서 정보와 주장을 제시하고, 충격적인 사실, 그래프, 이미지 등으로 입증하는 데 중점을 두게 됩니다. 이러한 인식의 제고는 물론 중요하고 필요합니다. 그러나 문제가 너무 엄청나서 사람들이 고통을 더 이상 어찌 해 볼 도리가 없다고 느낀다면 어떻게 될까요? 그리고 사람들이 부정적인 사고는 하지 말아야 한다고 믿는다면 어떻게 될까요? 이런 경우에 더 충격적인 사실을 제시하면 저항만 커질 뿐입니다.

생명을 위협받는 상태에서 고통받는 사람들을 위해 일해온 것으로 유명한 의사인 엘리자베스 퀘블러로스는 나쁜 소식을 받아들일 때 사람들은 여러 단계를 거친다고 말합니다.[9] 처음에는 죽음을 현실로 느끼지 않는다고 합니다. 그리고 어떤 이는 뭔가 일어났다는 사실을 인식하지만 아직은 받아들이지 않는 것처럼 행동한다고 합니다. 정보를 피상적인 수준에서 받아들일 뿐 완전히 소화하지 않는 것입니다.

사망 후유증 상담에 관한 고전적인 글에서 심리학 교수인 J.윌리암 워덴은 비통해 하는 초기 과정은 먼저 죽음을 받아들이고 나중에 슬픔의 아픔을 느끼는 것이라고 했습니다.[10] 이 감정을 느낀다면 우리는 죽음이 현실일 뿐만 아니라 우리에게 중요하다는 것을 알게 됩니다. 그것이 바로 소화 국면입니다. 의식이 우리 안에 깊숙이 자리잡고 나서야 의미를 받아들이는 것이지요. 그래야만 우리는 현실에 대한 정확한 인식에 기초하여 앞으로 나아갈 방법을 찾을 수가 있습니다.

우리 지구가 생명을 위협할 지경이라는 것을 진실로 이해하는 과정도 마찬가지입니다. 지구가 곤경에 처했다는 나쁜 소식을 충분히 받아들이고 소화하지 않는다면, 우리는 통상적 삶의 이야기를 버려야 할 이유를 찾기가 어렵습니다. 하지만 파국이라는 충격적인 진단이 우리 내부에 정말 들어와 있다면, 모든 것이 정상인 척할 수 없다는 사실을 알게 됩니다.

생물 종이 사라지고 생태계가 파괴되면서 매일 우리는 생물권의 소중한 부분을 잃고 있습니다. 아무런 장례도 치르지 못한 채 말입니다. 우리가 공개적이고 집단적으로 애도하지도 못한 채 이 세상이 한 조각씩 죽어가면, 이런 죽음이 중요하지 않다고 쉽게 생각할지도 모릅니다. 세상을 위한 고통을 존중하는 방법은 첫째, 우리가 알아채고, 둘째, 염려하는 우리의 인식을 소중히 여기는 것입니다. 지적인 인식 그 자체로는 충분치 않습니다. 나쁜 소식을 소화해야만 합니다. 그것이야말로 우리가 반응을 보이도록 분발시키는 일인 것입니다.

그렇다면 우리가 이미 알고 있는 정보를 소화하려면 무엇을 어떻게 해야 할까요? 그 출발점은 우리가 알고 있는 것을 스스로 말하는 것입니다. 우리의 걱정거리에 목소리를 부여함으로써, 걱정거리는 공개석상으로 나오게 됩니다. 이를 좀 더 쉽게 하기 위해, 우리가 진행하는 워크숍에서는 다음과 같이 두 사람이 짝이 되어 '문장 완성하기'라는 연습을 자주 합니다.

🐑 따라해 보세요-걱정거리에 관한 문장 완성하기

두 사람이 짝이 되어 한 사람은 말하고 다른 사람은 들어줍니다. 듣는 사람의 역할은 아무 말도 하지 않고 주의 깊게 들어주는 것입니다. 말하는 사람은 2-3분간 아래 문장을 말로 완성합니다. 그냥 자연스럽게 떠오르는 것을 말하면 됩니다. 뭘 말해야 될지 모르겠다면 처음으로 돌아가 다시 한번 해 보세요. 나중에는 서로 역할을 바꿔서 하면 됩니다.

1_ 세상이 어떤 상태인가 생각해 보면 나는 그 상태가 (   )라고 생각합니다.

2_ 나의 걱정거리는 (   )입니다.

3_ 이런 것들을 생각하면 떠오르는 감정은 (   )입니다.

4_ 이런 감정을 나는 (   )다스립니다.

통상적 대화에는 내용과 감정 기복을 지배하는 무언의 규칙이 있습니다. 예를 들어 어떤 영역 밖으로 벗어나 너무 껄끄러운 문제를 제기하거나 너무 강도 높게 감정을 드러내면, 그런 표현을 아예 못하게 하는 반응을 접하기 십상입니다. 그러다 보면 논쟁에 휘말릴 수도 있고, 제기한 문제는 무시되고 바로 논점이 없는 주제로 옮겨갈 수도 있습니다. 우리가 부딪치는 이런 문제를 풀려면, 누가 비난받아야 하는가에 대한 논쟁을 만들지 않는 대화 기법이나 우리 걱정의 참된 깊이를 걸러내는 회피 메커니즘을 개발할 필요가 있습니다. '문장 완성하기' 과정에서는 말하는 사람에게 간섭받지 않으면서도 말할 공간을 줌으로써, 여러 형태의 대화가 이루어질 여지를 만들어 줍니다.

물론 이런 단순한 연습도 종종 격한 감정을 불러일으키게 마련입니다. 그러나 이 과정은 사람들에게 뭘 느끼도록 만드는 것이 아니라 이미 가지고 있는 감정을 드러내도록 하는 것입니다. 이는 서로 들어주고, 내 자신의 반응을 알아보고, 깊숙이 내재한 것을 표출하도록 공간을 만들어주는 것입니다. 이렇게 감정이 우리를 통해 흐를 때, 우리는 그 감정에 매몰되지 않게 됩니다. 우리가 세상을 위한 고통을 경험할 때, 세상도 우리를 통해 고통을 느끼게 됩니다.

이것이 우리 작업이 지닌 통찰력의 핵심입니다. 만약 감정이 세상으로부터 내 안으로 흘러들어온다면, 다시 빠져나가기도 할 것입니다. 그렇기 때문에 감정은 내 안에 잡혀 있을 필요가 없습니다. 동정심을 기르기 위해 고대 불교로부터 내려온 '전신 호흡(Breathing Through)'이라는 과정은 이런 이해를 강화시켜 줍니다.

🐑 따라해 보세요 - 전신 호흡

눈을 감고 호흡에 집중하세요. 특별히 빨리 혹은 천천히 숨을 쉬려고 애쓰지 마십시오. 그저 저절로 쉬어지는 들숨과 날숨을 살펴보세요.

콧구멍이나 가슴, 배에서 느껴지는 감각에 주목하세요. 쥐 구멍 앞에 있는 고양이처럼 아무것도 하지 말고 정신만 차리십시오.

호흡을 살필 때, 들이쉴지 내쉴지 결정하지 않고 아무런 의지도 나타내지 말고 호흡이 저절로 일어나는 것에 주목하세요. 마치 숨을 쉬어지게 되는 것 같지 않나요? 그저 생명에 의해 숨을 쉬게 되는 것이지요. 생명은 이 방, 이 도시 그리고 현재 이 지구상에 있는 모두에게 숨을 쉬게 해주고 광대한 생명의 호흡망 속에 살아 남아 있습니다.

이제 호흡을 공기의 흐름이나 띠라고 생각해 보세요. 공기가 코를 거쳐 호흡기를 통해 폐로 흘러 다니는 것을 보십시오. 이제 가슴으로 빨아들입니다. 가슴을 통해 콧구멍을 통해 나가 더 큰 생명망과 하나가 되는 것을 그려보세요. 호흡의 흐름이 당신을 통해 그리고 가슴을 통해 지나가면서 커다란 망 속에 하나의 고리가 되어 당신을 그 망과 연결해 줍니다.

이제 세상의 고통에 대한 당신의 의식을 깨우세요. 모든 방어(위험하고 불쾌한 정동으로부터 자신을 보호하기 위해 애쓰는 자아의 분투를 일컫는 심리학 용어 - 역자주)를 거두고, 그 고통에 대해 당신이 아는 바를 열어 두세요. 가능한 한 구체적으로 생각해 보세요. … 고통받고, 궁핍하고, 두려움과 고독에 빠져 있고, 감옥, 병원, 빈민촌, 난민촌 등에 있는 당신과 같은 존재를 떠올려 보세요. … 억지로 생각해 낼 필요는 없습니다. 우리는 인연으로 상호 연결되어 있기 때문에 저절로 떠오르게 됩니다. 긴장을 풀고 그런 모습이 떠오르게 놔두세요. … 동료인 인간과 형제자매인 동물들, 바다에서 헤엄치는 존재나 하늘을 나는 존재까지 이들이 겪는 무수한 어려움이 떠오를 것입니다. … 이제 공기라는 시냇물 속에 있는 모래 알갱이처럼 그 고통을 들이쉬세요. 그리고 코를 거쳐 기도, 폐, 가슴을 지나 세상으로 다시 내쉽니다. … 아무것도 할 필요가 없습니다. 그저 숨이 가슴을 관통해 나가도록 놔두면 됩니다. 그 물줄기를 흘려 밖으로 다시 내보내고, 고통에 집착하지 마세오. … 이제 그 고통은 방대한 생명망을 치유하는 자원으로 쓰이게 됩니다.

"모든 슬픔이 내 안에서 익어가게 하소서."

인도의 고승 샨티데바(Shantideva, 寂天)의 말씀입니다. 당신은 그 슬픔이 당신 가슴을 관통하도록 함으로써 슬픔이 익어가게 도와줍니다. … 모든 비탄이 모여 질 좋고 풍부한 퇴비가 되는 것이지요. … 그래서 그로 인해 배우고, 더 큰 집단적 지식을 키우게 됩니다. …

아무런 이미지나 감정도 생기지 않고, 머릿속이 잿빛으로 멍해지고 텅 비게 느껴진다면, 그대로 호흡하세요. 텅 빈 것이야말로 이 세상의 참모습이니까요.

당신에게 떠오르는 것이 다른 존재의 고통이 아니라 자신의 인생에서 겪은 상실과 피해일지라도 그대로 호흡을 계속하세요. 자신의 어려움 또한 이 세상 고통의 중요한 일부이고, 그 고통과 함께 생기는 것이니까요.

고통으로 가슴이 터질지 몰라 두렵다면, 터져버린 그 가슴이 전 우주를 안을 수 있음을 기억하세요. 당신의 가슴은 그렇게 넓습니다. 그것을 믿으십시오. 그리고 계속 호흡하세요.

6: 자아를 보는 새로운 관점

베트남의 선승 틱낫한은 "세상을 구하려면 어떻게 해야 할까요?"라는 질문에 "우리가 가장 먼저 해야 할 일은 지구가 우는 소리를 우리 내면에서 듣는 것입니다."라고 답했습니다.[11] 우리 스스로를 고립된 개인으로 보는 관점에서는 지구가 우리 내면에서 또는 우리를 통해서 운다는 생각은 말이 되지 않습니다. 그러나 가이아 이론, 불교, 그리고 다른 많은 원주민의 영적 지혜에서 시사하듯이, 우리 스스로를 큰 생명망과 깊게 그리고 하나로 연결되어 있다고 본다면, 세상이 우리를 통해서 느끼고 있다는 생각은 아주 자연스러운 일입니다.

자아에 대한 이러한 관점은 통상적 삶의 모델과는 전혀 다릅니다. 극단적 개인주의는 우리 각자를 자신의 이야기 속에서만 통하는 동기와 정서를 가진 별개의 이기심 덩어리로 간주합니다. 그러나 세상에 대한 고통은 전혀 다른 이야기, 즉 우리가 '하나임(interconnectedness)'에 관한 이야기입니다. 다른 존재가 괴로워할 때, 우리 인간도 고통을 느끼는 것은 저 깊은 곳에서 서로 연결되어 있기 때문입니다. 우리 인간이 세상이라는 생명체와 분리되어 있다는 생각은 그저 착각에 불과합니다. 고통은 그 착각을 깨고 나와 우리가 진정 누구인지를 말해줍니다.

저희가 워크숍을 진행하면서 겪는 것은 단순히 세상의 고통을 두려워하지 않거나 이웃 사귀기, 또는 막힘 없는 되먹임 그 이상의 것입니다. 워크숍을 통해 사람들은 세상과 갖는 관계에 근본적 변화가 일어나 인연(connection)에 대한 깊고 풍부한 느낌을 가지게 됩니다. 이에 대해 내과의사인 다니엘은 다음과 같이 말했습니다.

"전에는 제가 어딘가에 속해 있다는 생각을 전혀 하지 못했습니다. 그런데 이제는 제가 이 세상에 속해 있고, 그 일부임을 뼛속 깊이 느낍니다."

교사인 애니는 이렇게 덧붙였습니다.

"워크숍 이후 저는 이 세상에 한 자리를 차지하고 있다는 드물고 신기한 느낌을 갖게 되었습니다."

이처럼 세상에 대한 우리의 고통은 우리가 모든 중생과 인연으로 상호 연결되어 있기 때문에 생겨납니다. 지구가 우는 소리를 우리 내부에서 들을 때, 우리는 지구가 주는 되먹임뿐 아니라 우리를 세상과 연결해 주는 절실한 인연의 물길도 열게 됩니다. 이 물길은 근계(root system, 根系)와 유사하게 작용하여, 생명 자체만큼 오랫동안 지속되는 힘과 복원력의 원천을 우리에게 열어 줍니다. 그 과정에서 우리가 세상과 분리되어 있다는 관점은 사라지게 됩니다.

노르웨이의 생태철학자인 아르네 내스가 만든 '심층생태학'이란 용어는 이런 변화의 핵심을 정확히 포착하고 있습니다. *12* 우리가 인간의 깊은 정체성을 인간을 비롯해 지구의 모든 생명을 포함하는 생태적 자아로 인식하면, 세상을 위해 행동에 나서는 것은 전혀 희생으로 보이지 않게 됩니다. 그리고 그것을 당연히 해야 할 자연스러운 일로 여기게 됩니다.

7: 세상에 대한 고통을 존중하는 개인적 실천 행위

[01] 문장 완성하기와 파르지팔의 질문

세상이 어떤 상태인지 당신의 정서적 반응을 알아보는 출발점은 당신이 어떻게 느끼는지를 직접 자문해 보는 것입니다. 이 책에서 인용한 파르지팔의 질문도 "세상에서 벌어지고 있는 일에 대해 왜 나는 고민하는가?"라고 자문한 뒤 여유를 가지고 스스로의 반응을 경청하는 것이었습니다.

문장으로 당신의 반응을 써보는 것도 좋은 방법입니다. 뭐라고 써야 할지 잘 모르겠다면, 문장 완성하기를 시작한 후, 자연스럽게 흘러나오는 것을 문장 속에 넣어 보세요. 98~99쪽에 있는 문장 완성하기가 생각을 다듬거나 개인적인 기록을 위한 유용한 출발점이 될 것입니다. 그 외에도 저희가 워크숍에서 자주 쓰는 문장에는 다음의 것들이 있습니다.

- 우리 후손에게 물려줄 세상을 상상해 보면, (   ) 모습일 것이다.
- 미래에 가장 두려운 것은 (   ) 이다.
- 내가 가지고 있는 이 세상에 대한 감정은 (   ) 이다.
- 나는 이런 감정을 피하고 싶을 때는 (   ) 을 한다.
- 내가 이런 감정을 이용하는 방법은 (   ) 이다.

각각의 문장은 일상의 대화에서는 통상 배제되는 영역으로 들어가는 발판이 됩니다. 우리가 이것들을 공개석상에 꺼내 놓는다면, 두려움은 더 이상 우리를 괴롭힐 힘을 잃게 됩니다. 워크숍에 참여한 젊은 여성인 제이드는 자신의 경험을 이렇게 말했습니다.

이전에는 지구와 생태계가 붕괴될 것이라는 전망 때문에 정말 두려웠습니다. 너무 몸서리쳐지는 생각이라 차마 직시할 수조차 없었습니다. 그래서 세상의 문제를 파고드는 게 너무 감당하기 어려워 입을 다물려고 애를 썼습니다.

그런데 워크숍을 하고 나서는 크게 바뀌었습니다. 내가 느끼는 공포를 직시하자 '이것은 나의 두려움이고 진짜로 나쁜 것이다.' 라는 생각이 들었습니다. 그 전엔 정말 무서웠는데 이런 악몽이 멈추었습니다. 이제는 더 솔직하고, 사태를 더 균형감 있게 보며, 그저 최선을 다하려고 합니다. 그래서 이제는 잘 지내고 있습니다.

워크숍을 마친 후 제이드는 직장을 버리고 환경단체에서 일을 하기 시작했습니다. 두려움을 직시했기 때문에 그녀는 세상에 대한 걱정거리를 풀어나가는 데 자기 역할을 찾아 하겠다는 결심이 강해졌습니다.

[02] 온몸으로 호흡하기
100~102쪽에 있는 전신 호흡 명상법은 감정이 표면으로 떠오르도록 도와주는 역할을 합니다. 세상의 문제가 너무 커서 압도당하지 않을까 염려하고 있다면, 이 명상법은 믿을 만한 동지가 돼 줄 것입니다. 호흡에

주목하면 당신을 안정시키는 데 매우 효과적입니다. 그것은 감정의 이미지가 들어오고, 가슴을 관통하여 생명망을 치유하는 자원으로 방출되는 것을 기억하는 데에도 효과가 있습니다.

[03] 세상에 대한 우리의 고통을 창의적으로 표현하기

자신의 감정을 표현하는 데 익숙치 않은 사람은 자신이 무엇을 느끼는지 알기 어려울 때가 있습니다. 알아보기 쉽게, 감정을 자유롭게 말하는 방법으로는 종이 위에 모양이나 색깔을 그려보거나, 목소리로 소리를 내거나, 찰흙으로 질감을 내는 식으로 감정에 형태를 부여해 보는 것이 있습니다. 언어를 뛰어넘거나 언어 깊숙이 스며들면, 잠재의식에 도달하게 됩니다. 그러면 우리는 거기서 위협을 감지하고, 세상의 상태에 대한 우리의 깊은 반응을 접하고, 표출하게 됩니다.

🌳 **따라해 보세요 – 당신의 걱정거리를 표현해 보세요**
백지와 색깔 있는 필기구를 준비하세요. 그리고 당신이 가지고 있는 걱정거리와 그 감정을 표현하는 이미지를 끄적거리거나 그려 보세요. 어떤 이미지라도 좋습니다.

이미지가 떠오르면, 당신은 이승의 삶에 대한 직관적 반응의 영역으로 발을 들여 놓게 됩니다. 손이 그려 놓은 것, 이제까지 말한 적도 없고 알지도 못했지만 종이에 나타난 걱정거리의 이미지를 보고 당신은 깜짝 놀랄 수도 있습니다. 이미지는 일단 생겨나면, 자신의 실체가 됩니다. 당신은 굳이 설명하거나 변호하거나 사과할 필요가 없습니다. 그것은 그냥 있는 그대로 실체가 되어 보이는 대로 보여주고, 말로 할 수 있는 것보다 더 많은 것을 말하게 해줍니다.

|04| 의식 이용하기

대부분의 문화에서는 사랑하는 사람이 죽은 뒤에 오는 비통함이나 추수감사절에 느끼는 고마움 같은 감정을 존중합니다. 그리고 의식이나 여러 형태의 상징적 표현으로 그런 감정을 기립니다. 당신도 자신만의 의식을 개발하여 세상에 대한 고통의 감정을 존중하고 기리면 됩니다.

🐑 따라해 보세요 - 개인적인 애도의 돌무덤

세상에서 사라져가고 있는 것으로 당신이 애도하는 것에는 무엇이 있습니까? 이 질문을 마음과 가슴 속 깊이 간직하고, 걸어가면서 이 세상에서 사라져가는 중요한 어떤 것을 표현해 줄 물건을 찾아보세요. 그리고 특별한 장소를 찾아 당신이 느끼는 상실과 비통함을 알게 해주는 방법으로 그 물건을 놓아 두세요. 다음에 비슷한 일이 있을 때마다 그 장소를 찾아가면, 시간이 흐르면서 사라져가는 것을 상징하는 물건이 쌓이거나 돌무덤이 생길 것입니다. 이 애도의 돌무덤은, 당신이 알고 관심을 쓰고 있음을 확인해 주는 비석이 되어 줄 것입니다.

생태계가 파괴될 때마다, 생물 종이 멸종될 때마다, 어린이들이 전쟁이나 기근으로 죽을 때마다 상실의 고통을 느낀다면, 현재 방식으로 삶을 살 수는 없을 것입니다. 우리 속이 갈갈이 찢겨져 나갈 것이기 때문입니다. 그렇게 사라지는 것들을 기록하지 않고, 기억하지 않고, 중요하게 여기지 않기 때문에 그런 일이 계속되는 겁니다. 상실에 대한 고통을 무시하지 않고 존중하면, 하늘이 무너져도 솟아날 구멍이 있게 마련입니다.

[05]대화의 힘

"내 입으로 말하고 나서야 내가 그렇게 강하게 느끼고 있었다는 것을 깨달았어요."라는 말을 저는 자주 듣습니다. 이처럼 자신의 걱정거리를 말하고 자신의 감정을 소리 내서 밝히면, 다른 사람뿐 아니라 스스로에게도 그것들이 분명히 보이게 됩니다. 문제를 공개석상으로 끌어낼수록, 우리는 그 문제와 씨름할 엄두를 내게 되는 것입니다. 다음은 베스트셀러 작가인 마가렛 휘틀리가 관찰한 것입니다.

큰 변화를 위한 노력은 대부분 – 그중에는 노벨 평화상을 받은 것도 있습니다만 – 우려와 꿈에 대해 서로 대화를 시작한 친구들의 단순하지만 용기 있는 행위로부터 시작되었습니다. 이런 수수한 노력들과 그 시작이 어떠했는지를 되새겨보면, 항상 이런 구절이 발견됩니다.

"몇몇 친구들과 나는 이야기를 시작했습니다."13

사람들이 세상의 상태에 대해 괴로운 심정을 토로할 때, 대화의 방향은 우리의 반응에 따라 결정됩니다. 세상에 대한 고통의 공유를 중요한 소통으로 인식하면, 당신은 그들이 표현하는 말에 최대한 귀를 기울이고, 그들의 의사 표시를 존중하게 됩니다. 그리고 괴로운 감정을 적당히

위로하는 대신 그 감정이 정당하고 중요하다는 사실을 받아들이게 됩니다. 이렇게 하는 것 자체가 이미 대전환을 위한 행동입니다.

[06] 지지자, 워크숍, 실천가 집단 찾기

재교감 작업이 집단적으로 이루어지면 특별한 마법이 일어납니다. 세상을 위한 고통을 느끼는 사람이 우리만이 아님을 알고 엄청난 위안을 얻습니다. 고통을 정상이라고 보는 것 자체가 이미 치유의 행위입니다. 이 책의 끝부분에 있는 부록을 보고 가까이서 진행되는 워크숍을 찾아보기 바랍니다. 다른 사람들과 나선형 순환의 여정을 걸어가는 또 다른 방법은 이 책을 읽거나 부록에 나와 있는 다른 단체에서 활동하는 사람들과 지지자, 실천가, 연구자 집단을 만드는 것입니다.

8: 세상에 대한 고통은 모험을 떠나라는 부름

많은 모험담을 보면, 주인공이 자기가 직면한 위기의 진정한 본질과 그 위기가 원래 상상 이상으로 심각하다는 사실을 알게 되는 지점이 있습니다. 그때 위태로운 것은 자신의 목숨만이 아닙니다. 자신이 속한 공동체, 자신이 아끼는 가치, 대의명분 모두가 위태롭습니다. 주인공은 자신이 가진 수단이나 능력이 제한되어 있어 승산이 크지 않다고 볼 수도 있습니다. 그래도 주인공은 희망을 갖기 위해, 한편이 돼 줄 동료, 지식, 수단을 찾아서 새로운 땅으로 나아갑니다.

물론 조금만 잘못돼도 이 세상이 심각한 위험에 빠지는 순간이 올 수도 있습니다. 정상적으로 생각할 때 스스로 해결할 수 있는 범위를 훨씬 넘는 문제에 부닥친다면, 우리는 익숙한 것을 넘어 새로운 눈으로 보는 기술을 배울 필요가 있습니다. 그래서 다음의 Part2에서는 인식 역량을 강화시키는 4가지 변화에 대해 알아볼 것입니다. 넓은 의미의 자아, 새로운 유형의 권력, 풍부한 공동체 체험, 그리고 긴 안목으로 보는 시간이 바로 그것입니다.

ACTIVE
HOPE

Part **2**

새로운
눈으로 보기

Part 2. 새로운 눈으로 보기

-Chapter-

1

넓은 의미의 자아

먼 나라 가공의 미래에 나비(Na' vi)족은 천금을 줘도 팔 수 없을 만큼 대단히 만족스러운 '하나임'의 삶을 누립니다. 세상의 아름다움과 생명력을 보존하는 일은 물질주의 사회가 제시하는 그 무엇보다도 그들에게 소중했습니다. 《아바타》라는 영화를 보신 분이라면 잘 아는 이 이야기는 판도라라는 비옥한 달을 배경으로 하고 있습니다. 그런데 이 영화에서 보여지는 것들은 현재의 지구에서도 그리 낯설지가 않습니다. 아름다운 숲이 노천 석탄을 캐기 위해 잘려나가는가 하면, 회사를 등에 업은 돈에 눈먼 자들이 원주민의 반대를 탄압합니다.

모험 서사시의 앞부분에서 주인공은 앞으로 닥칠 어려움을 해결할 준비가 부족한 경우가 많습니다. 골리앗에 맞서는 다윗이나 반지를 지닌 프로도(영화 《반지의 제왕》에 나오는 난장이 호빗족 주인공의 이름 – 역자주)와 같은 이야기의 영웅들은 앞으로 그들이 해야 할 역할을 수행하기엔 형편없이 역량이 부

족합니다. 우리도 자신을 그렇게 생각할 수 있습니다. "세상의 문제를 떠
맡고자 하는 나는 도대체 누구인가?"라고 자문할 수도 있습니다.

그러나 '무엇을 할 수 있는 능력이 있는가?'는 우리가 누구이며 무엇인
가에 대한 우리의 생각과 관련이 있습니다. 숨겨진 자기 정체성의 깊이
를 발견하면 완전히 새로운 가능성이 열리기 때문입니다. 《아바타》에서
남자 주인공인 제이크 설리는 자원 채굴에 반대하는 나비족에 침투합니
다. 처음에는 기업의 충성스런 직원이었지만, 점차 자기가 침투한 세상
을 지키는 사람으로 변해갑니다. 이 장에서는 당신이 자아에 대한 넓은
생각을 가지면 세상에 기여할 능력을 크게 강화시켜 주는 변화를 어떻
게 경험할 수 있는지 알아보겠습니다.

1: 이기심의 탈바꿈

사람들은 흔히 인간의 이기심 때문에 절망합니다. 일부 사람들이 믿
고 있는 것처럼, 우리 인간이 다른 사람이나 세상의 이익보다 자신의 편
안함과 편리함을 우선시하도록 유전자적으로 설정되어 있다면, 전망은
자못 암울할 수밖에 없습니다. 그러나 우리가 자아를 확대하고 심화하
여 이기심을 탈바꿈시켜 표현한다면 어떻게 될까요? 아르네 내스는 다
음과 같은 초대의 글을 썼습니다.

불행히도 생태운동 내에서 지나치게 도덕성을 강조하다 보니 생태운동가들은
희생을 해야 한다는 잘못된 인상이 대중에게 심어졌습니다. 더 큰 책임감을 갖

고, 더 배려하고, 더 훌륭한 도덕적 기준을 보여야 한다고 말입니다. 그러나 자아가 확대되고 심화되어 자연 보호가 자신의 자아를 보호하는 것으로 느껴지고 인식된다면, 그것들은 모두 자연스럽고 쉽게 흘러나올 것입니다.[1]

많은 사람들은 주변 세상과 특별히 하나로 연결되어 있다고 느낀 놀라운 순간을 기억할 것입니다. 아마 엄청난 미인을 보고 마음을 뺏겼거나 숨을 멈추게 할 정도로 놀라운 사건을 목격한 경우일 수도 있겠지요. 유명한 저술가인 샘 킨은 밤에 통나무에 앉아 노래하는 두 마리 보브캣(북미에 사는 살쾡이의 일종 – 역자주)을 지켜보며 숲 속에서 보낸 시간을 "나는 틀림없이 신의 은총을 받은 사람이다."라고 묘사하고 있습니다.[2] 어떤 이는 영적 경험이라고 하겠지만, 이런 소중한 순간들은 우리를 살찌웁니다. 그런 순간들 때문에 우리는 사적인 것들에 대한 집착에서 벗어나, 더 크고 신비하며 마술 같은 '살아 있음'의 경험으로 들어가게 됩니다.

이런 하나됨을 경험하면, 우리가 세상에 속해 있다는 의식이 높아집니다. 이런 존재 양식을 통해 우리가 누구인가에 대한 의식이 넓혀지고 깊어집니다.

2: 자아에 대한 여러 다른 관점

저술가이자 영화 제작자인 헬레나 노르베지호지는 인도 북부의 라다크(Ladakh)라는 산간 지역을 처음으로 방문했을 때, 거기 사람들이 얼마나 행복해하는지를 보고 충격을 받았습니다.[3] 매년 몇 달씩 눈에 갇히는 마을이라 물리적 여건은 여의치 않았지만, 마을 사람들은 기본적인 욕구를 만족시키는 풍요롭고 만족스러운 삶의 방식을 가지고 있었습니다. 비록 전기는 없었지만, 고도로 발달된 협동 문화 덕분에 모든 사람들이 음식, 옷, 주택을 부족함 없이 누리고 있었습니다. 범죄도 거의 없고, 우울증도 거의 전무하며, 자살 이야기도 사실상 들어본 적이 없었습니다. 이것이 바로 1970년대 중반의 일이었습니다.

그 이후 상황은 변했습니다. 도시의 엄청나게 큰 광고판이 물질적 번영으로 가는 길을 미화하면서, 많은 젊은이들이 일자리를 찾아 마을을 떠나갔습니다. 어떤 이들은 이제 오토바이와 텔레비전을 가지게 되었지만, 취학 연령층의 아이들조차 자살하는 일이 벌어지고 있습니다. 전에는 농작물을 수확할 때처럼 마을 사람들은 좋은 결과를 얻고자 서로 힘을 합쳐 일했기 때문에, 잘하나 못하나 모두가 공동의 책임이었습니다. 그러나 현대의 소비 문명이 사람들을 승자와 패자로 나누는 무한경쟁을 부추겨 사람들은 서로 1등이 되려는 끊임없는 압박을 받게 되었습니다.

산업 사회의 극단적인 개인주의가 확실하게 확립되다 보니, 이제는 이를 인간의 본래 상태로 보는 사람도 있습니다. 그러나 이러한 개인주의가 라다크에서는 비교적 최근에 나타나는 것을 보면, 앞장 서려는 욕구가 인간 본성의 고착화된 특징이 아니라는 것을 알 수 있습니다. 오히려 그것은 우리의 문화적 여건에서 생겨난 자아에 대한 특수한 이해 방식의 산물이라 할 수 있겠습니다.

자아를 보는 관점에는 사실 여러 가지가 있습니다. 고립된 자아, 즉 타인과 세계로부터 분리된 별개의 독립체라는 개념은 그중 하나에 불과합니다. 이 고립된 개인적 자아는 때로는 '에고(ego)'라고 불리며, 외부와 분명한 경계선을 가지고 있습니다. 그러나 이것이 우리 인간의 모든 것은 아닙니다. 정신분석학자인 칼 융(1875~1961)은 이렇게 썼습니다.

"완전히 '에고'로만 사는 인생은 자기 자신뿐 아니라 모든 관련된 사람들에게도 따분하고 생기 없는 것이다."4

다음의 '따라해 보세요'를 연습해 보세요. 우리가 단순히 이기적 자아가 아니라 다른 누구라는 것을 알아보는 기회가 될 것입니다.

🌿 **따라해 보세요 - 당신은 누구인가요?**

이 과정은 혼자 해도 좋고 둘이 짝이 되어 해도 좋습니다.

- **혼자 할 경우** 당신이 누군지 알고 싶어하는 낯선 사람을 만났다고 상상해 보세요. 그 사람이 "당신은 누구인가요?" 라고 묻습니다. 공책에 당신의 대답을 적어 보세요. 한 번 적고 다시 같은 질문을 계속해서 받는다고 상상해 보세요. 그 때마다 다른 대답을 하는지 살펴보고, 옳다고 생각하는 대답을 적어 보세요. 그 과정을 계속 반복해 보세요. 적어도 10개의 다른 대답이 나올 때까지 해 보세요. 궁금하면 공책 한 장을 다 채워 보세요.
- **짝이 되어 하는 경우** 순서를 정해 5분씩 질문과 대답을 돌아가며 해 봅니다. 한 사람이 "당신은 누구인가요?" 라고 물으면 다른 사람은 대답을 합니다. 이 과정을 반복해 보세요. 어떤 단어라도 좋습니다. 할 때마다 다른 대답이 나올 것입니다.

이 과정을 진행하다 보면, 사람들은 자신이 얼마나 많이 다른 방식으로 비쳐지는지를 알고 놀라게 됩니다. 우리가 스스로를 별개의 개인으로 보는 경우에도, 자신의 정체성이 무엇인가에 대한 의식에는 관계, 여건, 공동체 등에서 묻어나는 관계성 자아가 포함되어 있습니다. 내가 누구인가에 대한 여러 측면들을 말로 표현하다 보면 시간이 흐를수록 자아에 대한 우리의 의식도 변해갑니다. 다음은 이 과정을 마친 한 워크숍 참가자의 경험입니다.

20대 내내 톰은 인생의 목표를 즐기는 것이라고 보았습니다. 세상의 문제에는 별로 관심이 없었습니다. 그래도 자기 인생을 살아가는 데는 부족함이 없었습니다. 30대 초반에 결혼을 했는데 얼마 가지 않아 아내가 임신을 했습니다. 초음파 검사 결과를 본 날, 그는 자신이 누구이고 무엇인지에 대한 관점이 통째로 바뀌었습니다. 그의 눈앞에 자신이 아빠가 되었다는 증거가 보였습니다.

그의 인생에서 처음으로 자신의 사후에 일어날 일이 중요하게 느껴지기 시작했습니다. 시간을 확장해서 자신의 삶을 뛰어넘어 생각하게 된 것입니다. 톰은 더 이상 자신을 고립된 개인으로 생각하지 않습니다. 그는 자신이 더 큰 무엇, 즉 가족의 일부임을 경험한 것입니다.

여기서 톰은 더 확장되고 심화된 자아의 의미를 찾은 것입니다. 그는 이제 개인에 머무는 것이 아니라 그의 개인적 정체성은 더 큰 무엇, 즉 이 경우에는 가족이라는 공동의 정체성에 뿌리를 박게 된 것입니다.

3: 더 큰 사회로 확장되는 자아

톰은 아빠가 되면서, 친가와 처가 특히 애를 보살펴 주는 데 도움을 준 가족들과 더 가까워졌습니다. 20대에 그는 확장된 가족의 일원이라는 생각이 없었습니다. 누구의 간섭도 받지 않고 자기 맘대로 할 수 있다고 느꼈지만, 때론 외로웠고 분명한 목적의식도 없었습니다. 그는 가족을 되찾으면서 소속감을 다시 가지게 되었습니다. 다른 가족으로부터 받은 도움에 고마움을 느끼게 되자, 그는 혈족이라는 느낌을 경험했고, 다른 가족을 돕고 싶어졌습니다.

가족끼리 서로 돕거나 부모가 자식을 위해 희생할 때 어느 누구도 이를 이타주의라고 생각하지는 않습니다. 아주 정상적이고, 심지어 당연한 것으로 간주합니다. 이와 마찬가지로 우리가 팀의 일원이거나 친구들 집단에 속해 있다면, 도와주면서도 돈을 받지 않고, 나에게 뭐가 떨어지는지 묻지 않는 것은 자연스러운 일입니다. 아르네 내스는 서로 협조하는 이런 경향에 대해 다음과 같이 말합니다.

어릴 때 사회적 자아가 충분히 계발되면, 큰 케이크를 혼자 독식하지 않는 경향을 보입니다. 가족이나 친구들과 함께 먹게 되지요. 그들의 기쁨이 곧 나의 기쁨이요, 그들의 실망이 곧 나의 실망이 될 정도로 우리 자신을 그들과 동일시하게 됩니다.[5]

우리가 자신보다 더 큰 무언가와 — 그것이 가족이든, 친구 모임이든, 팀이든, 공동체든 ― 스스로를 동일시할 때, 그것은 우리의 일부가 됩니다. 우리에겐 고립된 자아보다 훨씬 더 많은 게 있습니다. 우리의 관계적 자아는 자신이 더 큰 세상의 일부라는 것을 인식하는 데 근거하고 있습니다.

하루를 살면서도 우리는 여러 다른 정체성 사이를 오갑니다. 친척 일을 거들어 줄 때면 가족으로서 자아를 살고, 일터에서 각자 역할을 할 때면 팀으로서 자아를 살며, 친구와 집으로 걸어올 때면 사회적 자아를 살 것입니다. 그리고 애국심을 느끼는 순간이 있다면 국민으로서 자아를 표현하는 셈이 됩니다. 만약 우주에서 찍은 지구의 사진을 보고 소속감을 느낀다면, 그것은 우리의 관계적 자아 중에서 지구적 차원을 반영하는 것입니다. 우리가 뿌리를 가지고 있다는 느낌은 이렇게 더 확장되는 사회적 정체성을 경험하는 데서 우러납니다.(상자 2-1 참조)

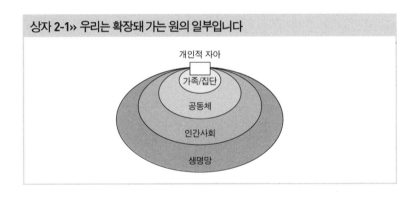

상자 2-1» 우리는 확장돼 가는 원의 일부입니다

개인적 자아
가족/집단
공동체
인간사회
생명망

이기적 욕심을 어떻게 정의하는가는 특정 순간에 어떤 차원의 자아와 스스로를 가장 동일시하는가에 달려 있습니다. 심리학자인 마릴린 브레워 교수는 이렇게 말했습니다.

"자아에 대한 정의가 바뀌면, 이기적 욕심의 의미와 자기 잇속만 챙기는 동기도 함께 바뀝니다."[6]

그렇게 본다면, 이기주의와 이타주의 사이의 일반적 구분에는 오해의 소지가 있습니다. 그런 구분은 자아와 타아의 분열에 근거하고 있어서, 스스로를 돕는 것(이기주의)과 타인을 돕는 것(이타주의) 사이에 선택을 강요합니다. 그러나 관계적 자아를 생각하면 이런 선택은 어불성설입니다. 사랑, 우정, 충성, 신뢰, 관계, 소속감, 목적, 고마움, 영성, 상부상조, 의미처럼 인생에서 가장 소중히 여기는 것들이 생겨나는 대부분의 원천은 바로 우리의 관계적 자아입니다.

철학자인 임마뉴엘 칸트(1724~1804)는 '도덕적 행위'와 '미적 행위'를 구분했습니다.[7] 도덕적 행위는 의무감에서 나옵니다. 이와 대조적으로 미적 행위는 의무가 아니라 욕구 때문에 행해지는 것으로서, 우리에게 아름답게 보이기 때문에 우리는 도덕적으로 올바른 일을 하는 것입니다. 관계적 자아라는 의식이 잘 개발되면 우리는 미적 행위에 더욱 자주 끌리게 됩니다. 우리가 하나라는 절실함을 잃는다면, 우리는 이런 류의 미적 행위를 하지 않게 되고 결국 비극적인 결과를 맞을 것입니다.

4: 풍요라는 전염병

사람들이 더 큰 사회에 소속감을 잃게 되면, 공동체와 환경을 위해 행동할 동기가 사라질 뿐만 아니라, 지원과 회복력을 제공하는 소중한 원천을 잃게 됩니다. 확장된 가족과 공동체의 끈이 해체되면서 선진국에서는 우울증 환자가 지난 50여 년간 꾸준히 증가하고 있습니다. 이제는 두 명 중 한 명꼴로 살아가는 도중에 심각한 우울증 증세를 보이는 수준이 되었습니다.

산업화된 나라에서 초개인주의는 뿌리도 깊고 역사도 오래 되었을 뿐만 아니라 지난 50년 동안 더 극단으로 치달았습니다. 신뢰 수준의 하락이 이를 단적으로 보여주고 있습니다. 미국의 한 설문 조사에서 "다른 사람을 신뢰할 수 있습니까?"라는 질문에 "예."라고 응답한 사람의 비율이 1960년대 중반에는 56%였는데, 1995년에는 33%로 떨어졌습니다.[8] 공동의 목적을 가지고 정체성을 공유할 때에는 신뢰가 형성되는 데 반해, 개인주의가 강해지면 서로간에 반목하게 됩니다. 지배적인 윤리 문화는 지구적 위기의 시대에 사람들을 서로 뭉치도록 하는 게 아니라, 사적 이익만 추구하는 것이 되었습니다.

우리 자신을 더 큰 전체와 연결된 일부로 보지 않고 고립된 실체로 보면, 삶의 목적은 우리 개인이 다른 사람에 비해 얼마나 잘 사는가에 대한 집착으로 환원되어 버립니다. 결과적으로 1부의 3장에서 언급했듯이, 외모와 지위에 병적으로 사로잡히는 풍요병은 정서적 고통의 주요 원인이 되고 있습니다. 지위는 더 많고, 더 크고, 더 좋은 것을 소유하는 것과 연관되어 있고, 외모를 유지하려는 욕구는 과소비를 부추겨 이 세상을 망치고 있습니다.

여기서 우리가 보아야 할 것은 '개인의 안녕, 공동체의 안녕, 지구의 안녕'이 우리 자아를 어떻게 보는가와 '어떻게 연결되어 있는가'입니다. 극단적 이기주의 문화는 이 세 가지 모두에게 해가 됩니다. 풍요롭고 만족스런 삶을 살아가면서 이 세상의 회복과 공동체의 치유를 촉진하려면, 우리가 누구이며 무엇인지에 대한 더 큰 이야기를 구현할 필요가 있습니다.

5: 합병이 아닌 하나됨

우리의 관계적 자아가 더 넓은 정체성을 경험한다는 것은 우리의 개성을 잃어버린다는 뜻이 아닙니다. 오히려 그 반대입니다. 우리가 더 넓은 정체성의 일부임을 강하게 느낄 때는 공동체 내에서 자신의 고유한 역할을 찾아내서 수행할 때입니다. 단합과 질서는, 모든 사람이 똑같이 사고하고 행동하는 데 달려있다는 생각과는 거리가 먼 중요한 사고의 전환입니다. 모두가 똑같이 사고하고 행동하는 것은 우리의 개성이 은폐되고 자율성이 방기되는 군중심리와 다를 바가 없습니다.

복잡계가 자기 조직화되고 제대로 기능하려면, 각 부분들의 통합과 분화가 모두 필요합니다. 우리의 신체 같은 복합 유기체는 여러 다른 종류의 세포를 필요로 하고, 복원력 있는 생태계는 매우 다양한 생물 종을 필요로 합니다. 이를 단일경작 농업과 비교해 봅시다. 하나의 식물이 줄을 맞춰 자라는 게 질서정연한 것처럼 보이겠지만, 그것은 화학물질에 의존적이고 여건 변화에 취약합니다. 인간이란 존재도 이와 유사합니다. 더 큰 전체와 연결된 일부로서 경험을 한다고 해서 자유의지와 개성을 빼앗긴 《스타 트랙》의 보르그(스타트랙에서 강한 파괴적 혈통을 가진 부분적으로 로봇 생물 – 역자주)처럼 될 필요는 없습니다. 양심에 귀를 기울이고 참된 삶을 사는 용기야말로 우리가 속한 더 넓은 생명계에 합병되는 게 아니라 그 일부가 되는 데 필수적입니다.

사랑에 빠지면, 당신은 사랑하는 사람과 믿을 수 없을 만큼 끈끈한 연대감을 느낍니다. 그리고 동시에 이 세상 어느 누구와도 다른 당신 자신에게 더욱 독특한 유대감을 가지게 됩니다. 건강한 공동체와 하나임을 체험하는 일도 이와 비슷한 특성이 있습니다. 그것은 우리에게 숨어 있는 독특한 재능을 드러내도록 해줍니다.

6: 하나됨의 복원과 재해석

우리는 자아를 변하지 않는 특성을 가진 고정된 것이 아니라 변화 생성의 흐름으로 생각할 수도 있습니다. 자아에 대한 정태적 관점은 벽에 걸린 그림과 같이 특정한 방식으로 놓여 있어 변화를 거부합니다. 당신이 '난 (…하는) 그런 부류의 사람이 아니야.'라는 생각을 가지고 있다면, 이런 그림을 그리고 있는 것입니다. 또 다른 관점은 각 순간을 영화 속 프레임처럼 보는 것입니다. 이것은 지금 당장 그 프레임에 나타나지 않는다고 해서 나중에도 그럴 것이라는 의미가 아닙니다. 이런 관점에 서면 가능성의 의미는 더욱 커지게 됩니다.

우리는 개인의 삶에서부터 가족, 공동체 그리고 세계의 삶까지 많은 변화 생성의 흐름에 참여하고 있습니다. 그리고 각각의 흐름은 참여자들을 통해 움직이는 하나의 이야기로 생각해 볼 수 있습니다. 개인적 자아에서는 개인적인 사건, 이익, 손해 등을 둘러싸고 줄거리가 전개됩니다. 가족적 자아에서는 이야기가 선조로 거슬러 올라가고, 후손으로 내려갑니다. 우리가 특정 문화나 종교적 공동체와 일체감을 가진다면, 우리는 그 이야기의 일부가 되기도 합니다.

아르네 내스는 우리의 사적 이익이 자연 세계를 포함할 때 생겨나는 넓은 의미의 일체감을 표현하기 위해 '생태적 자아(ecological self)'라는 용어를 도입했습니다.9 자연 세계를 포함할 때 우리는 우리가 누구이며 무엇인지에 대한 훨씬 더 큰 이야기 속으로 들어가게 됩니다. 그리고 우리 자신을 지구라는 생명체의 일부로 인정하면, 우리에게는 엄청난 힘의 원천이 열리게 됩니다.

우리 자신을 35억 년 전에 지구상에 출현한 놀라운 생명의 흐름의 일부로 보면, "나잇값을 하라."는 표현은 전혀 다른 의미를 지니게 됩니다. 우리는 다섯 번의 대멸종에서도 살아남아 대대로 이어져온 혈통의 후손입니다. 생명은 강력하고 창조적인 에너지를 가지고 있으며 계속 살아남으려는 강력한 욕구를 보입니다. 우리가 스스로를 세상의 안녕과 일치시킬 때, 그 욕구와 창조적인 에너지는 우리를 통해 발현하게 됩니다. 열대우림의 지킴이인 존 시드는 '절망을 느낄 때 어떻게 이겨 내는가?'라는 질문에 이렇게 답했습니다.

열대우림을 지키고자 할 때, 나는 존 시드가 아님을 상기하려고 노력합니다. 오히려 저는 열대우림의 일부로서 저 자신을 지키려고 합니다. 저는 최근에야 인류의 사고 속에 들어온 열대우림의 일부입니다.10

우리가 본질적으로 살아 있는 지구의 일부라는 이해는 전 세계 원주민의 신앙 체계에 핵심으로 자리잡고 있습니다. 신학자인 하비 신디마는 아프리카 말라위에서 성장기에 가졌던 세계에 대한 전통적 관점을 묘사하면서, "우리는 사람들, 다른 생물들 그리고 지구와 상호 관계에 있는 생명망 속에 살고 있고, 그들은 우리의 일부이며 우리는 그들의 일부임을 알고 있습니다."라고 적었습니다.*11*

7: 하나됨은 소풍이 아닙니다

지구상에 존재하는 생명에게 일체감이 절실하게 커진다고 해서 항상 편하고 화목한 것은 아닙니다. 더 넓은 생명계에 충실했던 사람들의 행위로 인해 주변 사람들이 불편해하거나 심지어 그들로부터 박해를 받은 사례도 역사적으로 많습니다. 간디(1869~1948)는 통일되고 계급 없는 인도라는 자신의 비전을 추구하기 위해 힌두교도들의 분노에 두려워하지 않고 맞섰습니다. 최근에는 당시 30대의 미혼모였던 자크 브리버가 살해 위협을 받고는 콜로라도 주의 불더에 있는 자기 집을 나와 피신해야 했습니다.*12* 가까이에 있는 로키 플래츠 핵 시설의 불법적이고 매우 위험한 관행에 대해 내부 고발자가 되었기 때문입니다.

1989년 그 공장을 운영하는 로크웰 인터내셔널은 조사를 받았지만, 내부 고발자의 증언을 듣기란 불가능해 보였습니다. 자크는 고도로 숙련되고 보수도 많이 받는 화학공장 노동자의 한 사람으로, 플루토늄 폐기물을 없애라는 지시에 따라 특수한 소각로를 조작해서 심야에 비밀리 소각을 실행했습니다. 그랬던 그녀가 이런 사실을 폭로하기로 결심했습니다. 미연방수사국과 대배심원 앞에서 한 그녀의 증언은 핵심적인 증거가 되어 많은 시민들과 그들의 가정을 지킬 수 있었습니다.

자크가 미연방수사국에 증언을 했다는 말이 새어 나가자 화학 공장의 다른 노동자들은 고액 연봉의 일자리가 위험해졌다고 그녀에게 분노했습니다. 공장과 마을에서 그녀는 시달려야 했고 욕을 얻어먹고 협박을 받아야 했습니다. 그리고 그녀가 플루토늄을 다룰 때 사용한 장갑에 구멍이 뚫려 심각하게 방사능에 오염되고, 동료들이 '풍파를 일으킨 대가'라는 비아냥을 하자, 그녀는 일곱 살짜리 딸을 학교에서 자퇴시키고 피신을 했습니다.

한편, 밀실에서는 미국 법무부와 로크웰 인터내셔널 사이에 거래가 이루어졌습니다. 플루토늄의 불법 소각이 이루어졌다는 사실에 대해 어떠한 인정도 하지 않은 상태에서 로키 플래츠의 핵 시설은 결국 폐쇄되었고, 그 부지는 청소가 진행되었습니다. 그러나 초점은 부지의 방사능을 제거하는 것이 아니라 로크웰 인터내셔널과 정부가 연루돼 있다는 증거를 없애는 데 맞춰진 것처럼 보였습니다. 대배심원의 보고서와 증인들의 진술은 대중의 접근이 차단되었습니다. 자크 브리버가 목숨을 걸고 한 증언은 지하 금고에 봉인되어 버렸습니다. 이 사건에 참여한 배심원들은 그들이 본 증거에 대해 입을 열지 말라는 명령을 받았습니다.

모든 오염 지역을 감추고 나자 에너지부는 로키 플래츠 지역 부지를 야생 동물의 은신처와 어린이들이 뛰놀 수 있는 오락 지구로 만든다는 계획을 밝혔습니다. 그러자 이 사건을 검토한 배심원 대표였던 웨스 매킨리는 소스라치게 놀라 다음과 같이 진실을 밝히기로 결심했습니다.

우리는 이 지역이 세상에서 가장 오염된 지역 중 하나임을 입증하는 많은 증언과 서류를 듣고 보았습니다. 그런데 이제 어린이들이 자유롭게 와서 뛰어놀고 먼지를 일으키며 그 지역 전역에 퍼져 있는 플루토늄을 마시게 하려 하고 있습니다. 이런 일이 일어나도록 가만 있을 수는 없습니다. 이 말을 하면 나는 감옥에 갈 수도 있습니다. 그러나 기꺼이 그 위험을 감수하겠습니다. … 올바른 일을 하는 대가라면 말입니다.[13]

현재 세대와 미래 세대를 위해 올바른 일을 하면, 때로는 가족에게 불편을 끼치고, 동료들의 출세를 막고, 고용주의 이윤을 줄이고, 법률과 충돌할 수도 있습니다. 또한 올바르다고 느끼는 일을 하면, 결과적으로 우리는 반대와 협박에 직면할 뿐만 아니라 서로 모순되는 충성심 때문에 고민에 빠질 수도 있습니다.

이렇게 어려운 결정을 내려야 할 때, 우리가 방향을 잡는 데 도움이 되는 질문이 바로 나를 통해서 무슨 일이 일어나고 있는가?입니다. 우리의 결정은 우리 삶의 흐름 뿐만 아니라 우리가 참여하는 이야기의 흐름이 나아갈 방향을 안내하는 방향타와 같습니다. 자크 브리버는 플루토늄으로 오염된 땅에 오락 지구를 만든다는 계획을 듣자 도피를 그만두고 그 계획에 반대하는 캠페인에 자신의 목소리를 보태기로 결정하고 이렇게 말했습니다.

"저는 오랫동안 문제의 일부였지만, 이제는 해결하는 데 보탬이 되기로 결심했습니다."[14]

🌳 **따라해 보세요 - 당신을 통해 무슨 일이 일어나고 있습니까?**

117쪽에 나온 절차에 따라 반복하되 '당신을 통해 무슨 일이 일어나고 있습니까?'
로 질문을 바꾸십시오.

8: 우리를 통해 느끼는 더 큰 자아

우리의 감정은 우리를 통해 생겨납니다. 그런데 그 감정은 어디서 오
는 걸까요? 만약 우리 자신을 고립된 개인으로만 본다면, 우리는 자신의
감정을 우리 안에서 생기고, 오로지 우리 자신의 이야기와 관련시켜야
만 이해할 수 있는 것으로 생각하게 됩니다.

그런데 가족을 하나의 생명계로 보는 입장에 서 있는 가족 치료법에
서는 다른 견해를 취하고 있습니다. 하나의 체계는 부분을 모두 합친 것
이상의 전체를 지칭합니다. 가족이 단순히 가족 구성원의 모임 이상인
것은 전체로서 가족이 기능하는 방식 때문입니다. 가족은 그 구성원들
을 통해서 느끼고 행동함으로써 전체로서 제 기능을 합니다.

가족이 제대로 기능할 경우에는 아무리 어려운 시절일지라도 개별
구성원들을 결집하고, 도와줍니다. 가족 중 누군가가 심하게 병을 앓는
위기를 맞으면, 우려와 걱정 같은 감정이 가족 전체로 퍼지고, 한 사람
에게서 다른 사람으로 옮겨가 집단적인 반응을 만들어 냅니다. 이러한
과정은 단결심이 좋은 팀이나 공동체 같은 다른 인간 체계에서도 일어
납니다.

세상을 위한 우리의 고통도 그와 비슷한 방식으로 볼 수 있습니다. 우

리를 통해 느끼는 것은 바로 세상이라는 체계, 즉 가이아입니다. 모든 생명과 하나라는 생각이 당신에게는 추상적이거나 수년간의 명상 끝에 도달할 수 있는 영적 경지처럼 보일지도 모릅니다. 그러나 맞아 죽는 바다 표범, 삼림의 대량 파괴, 우리를 가장 아프게 하는 세상의 여러 상처들의 사진을 보고 눈물을 흘릴 때, 우리는 살아 있는 지구와 하나임을 직접 경험하고 있는 것입니다.

9: 새로운 진화론

신다원주의자들에 따르면, 진화란 생물 종이 살아남기 위한 치열한 싸움과 피 튀기는 경쟁의 산물입니다. 그런데 최근 주류 과학에서 받아들여지고 있는 전혀 새로운 관점이 있습니다. '세포 내 공생설(endosymbiotic theory)'이 바로 그것입니다. 이 이론에 따르면, 진화의 중요한 단계는 생물 종 사이의 협력을 통해 일어나고, 심지어는 완전히 새로운 형태의 생명체를 만들기 위해 이질적인 유기체가 결합하는 일까지 일어난다고 합니다. 이 이론의 주요 주창자인 린 마굴리스와 도리언 새간은 "생명체가 지구를 장악한 것은 전쟁을 통해서가 아니라 네트워킹을 통해서다."라고 적고 있습니다.*15*

생명의 발달을 그 최초부터 추적해 보면, 작은 부분들이 모여 더 크게 통합된 전체를 형성하는 일이 반복적으로 일어나는 패턴이 나타납니다. 원래는 단세포 유기체만이 존재했지만, 진화의 어떤 단계가 되자 자기가 하고 싶은 대로 하는 별개의 세포들로부터 단일 유기체로 행동하는 세포들의 조직된 집단으로의 전이가 현격하게 일어났습니다. 다음 단계의 비약적 진화는 단순한 다세포 유기체로부터 여러 다른 기관을 포함한 복잡한 생명 형태로의 발전이었습니다. 그다음 중요한 단계는 최초의 사회적 유기체 형성으로, 개미나 벌과 같은 곤충들이 통합된 체계로 기능하는 복잡한 공동체를 만들었을 때였습니다. 인간 역시 고도로 복잡한 수준에서 개인들이 더 큰 공동체의 일부인 동시에 각자의 선택을 하는 사회적 성향을 보이고 있습니다.

인류 역사를 통틀어 우리는 작은 부분들이 모여 더 크고 복합적인 전체를 형성하는 동일한 진화적 패턴을 거쳐왔습니다. 수십만 년 동안 인간은 여건 변화에 매우 민감하게 수렵채취를 하는 사람으로서 조그만 종족 집단을 만들어 존재했습니다. 그리고 농업이 발달하면서 정착을 통해 이 집단들은 더 큰 마을 공동체가 되었습니다. 시간이 흐르면서 이들 마을 공동체는 결합을 통해 씨족이나 부족이 되었고, 이런 지역 집단들은 다시 연합을 통해 국가가 되었습니다. 이런 식으로 이전에 분열되어 있던 사람들은 공통의 목적으로 제휴하여 더 큰 것을 공유하는 통일체가 된 것입니다.

위기는 사람들을 협력하게 만드는 요인 중 하나입니다. 그러나 정반대의 효과인 공동체의 붕괴와 공유하는 통일체의 분열을 촉발할 수도 있습니다. 우리는 직면하고 있는 지구의 비상 사태에서 우리가 고갈시킨 세상에 남겨진 것을 가지고 서로 싸우는 내분의 위험에 빠져 있습니다. 여기서 다른 가능성이라면 이 위기가 전환점이 되어 바로 그 위험으로부터 우리가 다음 단계로 비약적 진화를 하는 것입니다.

10: 관계적 의식의 출현

재즈 음악인들이 함께 팀을 이뤄 즉흥적인 연주를 하면 매우 흥미로운 현상이 일어납니다. 먼저 독립된 많은 개인들은 각자가 독자적인 결정을 합니다. 하지만 그들은 전체로서도 함께 행동하게 됩니다. 가령, 음악이 흐르면 누군가가 솔로 파트를 연주합니다. 그런데 그는 연주자들 사이에 매끄럽게 들어와 맥을 끊지 않습니다.

그렇다면 피아노나 트럼펫이 언제 앞으로 나와야 하는지 누가 결정할까요? 그 악기를 연주하는 사람만 하는 것이 아닙니다. 왜냐하면 다른 사람들도 잠시 한 발 물러나 여지를 만들어주기 때문입니다. 여기에는 동시에 두 개의 사고가 작동합니다. 매 순간마다 전체로서의 집단과 그 집단 내의 개인이 모두 각각 선택을 합니다.

이렇게 사람들이 집단적 사고 과정을 통해 행동을 조율할 때, 우리는 이것을 '분산지능(distributed intelligence)'으로 생각할 수 있습니다. 재즈에서는 어떤 한 사람이 책임을 지는 게 아니라 집단의 목적을 위한다는 의도에 따라 함께 움직이면서도 연주자들은 자유롭게 각자의 행동을 합니다. 여러 음악인들이 모두 즉흥적인 연주를 하려면, 매우 주의를 기울여 소리를 듣고 전체적인 음악에 기여하도록 각자의 개성을 표현해야 합니다. 연주자들이 집단에 귀를 기울이고 하나가 되면, 마치 음악 자신이 연주자들을 통해 저절로 연주되는 것처럼 들리게 됩니다.

여기서 분산지능의 핵심적 특징은 어느 부분도 전체의 답을 가질 필요가 없다는 것입니다. 오히려 전체의 지능은 부분들의 행위와 상호작용을 통해 나타납니다. 가령, 창조적인 일을 하는 팀에서는 대화 중에 아이디어가 떠오를 수도 있습니다. 그러면 다른 멤버들이 덧붙이거나 세련되게 다듬어, 결국 그 아이디어는 참석한 모든 멤버들에 의해 발전하게 됩니다. 팀은 단단해지고, 그 결과 팀원은 자신뿐 아니라 팀을 위해서도 행동하게 되는 것입니다.

그렇다면 최고의 강자가 되기 위한 투쟁을 그치고 대신에 지구상 생명체라는 큰 팀의 일원으로서 우리의 역할을 하게 되는, 즉 우리를 팀과 동일시하는 변화를 통해서 비약적인 다음 번 진화가 과연 일어날 수 있을까요? 그리고 전체로서 인간, 아니면 전체로서 모든 생명체의 창조성과 생존 본능이 우리를 통해 작동할 수 있을까요? 이 지점에서 바로 관계적 의식이 등장합니다. 이러한 의식은 모든 생명체의 안녕을 위해 행동하겠다는 의도가 우리를 지배하는, 즉 확대된 이기심에서 생겨납니다. 불교에서는 이런 의도를 '보리심(bodhichitta)'이라고 합니다. 보리심은 우리의 관심을 개인의 안녕에서 집단의 안녕으로 바꿉니다.

우리는 지금 진화의 기로에 서 있습니다. 집단으로서 우리 인간은 어떤 방향으로든 나아갈 수가 있습니다. 그것은 우리가 어떤 선택을 하느냐에 달려 있습니다. TV 드라마인《스타 트랙》의 표현을 빌리자면, 우리는 지금 우리 삶의 '일급 지령(우주 연방의 최고 법으로 지각 있는 종 사이의 불간섭을 규정함 – 역자주)'을 선택할 수 있습니다. 우리가 모든 생명체의 안녕을 조직 우선순위의 핵심에 둘 때, 이 세상은 우리를 통해 비로소 회복될 수 있습니다.

11: 삼발라 전사의 예언

　어느 쪽을 선택하든 우리에게 고무적인 이야기가 있습니다. 티베트 불교 전통에서 1,200년 이상 전해져 온 예언이 바로 그것입니다. 이 이야기의 주인공은 삼발라 전사들입니다. 삼발라 전사란 부처님의 형상을 한 보살을 은유적으로 표현한 말입니다. 보살이란 부처님의 핵심적 가르침을 깊이 이해하고 있는 사람을 말합니다. 그 핵심 교리는 모든 것이 근본적으로 상호 의존하고 있다는 것입니다. 이를 진지하게 해석하면, 한 사람이 보살이 될 능력이 있다면, 다른 사람도 그 능력을 가지고 있다는 인식에 도달하게 됩니다.

　여기 저의 소중한 친구이자 스승인 인도 북부 〈따시종 공동체〉의 성자인 초이잘 린포체에게서 받은 아주 특별한 예언이 있습니다. 당신의 이야기라고 생각하고 읽어 보기 바랍니다.

　지구상 모든 생명체가 위험에 처할 때가 옵니다. 그때 강력한 이교도 세력들이 등장합니다. 그들은 서로를 멸망시키기 위한 준비에 가진 돈을 쏟아붓지만, 공통적인 것도 많이 가지고 있습니다. 그중에는 엄청나게 파괴적인 힘과 기술로 세상을 황폐화시키는 무기가 있습니다. 인류 역 사상 바로 이 시점, 즉 모든 존재의 미래가 백척간두에 달려 있는 이때, 삼발라 왕국이 출현합니다.

　그곳은 특정 장소가 아니기에 아무도 갈 수 없습니다. 그곳은 삼발라 전사들의 가슴과 마음에만 존재합니다. 이 전사들은 제복도 없고 문장도 없기 때문에 그냥 얼굴만 봐서는 누가 전사인지 아닌지도 알 수 없습니다. 그들은 깃발이 없기 때문에 어느 편인지 알아볼 수도 없고, 바리케이드를 치지 않기 때문에 올라가 적을 위협하거나 숨어서 쉬거나 전열을 정비할 수도 없습니다. 심지어는 군대의 본진도 없습니다. 그들이 가진 것이라곤 횡단하여 작전을 펼칠 이방인 세력들의 지형도뿐입니다.

이제 삼발라 전사들에게 엄청난 용기, 도덕적·육체적 용기가 요구되는 시점이 다가오고 있습니다. 이방인 세력들의 심장부로 뛰어들어가 그들의 무기를 해체할 것이기 때문입니다. 그들은 무기를 만들고 배치해 둔 지하 갱도와 성채, 그리고 결정을 내리는 권력자의 복도로 쳐들어갈 것입니다. 이리하여 그들은 어떤 의미의 무기든 모두 해체할 것입니다.

삼발라 전사들은 이들 무기가 마노마야(manomaya, 唯心造), 즉 마음으로 만들어진 것임을 알기에 해체할 수 있다는 것을 알고 있습니다. 사람의 마음이 만든 것이니 사람의 마음으로써 원래 상태로 되돌릴 수 있는 것입니다. 우리가 직면한 위험은 악마의 여신이나 사악한 외계의 힘, 바꿀 수 없는 예정된 운명 때문에 나타난 것이 아닙니다. 우리의 관계와 습관, 우리의 우선순위 때문에 생겨난 것입니다.

초이잘은 말했습니다.

"그래서 지금이야말로 삼발라 전사를 훈련시킬 때입니다."

저는 물었습니다.

"어떻게요?"

그는 대답했습니다.

"두 가지 도구를 잘 사용하도록 훈련해야 합니다."

사실 그는 무기라는 표현을 썼습니다.

제가 "그게 뭐지요?"라고 묻자, 그는 그 나라 사람들이 달라이라마 춤을 출 때 무희가 제기를 드는 방식으로 자신의 양손을 들어 올리며 말했습니다.

"하나는 자비심이고, 다른 하나는 모든 현상이 근본적으로 상호 의존적이라는 통찰력입니다."

우리에겐 둘 다 필요합니다. 자비심은 우리가 있어야 할 자리로 나아가게 하고, 우리가 해야 할 일을 하도록 연료를 제공합니다. 이는 곧 세상의 고통을 두려워하지 않게 해준다는 의미입니다. 세상의 고통을 두려워하지 않으면, 그 무엇도 우리를 멈출 수 없습니다.

그러나 이 도구는 그 자체로 너무 뜨겁습니다. 우리를 태워 버릴 수도 있습니다. 그래서 다른 수단이 필요합니다. 존재하는 모든 것이 근본적으로 하나라는 통찰력이 바로 그것입니다. 그런 통찰력을 갖게 되면, 세상이 착한 자와 악한 자의 싸움이 아님을 알게 됩니다. 선과 악의 경계가 모든 인간의 마음을 관통해 있음도 알게 됩니다. 그리고 우리가 생명망에 촘촘히 짜여 있어 아무리 사소한 행위도 반향을 일으키고, 우리 눈에는 보이지 않지만 전체 망으로 퍼져나간다는 것을 알게 됩니다. 하지만 이런 통찰력은 찬 성질을 가지고 있고, 추상적입니다. 자비심이라는 뜨거운 열이 필요한 이유는 바로 이 때문입니다.

이상이 그 예언의 요지입니다. 티베트 승려들이 염불을 하고 무드라(수행할 때 하는 손짓이나 몸짓 – 역자주)를 하는 것을 보면, 그 손이 자비심과 지혜 사이를 교대로 보여주는 것 같습니다. 바로 이것이 우리 각자가 자기만의 방식으로 터득하라는 가르침입니다.

-Chapter-

2

새로운 유형의 권력

우리의 자아를 살아 있는 지구의 일부로 넓히면, 행동하려는 강한 욕구가 생겨나게 마련입니다. 그러나 세상을 위한 고통 때문에 현 상황의 위급함에 주목하기는 하지만, 아직도 우리가 지구적 위기에 영향을 미칠 수 없다고 보는 시각도 존재합니다. 최근 이루어진 대규모 설문 조사에서 〈정신건강재단Mental Helath Foundation〉은 무력감이 글로벌 이슈에 대한 가장 공통적인 반응임을 발견했습니다.[1] 학생이면서 블로거인 조는 자신의 경험을 이렇게 표현했습니다.

제가 보기에 기후변화 문제는 산업계나 정치 지도자들만이 실질적으로 해결할 힘을 가지고 있다고 생각합니다. 솔직히 말해서, 저 같은 개인이 그 문제의 해결에 기여할 수 있다는 생각은 가소롭게 여겨집니다. 이런 식으로 생각하는 제가 잘못인 건가요? 제가 지레 포기하고 있는 건가요?[2]

권력을 상층부에 있는 사람들만 가질 수 있는 것으로 본다는 점에서 조는 현재 널리 퍼져 있고, 행동할 수 있는 우리의 능력을 약화시키는 견해를 나타내고 있습니다. 그러나 새로운 눈으로 보면, 권력을 인식하고 체험하는 새로운 방법이 보입니다. 이 새로운 방법을 찾아 나서기 전에 먼저 권력에 대한 기존의 관점과 그로 인한 문제점을 알아보겠습니다.

1: 권력에 대한 기존 관점

기존의 관점에서 본 권력은 타인에 대한 지배 또는 우월적 지위에 근거하고 있습니다. 여기서 권력이란 자원과 영향력에 대한 독점적 접근을 보장하는 지위를 말합니다. 이런 유형의 권력은 자기 멋대로 하거나 남을 자기가 원하는 대로 하게 만듭니다. 여기서 핵심은 싸움에서 이길 수 있는 능력입니다. 남을 패배시키는 만큼 더 높은 지위로 올라가는 것입니다. 우리는 이런 유형의 권력을 '지배형 권력(power-over)'이라고 합니다. 그것이 가져오는 결과를 한번 볼까요?

[01] 무력감 만연

지배형 권력은 승자 - 패자 모델입니다. 1등을 뽑는 시합에서 대부분은 패자가 됩니다. 권력을 잡는 자리는 너무 좁아서 단지 몇 사람만으로도 꽉 찹니다. 다른 많은 사람들은, 블로거인 조가 앞서 말했듯이 "저 같은 개인이 그 문제의 해결에 기여할 수 있다는 생각은 가소롭게 여겨집니다."라고 느끼게 됩니다.

개인적 삶의 영역에서는 자기 마음대로 할 수 있는 구석이 있겠지만, 우리의 권력으로 볼 수 있는 것에는 한계가 있습니다. 보통 글로벌 이슈는 우리 권력의 한계를 한참 벗어나기 때문에 그런 이슈에 대해 생각하는 것을 시간 낭비라고 볼 수도 있습니다. 예를 들어 우리가 자주 듣는 표현 중에 이런 말이 있습니다.

"바꿀 수 없는 일을 가지고 고민하는 것은 소용이 없다. 그래서 세상도 바꿀 수 없다."

[02] 상품이 되어버린 권력

무엇 때문에 남보다 더 우월적 지위에 서게 되는 것일까요? 남이 갖고 있지 않은 것을 가지고 있기 때문입니다. 돈이든, 무기든, 물질적 자원이든, 인맥이든, 정보든 어느 것이든 말입니다. 정보가 그런 역할을 하면, 바로 거래를 할 수 있는 자산이 됩니다. 결과적으로 중요한 지식은 감춰지고, 비밀주의 때문에 대중의 인식도 제한됩니다.

사람들은 선거 때 하는 투표조차도 살 수 있는 것으로 생각합니다. 선거 운동 기금이 대가를 바라는 기득권층의 막대한 정치 헌금에 의존하기 때문입니다. 우리 사회가 나아갈 방향을 만들어 가는 권력이 이제는 사고파는 상품이 되어 버렸습니다. 권력이 보유하고 지키고 축적할 수 있는 자산이 되면, 점점 더 보통 사람의 손으로부터 멀어지게 됩니다.

[03] 대립을 가져오는 권력

지배형 권력은 본질적으로 적대적입니다. 한 쪽이 권력을 얻으면 다른 한쪽은 권력을 빼앗기기 때문입니다. 개인이든 집단이든 남보다 앞서려면, 다른 사람을 눌려 앉혀야 합니다. 권력을 잡으려면, 다른 사람을 권력에서 밀어내야 하는 것입니다. 그러면 밀려난 사람들은 비분강개할 것입니다. 그래서 권력을 쥔 사람은 반대파를 감시하고, 그들이 위협이 될 정도로 힘을 기르지 못하게 할 필요가 있습니다.

공포는 이런 유형의 권력을 본질적으로 따라다닙니다. 당신이 정상의 자리에 있다 하더라도, 우월적 지위를 잃지 않으려면 방심해서는 안 됩니다. 그로 인해 정상을 지키려는 투쟁에서는 무자비와 거짓말이 너무 흔한 일이 되어, 권력과 부패의 연계는 불가피한 것으로 간주됩니다.

이렇게 지배를 하면 자원 이용에 대한 특권을 가질 수 있습니다. 하지만 그런 지배를 계속 유지하려면, 전투에서 이길 수 있도록 '우위'를 지키는 데 막대한 돈이 듭니다. 2010년에 전 세계 무기 구매 비용은 무려 1조 6천 억 달러에 달했습니다.[3] 긴 안목에서 매년 이 돈의 10%만 들이면, 전 세계의 극빈층과 기아를 해결할 수 있습니다.[4]

[04] 심적 경직성을 만드는 권력

강하다는 것을 과시하는 게 중요하다고 생각하면, 마음을 바꾸는 일은 굴복하거나 약점을 보이는 것으로 간주되기 마련입니다. 정치 토론에서도 상호 이해를 심화시키는 것보다 이기고 보는 것이 훨씬 더 중시됩니다. 이런 입장에 서면 새로운 정보에 문을 닫고, 상황 변화에 대처하는 데 필요한 유연성도 잃게 됩니다.

[05] 의구심의 대상이 된 권력

"권력 있는 사람들은 (   ) 한 경향이 있다."라는 문장을 완성하라고 하면, 참석자들은 매력 있는 자질과 그렇지 않은 자질을 모두 확인하면서, 흔히 권력을 갖는 데 대해 엇갈린 감정을 드러냅니다. 권력 있는 사람들을 정열적이고 명석하며 단호하고 용감하다고 보면서도, 동시에 외롭고 배신하고 부정직하며 비호감일 것 같다는 의견도 나타냅니다.

권력에 대한 이런 혼란스런 인상이, 세상에 영향을 미치기 위해 권력을 추구하면서도 불신을 받고 고독하며 부패해질 것 같은 전쟁터에는 들어가고 싶지 않은 사람들에게 딜레마가 되고 있습니다. 권력에 대한 의구심 때문에 사람들은 권위 있게 행동하기를 주저합니다. 많은 사람들이 주류 정치에 환멸을 느끼고 있습니다. 많은 민주 국가의 낮은 투표율이 이를 입증하고 있습니다. 그러나 다행히도 지배형 권력 모델이 권력을 이해하는 유일한 방법은 아닙니다. 새로운 눈으로 보면, 더 매력적이고 역량을 만들어가는 대안이 눈에 들어옵니다.

2: 새로운 유형의 권력

권력(power)이란 단어는 '할 수 있음'을 뜻하는 라틴어 'possere'에서 나온 말입니다. 지금부터 우리가 주목할 유형의 권력은 남을 지배하는 데 관한 것이 아니라 우리를 둘러싼 엉망진창의 현실을 헤쳐나가는 데 관한 것입니다. 이 관점에서 본 권력은 얼마나 많은 물질이나 지위를 가지고 있는가에 근거하지 않고, 통찰력과 실천, 강점과 관계, 동정심 그리고 생명망과의 연계에 뿌리를 두고 있습니다.

협력적 유형의 권력을 받아들인 사람으로 우리는 넬슨 만델라(1918~2013)를 들 수 있습니다. 1980년대 초 남아프리카공화국의 인종차별 정권은 신무기와 핵미사일을 갖춘 고도로 훈련된 군대를 가지고 있었습니다. 아프리카민족회의(African National Congress, ANC: 남아공 흑인 정당 – 역자주)를 대표한 만델라는 20년 이상 감옥에 투옥돼 있었습니다. 많은 사람들이 인종차별 정권을 종식시키기 위해서는 내전도 불사해야 할지 모른다고 우려했습니다. 하지만 전투에서 이긴 인종차별 정권은 결국 종식되지 않았습니다. 오히려 민주화는 협상과 타협을 통해 이루어졌습니다. 그런 절차가 시작되기 위해서는 만델라의 표현을 빌리자면, "전쟁, 전쟁, 전쟁을 외칠 게 아니라 대화, 대화, 대화"가 필요했던 것입니다. 자서전 『자유를 향한 머나먼 길』에서 그는 독방에 갇혀 이 절차를 진행하는 결정에 이르게 된 과정을 다음과 같이 묘사하고 있습니다.

혼자 있게 되면서 나에게는 약간의 자유가 주어졌습니다. 그래서 이 자유를 이용해 나는 오랫동안 곰곰이 생각해오던 뭔가를 해야겠다고 결심했습니다. 정부와 대화를 시작하는 일이었습니다. 이 일은 대단히 민감한 사안이었습니다. 양쪽 모두 대화를 나약함과 배신이라고 간주하고 있었습니다. 한쪽에서 중대한 양보를 하지 않으면 다른 한쪽은 대화의 테이블로 나오지 않을 것이었습니다. … 우리 쪽에서 누군가가 먼저 조치를 취할 필요가 있었습니다.[5]

치유와 변화를 촉진하는 방식으로 우리가 상황에 대응하는 것은 곧 권력을 보여주는 것이라고 할 수 있습니다. 만델라가 남아프리카공화국에서 다민족 민주주의를 건설하는 데 기여한 일은 놀라울 정도로 고무적인 사례라 할 수 있습니다. 아프리카민족회의 조직위원회의 허가를 받지 않았기 때문에 만델라가 적과 대화를 시작하는 일은 배신이나 변절로 비쳐질 수도 있었습니다. 평화를 위한 첫 발을 떼는 데에는 용기와 결단과 선견지명이 필요했습니다.

사람들은 이런 내적 강점을 가지고 있는 사람도 있지만, 그렇지 않은 사람도 있다고 생각합니다. 그러나 이런 자질들은 우리가 개발할 수 있는 능력이나 우리가 배울 수 있는 실천과 관련이 있습니다. 용기나 결단을 우리가 소유하고 있는 어떤 것이 아니라 우리가 실천하는 어떤 것으로 생각하면 우리는 이런 자질을 개발할 수 있습니다. 우리가 실제 상황에 관여하고 우리의 상호작용으로부터 역동성이 생겨나면, 이런 자질들도 표면적으로 나타나게 됩니다. 이 접근법은 관계를 중시하므로 '동반형 권력(power-with)'이라고 부르겠습니다.

3: 1+1=2+α

만델라가 행한 협상은 효과가 있었습니다. 양측 모두 전쟁을 하면 질 것 같은데 평화를 향한 길을 찾으면 이득을 본다는 사실을 인식하고 있었기 때문에 그들은 승패가 갈리는 분쟁 모델에서 서로 이기는 윈윈(win – win) 모델로 옮겨갔습니다. 협상을 하지 않으면 양측 모두 지는 전쟁 말고는 별다른 대안이 없었던 것입니다.

동반형 권력은 시너지에 기반을 두고 있습니다. 둘 이상의 당사자들이 함께 뭉치면 혼자 했을 때에는 있을 수 없는 결과를 가져오는 것입니다. 상호작용을 통해 뭔가 새롭고 색다른 것이 창발하기 때문에 이를 '1+1=2+ α'라고 생각할 수 있습니다. 달리 말하면, '전체는 부분의 총합 그 이상이다.'라는 것입니다.

이런 α의 창발(Emergence, 부분만으로는 유추하기 어려운 특성이 거시적으로는 나타나는 현상 – 역자주)과 시너지는 동반형 권력의 핵심에 자리잡고 있습니다. 이들은 새로운 가능성과 능력을 형성하여 신비한 요소를 더해 줍니다. 어떤 상황 속에 있는 요소를 알아보는 것만으로는 그 상황이 어떻게 진행될지 불확실하다는 의미입니다. 구리와 주석을 합쳐 생기는 청동이 얼마나 강한가를 보면 이 두 금속의 힘이 놀랍도록 강하다는 것을 알 수 있습니다. 목적을 공유하는 다른 사람들과 상호작용할 때도 이와 같은 일이 일어날 수 있습니다. 다음은 시인인 D.H. 로렌스(1885~1930)의 글입니다.

물은 H2O,
수소 둘에 산소 하나
그러나 물을 만드는 데는 제3의 뭔가가 있습니다.
그게 무언지 아는 이는 없지만.6

우리가 시너지를 경험하는 기회 중 하나로 대화를 들 수 있습니다. 양측이 새로운 논거를 찾아보겠다는 용기와 의향을 가지고 서로에게 말하고 경청하다 보면, 새로운 가능성이 열리는 창조적 공간이 생깁니다. 만델라와 당시 남아프리카공화국의 대통령이었던 F.W. 드 클레르크 사이의 협상에서 바로 그런 일이 일어났습니다. 이 두 사람은 믿기 힘든 평화적 타결을 이룬 놀라운 업적으로 1993년에 공동으로 노벨 평화상을 받았습니다.

4: 창발

만델라와 드 클레르크의 대화가 인종차별 정권을 종식시키는 데 중심 역할을 했지만, 훨씬 더 큰 지지 세력이 없었다면 이러한 역사적 변화는 일어나지 않았을지도 모릅니다. 남아공 내부에서는 매일같이 변화를 위한 투쟁에 나서는 사람들이 목숨을 걸고 싸웠습니다. 세계 도처에서 수백만 명의 사람들이 불매운동과 시위에 합세해 지지자의 역할을 다했습니다. 별개의 활동 하나하나에만 초점을 맞추면, "그게 무슨 대수야?"라고 묵살하기 쉽습니다. 어떤 움직임이 갖는 힘을 알아보기 위해서는 "그것이 모이면 뭐가 되지?"라는 질문을 던질 필요가 있습니다. 그 자체로는 하찮게 보이는 행동이라도 다른 행동과 합쳐지고 상호작용을 하면 훨씬 큰 변화를 가져오기 때문입니다.

신문 사진을 예로 들어볼까요? 확대경으로 사진을 들여다보면 작은 점들이 모인 것처럼 보이지만, 약간 떨어져서 전체로서 보면 더 큰 모양이 눈에 들어옵니다. 이와 마찬가지로, 큰 변화도 개별적 행동과 선택이라는 무수히 작은 점들로부터 가시화됩니다. 작은 움직임들과 큰 변화

사이의 이러한 연관성 때문에 우리는 권력을 완전히 새로운 방식으로 이용할 수 있습니다. 각자의 개별적인 움직임은 그 자체만으로는 큰 영향을 미칠 수가 없습니다. 행위가 이루어지는 수준에서는 그 행위로 인한 잇점이 아직 가시화되지 않기 때문입니다.

그러나 비전, 가치, 목적 등을 공유하면, 그것들은 사람들을 통해 사람들 사이를 흘러서 돌아다닙니다. 넬슨 만델라는 많은 사람들이 가지고 있던 조국을 위한 비전을 이루겠노라고 깊이 다짐했습니다. 그 비전의 힘이 그를 통해 움직였고 다른 사람들에게로 전파되었습니다. 이런 유형의 권력은 감옥 안에 잡아두거나 제지할 수 없습니다. 그것은 마치 우리 내부를 환히 밝히고, 우리 주변의 사람들을 고무시키는 전기와 같습니다. 비전이 우리를 통해 움직일 때, 그것은 우리가 무슨 일을 하는가, 우리가 어떻게 지내는가, 우리가 무엇을 말하는가에 모두 나타나게 됩니다. 이 세 가지가 일사불란하게 되면 부분의 총합 그 이상의 전체가 만들어집니다. 1960년대 재판정에서 만델라가 자신을 변호하면서 한 다음의 말은, 그후 그가 한 행동을 보면 훨씬 더 많은 의미를 담고 있습니다.

나는 일생 동안 아프리카 인민을 위한 투쟁에 나 자신을 바쳤습니다. 나는 백인의 지배에 반대해서 싸웠고, 흑인의 지배에도 반대해서 싸웠습니다. 나는 모든 사람이 조화롭게 동등한 기회를 누리면서 함께 살아가는 민주주의와 자유로운 사회라는 이상을 키워 왔습니다. 그것은 내가 추구하고, 이루고 싶은 이상입니다. 그리고 그것은 필요하다면, 내게 죽음을 각오하게 만드는 이상이기도 합니다.[7]

5: 창발의 힘

동반형 권력이란 개념은 밖으로 드러나지 않는 깊이를 가지고 있습니다. 이제까지 우리는 네 가지 측면을 살펴보았습니다. 첫째, 우리가 도전적 문제에 관여하여 이에 잘 대처할 때, 우리 스스로에게서 생겨나는 내적 강점이라는 힘이 있다는 것입니다. 둘째, 다른 사람들과 협력하는 데서 나오는 힘이 있다는 것입니다. 셋째, 조그만 움직임이 가져다 주는 감지하기 어려운 힘이 있다는 것입니다. 이런 조그만 움직임의 영향은 약간 물러서서 큰 모습을 볼 때 비로소 분명해집니다. 마지막으로 우리가 우리 자신보다 더 큰 목적을 위해 행동할 때, 우리를 통해 움직이고 우리를 강하게 해주는 고무적인 비전이라는 강력한 힘이 있다는 것입니다. 이 모든 힘들은 시너지와 창발의 산물입니다. 이런 동반형 권력은 여러 요소들이 상호 작용하여 부분의 총합 그 이상의 전체를 이룰 때 생겨납니다.

원자나 분자에서 세포, 기관, 유기체에 이르기까지 모든 단계에서, 복합체인 전체가 등장하면 새로운 능력이 생겨납니다. 그리고 각 단계마다 전체는 부분을 통해 행위하고, 부분만 보아서는 상상할 수 없는 것을 해냅니다. 그렇다면 더 큰 복합적인 사회 체제를 만들기 위해서 일단의 사람들이 함께 한다면, 어떤 새로운 능력이 창발할까요?

현대의 선진 기술사회는 우리 선조들이 꿈도 꾸지 못한 기적을 이루었습니다. 달에 사람을 보냈고, DNA를 해독했고, 난치병을 치료했습니다. 문제는 이런 집단적 힘이 이 세상을 망치고 있다는 것입니다. 겉으로 보기에는 악의 없이 이루어지는 무수한 활동과 선택이지만, 이것들이 함께 작용하여 지구 역사상 여섯 번째 대멸종을 초래하고 있습니다.

새로운 눈으로 보면, 우리는 스스로의 작은 밀실 속에 있는 고립된 개인이 아니라 훨씬 더 큰 세상과 관련된 부분임을 알게 됩니다. 이런 넓은 시야를 가지기 위해 "나를 통해 무슨 일이 일어나고 있는가?"라는 질문을 던져 보세요. 우리의 습관, 선택, 행위의 결과 여섯 번째 대멸종이 우리를 통해 일어나고 있습니까? 우리가 어떻게 세상의 파국에 기여하고 있는가를 알면, 그것을 치유하는 방향으로 돌아서야 할 선택의 시점을 확인할 수 있습니다. 그리고 "어떻게 하면 대전환이 나를 통해 일어날 수 있을까?"라는 질문을 던지면, 새로운 이야기가 우리를 통해 흘러 다니게 됩니다. 이런 유형의 권력은 우리의 선택을 통해서, 우리가 말하고 행동하고 존재하는 그 무언가를 통해 생겨납니다.

6: 결과에 연연할 필요는 없습니다

창발이라는 개념은 우리를 자유롭게 합니다. 우리가 행한 행위의 결과에 연연할 필요가 없게 해주기 때문입니다. 많은 지구적 문제, 즉 기후 변화, 대규모 기아, 서식지 파괴 등은 너무 큰 문제라 그런 문제를 해결하겠다고 노력하는 일은 시간 낭비일 뿐이라고 생각하기 쉽습니다. 만약 우리가 개별적 행동이 가져올 긍정적인 결과에만 매달린다면, 가시적으로 영향을 미칠 수 없는 일은 회피하게 될 것입니다. 그러나 우리의 행위는 다양한 시너지를 통해 그 효과가 나타나기 때문에 실증적인 인과관계를 추적할 수 없습니다. 우리가 행하는 모든 행위는 우리가 볼 수 없는 곳까지 퍼져가는 영향력을 가지고 있습니다.

우리가 문제에 부닥치면, 뇌세포 하나로는 해결책이 나오지 않습니다. 사고 과정은 개별적인 뇌세포보다 높은 수준, 즉 뇌세포들을 통해 이루어집니다. 이처럼 우리가 개인으로 엉망진창인 이 세상을 고칠 방법은 없습니다. 전 지구적 수준에서 치유하고 회복하는 과정은 우리를 통해, 우리가 하는 무엇을 통해서 이룰 수 있습니다. 이것을 이루려면, 우리는 각자 맡은 역할을 해야 합니다. 바로 그 지점에서 동반형 권력이 작동합니다.

7: 구원의 손길, 은총

팀에 속한 모든 개인은 각자 혼자로도 훌륭할 수 있습니다. 하지만 개인적 성공이 아니라 팀의 성공으로 초점을 바꾸지 않으면, 그 훌륭함이 갖는 효과는 크게 줄어들 수밖에 없습니다. 사람들이 자기 자신을 같은 목적을 가진 집단의 일부로 느끼면, 연대의식이 그들을 통해 흐르고 중심적인 조직 원칙을 변하게 합니다. 그리고 판단 기준이 되는 질문이 '내가 뭘 얻을 수 있을까?'에서 '내가 뭘 줄 수 있을까?'로 바뀌게 됩니다.

우리는 생명과도 비슷한 연대의식을 키워갈 수가 있습니다. 자신의 역할을 찾아서 하겠다는 의향을 따르면, 우리는 혼자가 아니라 우리와 함께, 우리를 통해서 행동하는 더 큰 생명이라는 팀의 일부로서 행동하는 것처럼 느끼게 됩니다. 이 팀에는 다른 사람들도 들어와 있기 때문에 결정적인 순간에 믿을 만한 지원군이 나타날 수도 있습니다. 장애물이 앞에 있는지 우리가 모르는 경우에는 보이지 않은 구세주가 나타나 그 장애물을 치워 주기도 합니다.

또한 '내가 뭘 해줄 수 있을까?' 또는 '내가 뭘 줄 수 있을까?'와 같은 질문을 좇아가면, 때로는 전면에 나설 수도 있고 때로는 지원을 하는 지원군의 역할을 할 수도 있습니다. 어떤 경우든 저희는 저희 행위를 배후에서 지원하는 이런 추가적인 지지를 일종의 은총이라고 생각합니다. 저와 인터뷰한 내용에 근거하여 쓰여진 아래의 시는 〈집단지능연구소(Co-Intelligence Institute)〉의 설립자인 톰 애틀리가 운문으로 쓴 것으로, 생명으로부터 오는 은총을 잘 묘사하고 있습니다.

> 당신이 더 큰 무언가를 대신해 행동할 때,
> 그것이 당신을 통해 행동함을 느끼기 시작합니다.
> 당신보다 더 큰 힘으로
> 바로 은총입니다.
>
> 오늘 고립된 개인의 삶보다 더 큰 무언가를 위해
> 우리가 위험을 감수할 때,
> 다른 존재와 지구가 베푸는 은총을
> 받고 있음을 느낍니다.
> 우리가 함께하고 대신하는 그들은
> 우리가 가지고 있는 줄도 모르고 있던
> 힘과 설득력 그리고 지구력을

우리에게 주고 있습니다.

그저 우리는 생명망 속에서
서로가 서로를 지탱하고 있음을 알고 기억해야 합니다.
우리의 진정한 힘은 은총과 같은 선물입니다.
사실 다른 존재로 인한 것이기에.

우리가 동료 인간과 생물 종이 가진
지혜, 아름다움, 그리고 강점을 끌어낸다면,
우리는 어떤 상황에서든
필요한 용기와 지식을 얻게 될 것입니다.[8]

8: 동반형 권력의 행사

동반형 권력으로 통하는 데에는 다음의 세 가지 방법이 있습니다.

• 행동에 나서라는 부름에 귀 기울이고 그에 대한 대답을 선택하기
• 권력을 동사로서 이해하기
• 타인의 강점 끌어다 쓰기

[01] 행동에 나서라는 부름에 귀 기울이고 그 대답을 선택하기
어떤 문제에 대해 경각심을 느끼고 그에 대응하라는 내적 부름을 경

험할 때가 있을 것입니다. 그 부름에 대응하기로 결정하면, 그렇게 할 수 있는 역량이 생깁니다. 일단 첫 발을 내디디면, 우리의 대응 능력이 높아지는 상황을 경험하는 여정이 시작됩니다. 용기, 결단, 창의성 같은 강점들은 그것을 불러일으키는 도전에 잘 대처할 때 가장 잘 발현됩니다. 그리고 남들과 같은 대의명분을 가지면, 동지도 생겨납니다. 시너지가 생겨나는 것입니다. 그리고 우리가 우리보다 더 큰 대의명분을 위해 행동하면, 그 큰 공동체가 바로 우리를 통해 행동하게 됩니다.

우리가 행동을 하라는 부름을 경험하는 것에는 매우 다양한 방식이 있습니다. 때로는 우리가 추구하는 가치관과 어긋날 때, 그 불편함으로 우리는 행동에 나서게 됩니다. 우리가 양심이 부르고 표리부동하지 않고 나아갈 때, 더 많은 우리는 한 방향으로 나아가게 됩니다. 어떤 경우에는 우리의 부름이 오히려 강력한 호출이 되기도 합니다. 그러면 우리는 어떻게 해야 할지 확신이 들지 않더라도, 어딘가로 가서 뭔가를 하고 누군가를 만나지 않으면 안된다는 사실을 알게 됩니다.

우리가 자신을 고립된 개인으로만 생각한다면, 이러한 본능적인 부름은 순전히 개인적 입장으로 이해하게 됩니다. 그러나 우리 스스로를 더 큰 생명망의 일부로 인식하면, 우리는 다른 관점을 갖게 됩니다. 지구가 우리 안에서 우는 것을 세상에 대한 고통으로 경험하듯이, 지구가 우리 안에서 사고하는 것을 우리를 특정한 방향으로 끌고 가는 지침으로 경험하는 것입니다. 저희는 이를 '집단지능(co-intelligence)', 즉 이 세상과 더불어 생각하고 느끼는 능력이라고 보고 있습니다.

지구와 일체감을 갖는다는 것은 곧 지침이 되는 신호를 귀담아 듣고,

그 신호가 들리면 진지하게 받아들이는 것입니다. 호주의 열대우림 보호 활동가로 저희의 친구인 존 시드는 그런 내면의 지침을 귀담아 듣는 간단한 방식을 가르쳐줍니다. 그는 이것을 '가이아가 보낸 편지'라고 칭하는데, 행동에 나서라는 부름을 듣는 데 아주 효과적인 방법입니다.

🌿 **따라해 보세요 - 가이아가 보낸 편지**

지구가 말을 할 수 있다면 뭐라고 할까요? 지구가 우리를 통해 글을 쓴다고 상상하면, 그 해답을 얻는 데 한 발 더 다가갈 수 있습니다.

빈 종이에 스스로에게 보내는 편지를 써보세요.

"(본인 이름) 에게,

네 어머니인 가이아가 이 편지를 쓰고 있다. 다름이 아니라…"

자연스럽게 나오는 단어를 가지고 편지를 완성하세요. 너무 많이 생각하지 말고 손이 가는 대로 쓰세요. 단어가 스스로 흘러나오게 놔두세요. 시작할 때 다른 단어를 쓰고 싶다면 그렇게 해도 좋습니다.

[02] 권력을 동사로서 이해하기

권력에 대한 전통적 관점은 경쟁자보다 더 많은 것을 소유하는 데 근거를 두고 있습니다. 그러나 동반형 권력은 재산이나 소유물이 아닙니다. 이 권력은 우리가 '소유한' 것이 아니라 우리가 '하는' 것에서 생겨납니다. 이렇게 권력을 명사에서 동사로 보는 인식의 전환이 일어나면, 놀라운 능력이 생겨납니다. 여기 두 개의 문장을 완성하다 보면, 우리는 동사로서 권력을 탐구할 수가 있습니다.

🐑 **따라해 보세요 - 문장 완성하기**
자기 성찰이나 일상의 기록으로서, 혹은 둘이 짝이 되도록 다음 문장을 완성해 보세요.

1_ 나는 (   )을 함으로써, 스스로 역량을 강화시킨다.
2_ 나의 역량을 강화시키는 것은 (   )이다.

워크숍에서 이런 연습을 하면, 사람들은 자신의 역량을 강화시키는 것으로, 무엇이 중요한지 상기하게 됩니다. 참가자들은 '진짜 중요한 일을 한다', '감정을 느낀다', '규칙적으로 운동한다', '잘 먹는다', '잠을 충분히 잔다', '좋은 동료를 찾는다', '명상한다', '본인이나 다른 사람이 필요로 하는 것에 '신경을 쓴다', '웃는다', '춤을 춘다', '노래를 부른다' 등을 거론했습니다. 이 밖에도 그들은 흔히 고무적인 목적, 용기를 주고 지원해 주는 친구, 생명에 뿌리를 두고 있다는 느낌 등이 자기를 강하게 만들어준다고 답했습니다. 동사로서의 권력은 명사로서의 권력과는 전혀 다른 방향으로 우리를 인도합니다.

[03] 타인의 강점 끌어다 쓰기
우리의 역량을 강화하는 방법 중 하나로 다른 사람의 강점을 끌어다 쓰는 것이 있습니다. T.H. 화이트가 쓴 『아더왕의 검』에는 이에 관한 아주 기막힌 사례가 등장합니다. 다음은 아더왕이 소년 시절 멀린에게서 개인 교습을 받던 시절의 이야기입니다.

마법사 멀린은 아더왕의 가정교사로서 소년 아더에게 지혜를 가르쳤습니다. 소년을 여러 동물로 바꾸어, 짧은 기간 동안에 매, 개미, 기러기, 오소리, 궁정 해자에 사는 잉어 등의 삶을 경험하게 했던 것입니다. …

한편 전 잉글랜드의 새로운 왕을 선출할 때가 다가왔습니다. 돌에 박힌 검을 뽑는 사람이 새로운 왕이 될 예정이었습니다. 이 시험에 온 내로라하는 기사들이 모두 그 신비한 돌이 서 있는 교회 뜰로 모여, 그 돌에 박힌 검을 뽑으려고 온 힘을 다했습니다. 안간힘을 쓰며, 그들은 최고의 힘을 증명하려 했지만 소용이 없었습니다. 아무리 용을 써도 검은 꼼짝도 하지 않았습니다.

김샌 기사들이 본래의 창 시합을 하러 떠났을 때, 당시 10대에 불과한 아더왕이 남아 있다가 자신의 운을 시험하기 위해 돌 위로 올라갔습니다. 검의 손잡이를 잡고 온 힘을 다해 잡아당겼지만 끝내는 힘을 다하고 땀으로 목욕을 하다시피 했을 뿐이었습니다. 검은 요지부동이었습니다. 주위를 훑어보니, 교회 뜰 주위의 숲에서 예전에 그가 형상을 바꿔 살았던 동물들의 모습이 보였습니다. 오소리, 매, 개미 등이 거기에 있었습니다.

그는 그들에게 눈인사를 하고 그들 각자가 가지고 있는 힘을 다시 받아들였습니다. 근면함, 영리함, 재빠른 대담함, 집요함 등… 그는 자신이 그런 힘을 가지고 있음을 깨닫고, 다시 돌 위로 올라갔습니다. 그리고 가볍게 호흡을 한 뒤, 버터에서 칼을 뽑듯이 매끄럽게 검을 끄집어냈습니다.9

동료 의식, 소속감, 연계성에 의존하는 것은 마치 우리가 우리의 뿌리를 기억하는 것과 같다고 할 수 있습니다. 이것이 바로 우리가 의존하고, 우리를 통해 행동하는 더 큰 사회로부터 나오는 동반형 권력입니다.

워크숍에서 이 책의 공저자인 크리스는 가끔씩 사람들에게 뭔가 영향을 미친 일을 했던 때를 기억해 보라고 요구합니다. 대단한 일일 필요는 없고, 단지 그렇게 하지 않았다면 일어나지 않았을 뭔가 긍정적인 일이면 됩니다. 서너 그룹에게 서로 돌아가면서 자신들의 이야기를 하게 하고, 어떤 강점들이 자신의 역할을 하도록 도와줬는지를 확인하게 합니다. 이렇게 하고 나면, 사람들은 흔히 "이 강점을 이용하라고 선생님이 말하는 것을 들으면, 나 역시 같은 강점을 내 안에 가지고 있다는 것을 알게 됩니다."라고 말합니다. 우리는 이런 유형의 권력을 서로서로 알아볼 수 있습니다.

당신이 어려운 싸움을 할 때면, 아더왕의 검을 떠올려 보세요. 그 검을 빼내려고 노력하는 것을 생각해 보세요. 그리고 잠깐 멈추고, 당신을 고무했던 사람들을 기억해 보세요. 당신 주위에 있는 그들을 생각하고 그들의 강점에 의지해 보세요. 당신을 지원하고 믿어준 사람들을 생각하고, 그들로부터도 강점을 이끌어 내보세요. 당신이 누구를 위하고 무엇을 위해 행동하는지 생각해 보세요. 그리고 그들의 권력이 당신을 통해 행동하고 있음을 느껴 보세요.

-Chapter-
3

풍부한 공동체 경험

덴마크에는 두 왕의 만남에 관한 옛날 이야기가 전해 내려오고 있습니다. 한 왕이 자기가 사는 성의 꼭대기를 가리키며 "저 탑을 보세요. 나는 이 나라에서 어떤 신하라도 저 꼭대기에 올라가 뛰어내리라고 명령할 수 있습니다. 그런 것이 모든 사람을 복종시키는 저의 권력입니다."라고 말했습니다. 그러자 손님으로 간 왕은 주위를 훑어보더니 가까이 보이는 작고 허름한 민가를 가리키며 "저는 저런 집 방문을 두드리고 찾아갈 수 있고, 어디를 가든 환영을 받습니다. 제 권력은 그런 것이라 날밤을 새도 좋고, 잘 때도 아무 걱정이 없답니다."라고 대답했습니다.

앞의 왕이 지배형 권력을 누리고 있다면, 뒤의 왕은 동반형 권력을 즐기고 있는 것입니다. 우리가 동반자의 길을 걸으면, 새로운 관계가 나타나고, 그와 함께 풍부한 공동체 경험을 하게 됩니다. 이 장에서는 우리 삶을 풍부하게 만들고, 우리의 안전을 강화하고, 우리의 행동 기반을 더 안정적으로 만들어주는 자산으로서, 단체와 공동체에 관해 알아보겠습니다.

1: 외로움이라는 전염병

공동체는 특정 지역에 살거나, 직업, 활동, 종족 등의 배경이 같은 사람들을 나타내는 용어입니다. 그러나 현대의 도시 환경에서는, 같은 건물에 사는 사람조차도 서로 실질적인 관계를 맺지 않습니다. 정신과 의사인 M. 스콧 펙은 서구 사회에서 사회적 결속이 없다는 사실을 언급하면서 뉴욕의 한 아파트에서 자란 자신의 경험을 이렇게 묘사했습니다.

우리가 살던 아파트에는 22가구가 조촐하니 있었습니다. 나는 중앙 로비 건너편에 사는 가족의 성은 알고 있었지만, 그 집 아이들의 이름은 전혀 몰랐습니다. 17년간 살면서 딱 한 번 그 집에 가봤을 뿐입니다. 그 밖에 다른 두 가족은 이름을 아는 정도였고, 나머지 열여덟 가족과는 말도 걸어본 적이 없었습니다.[1]

너무 편하고 자급자족이 가능하면, 서로가 필요한 존재라는 생각을 못할 위험이 있습니다. 각자가 세탁기나 전자 오락 시설을 가지고 있고 먹을 것이 충분하다면, 이웃집 문을 두드릴 필요가 있을까요? 남의 도움이 필요해야 사람들은 서둘러 손을 뻗어 접촉을 합니다. 그런 이유 때문에 미국의 〈알코올 중독자 갱생회(Alcoholics Anonymous)〉와 같은 자력 갱생 집단은 공동체와 모임의 의미를 풍부하게 드러내 주고 있습니다. 고통스런 경험을 거치면서 이 모임 회원들은 "나는 못해도 우리는 한다."라는 격언이 진실이라는 것을 배웠습니다. 이렇듯 위기가 우리에게 다른 사람을 접촉하게 만들면, 그것은 전환점이 됩니다.

안전과 만족스런 삶이라는 우리의 욕구를 충족하려면 어디로 가야 할까요? 통상적 삶이라는 이야기에서 중심 줄거리는 경제적 성공을 통한 개인의 출세에 관한 것입니다. 그리고 더 많고, 더 좋은 물질을 얻어야 우리의 욕구를 채울 수 있다고 가정합니다. 이 이야기를 좇아가면, 사람들은 관계나 공동체가 아니라 각자 개인적 밀실에 시간과 자원을 투자하고 주의를 기울입니다.

예를 들면, 미국에서 아무도 믿을 사람이 없다는 사람의 비율이 지난 수십 년 동안 거의 3배가량 늘었습니다.[2] 평균적으로 과거 30년 전에 비해 물질적으로는 더 부유해졌지만, 현대의 미국인들에게는 친구를 방문하는 것도 친구들이 찾아오는 것도 더 뜸해지고 있습니다.[3] 잠긴 방문 뒤에는, 산업화된 세상에 널리 퍼지고 있는 외로움이라는 전염병이 자리하고 있습니다.

상호부조의 네트워크는 사실 많은 편익을 불러옵니다. 범죄율 감소, 사회적 신뢰 수준 향상, 자살율 감소, 심장 마비 위험 감소, 뇌졸중 감소, 우울증 감소 등이 그것입니다.[4] '사회적 자본'이라고 하는 이웃들 사이에 상호부조 관계의 네트워크는 우리 삶의 질을 높여주는 또 다른 형태의 자산입니다. 하지만 불행히도 개인주의와 소비문화가 창궐하는 추세 때문에 이 위대한 자산이 줄어들고 있습니다. 공동체의 붕괴는 곧 자기 파괴입니다. 더 많은 사람들이 개인의 사적인 세계로 물러난다면, 더 많은 이웃이 없어지고, 사람들은 점점 더 공동체에 관여하지 않게 되는 것입

니다.(상자 2-2 참조)

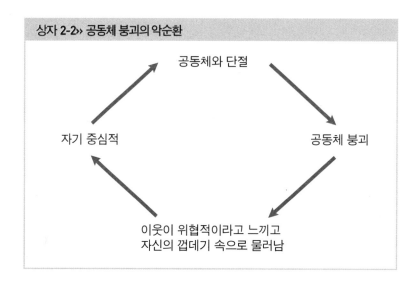

상자 2-2 » 공동체 붕괴의 악순환

공동체와 단절

자기 중심적

공동체 붕괴

이웃이 위협적이라고 느끼고
자신의 껍데기 속으로 물러남

2: 새로운 세상은 가능합니다

때때로 현대 사회에 퍼져 있는 고립과 상호 무관심을 쓸어버리는 사건
이 일어납니다. 레베카 솔닛은 『지옥에 세운 천국』이라는 저서에서 그
러한 경우를 다음과 같이 그리고 있습니다.

내가 노바 스코티아의 핼리팩스에 도착한 것은 2003년 10월, 엄청난 허리케
인이 그 도시를 할퀴고 간 직후였습니다. 나를 데리고 여기저기 보여줄 책임을
맡은 사람이 허리케인에 대해 내게 말해 주었습니다. 그는 시속 100마일 이상
의 풍속으로 나무, 지붕, 그리고 전봇대를 뽑아 버린 바람이나 거의 3미터 이상

되는 파도에 관한 이야기가 아니라, 바로 이웃들에 관한 이야기를 해주었습니다. 그는 모든 것이 엉망이 된 그 며칠에 대해 이야기를 해주었습니다. 그러면서도 그는 행복하고 밝은 표정이었습니다. 이웃에 사는 사람들은 집에서 나와 서로에게 말을 걸고, 서로서로 도우며, 임시로 마을 부엌을 만들어 식사를 제공하고, 노인들이 잘 있는지를 확인했습니다. 그들은 온종일 함께 있었고, 더 이상 낯선 사이가 아니었습니다.[5]

우리 인류가 위급한 상황에서 서로 뭉치고 남을 돕느라 자기의 목숨도 불사하는 경향을 보인다는 사실은 여러 기록에서 나타납니다. 재난에 대처하는 인간의 반응에 대한 연구에서, 솔닛은 어려운 국면에 그렇게 잘 대처하는 것이 많은 사람들이 생각하는 것보다 얼마나 더 일반적이고 만족스러운지를 묘사했습니다. 1989년 샌프란시스코 만 지역에서 일어난 지진과 그 이후 자신과 다른 사람들의 즐거운 참여활동을 언급하면서, 그녀는 이렇게 적고 있습니다.

일상생활의 단절로 인해 생긴, 이 순간에 대한 몰입감과 타인들과의 유대감은 행복감보다는 좀 더 엄숙하고 아주 긍정적인 감정입니다. 나는 이 감정을 표현할 수 있는 적당한 말을 찾지 못했습니다. 무서운 것에 싸인 신기한 것, 슬픔 속에 있는 기쁨, 공포 속에 있는 용기와 같은 이런 감정 말입니다. 재난이 오는 것은 환영할 일이 아니지만, 재난에 대한 우리의 대응은 – 실천적이고 심리적인 의미에서 – 존중할 만한 일입니다. … 재난이라는 특별한 창문을 통해 우리는 사회적 요구와 가능성을 볼 수 있기 때문입니다.[6]

음식이 항상 식탁에 오를 때는 살아남기 위해 창조성이나 집단지능을 사용할 필요가 없습니다. 그러나 재난이 닥치면 달라집니다. 위험이 가까워지면, 우리는 지혜와 협력하려는 성향이 발동되어, 새로운 수준의 활력과 일체감이 생겨납니다. 가게가 물에 잠기고, 사회 체제가 엉망일이 되면, 이웃의 도움이나 간이 식당의 식사가 지위나 돈보다 훨씬 더 안전을 보장해 줍니다. 우리가 서로 도우려고 손을 뻗으면 우리 삶은 더 의미 있고 만족스러워집니다. 우리는 혼자서는 번창할 수도 살아남을 수도 없음을 알게 됩니다. 헬레나 노르베지호지가 인도 북부 라다크 마을에서 본 것이 바로 그것입니다(110쪽 참조). 그들의 생존이 그들을 둘러싼 땅과 사람들에게 의존한다는 것을 알고, 그런 상호 의존이 그들 현실의 기초임을 몸소 체험하며 살아가고 있던 것 말입니다.

이런 상호 의존은 우리가 새로운 눈으로 볼 때 비로소 우리 시야에 들어옵니다. '자기만 잘나 성공한 사람'은 없습니다. 우리는 스스로 잘 되려고 자기 역할을 하지만, 다른 사람이나 세상에 의해 만들어지기도 합니다. 태풍이나 홍수, 지진 같은 일이 일어나 혼자 다할 수 있다는 환상이 깨질 때, 우리는 얼마나 서로를 필요로 하고, 얼마나 다른 사람뿐 아니라 더 큰 생명망에 의존하는지를 생각하게 됩니다. 언젠가, 누군가가 우리를 파편 속에서 구해준다고 생각할 때, 우리는 그 사람에게 특별한 존경심을 갖고 대하게 됩니다. 다른 생명체에 대해서도, 그들이 없다면 우리가 지금 살아남아 있지 못할 것이라고 생각할 때, 우리는 그들에게 특별한 존경심을 갖게 됩니다.

3: 친숙한 개인의 껍데기가 깨지기 시작했습니다

솔닛이나 다른 사람들이 묘사한 풍부한 공동체 경험을 접하기 위해 일부러 자연 재해가 일어나기를 기다릴 필요는 없습니다. 저희는 워크숍에서 사람들이 정기적으로 이런 경험을 하는 것을 봅니다. 참석자들은 이 세상의 파국에 슬픔과 두려움, 분노를 나타내면서, 우리 모두가 위험 지역에 살고 있다는 인식을 가집니다. 서로가 이 세상에 펼쳐지고 있는 비극에 대해 언급하는 것을 들으면서, 혼자서만 이런 사실을 알아채고 있는 게 아니라는 확신도 가지게 됩니다. 공동체는 이렇게 같은 관심을 보이고, 스스로 참여하여 대응하겠다는 의향을 공유하면 생겨납니다.

워크숍에서 저희는 '연찬(milling)'이라고 하는 연습을 자주 진행합니다. 참가자들은 방을 돌다가 갑자기 서서 두 사람이 짝을 이룹니다. 그러면 저희는 앞에 서 있는 짝꿍이 우리가 직면하는 파국의 희생자가 될 수도 있다는 사실을 생각해 보라고 합니다. 환경과 관련된 암이 발생하고, 핵 탄두가 아직도 발사 준비를 하고 있으며, 기후 관련 재해가 늘고 있는 마당에, 그런 가능성이 있다는 것 자체가 슬픈 현실입니다. 또한 저희는 참가자들에게 자기 짝꿍이 세상을 치유하는 데 중요한 기여를 할 가능성에 대해 생각해 보라고 합니다. 이 또한 현실성이 있기 때문입니다.

이런 과정을 거치면 일상의 베일을 걷고 우리가 직면한 진짜 위험을 볼 수 있게 됩니다. 통상적 삶이라는 껍데기가 잠시 사라지는 것입니다. 또한 이런 연습을 통해 우리 각자가 이 세상에 중심적인 기여를 할 수 있다는 것을 알게 됩니다. 우리의 행동이 결정적 영향을 미칠지, 아닐지는 알 수 없습니다. 그러나 이렇게 서로를 지원함으로써, 그럴 가능성을 더 크게 만들 수 있음을 우리는 알고 있습니다.

지금, 파국은 불공평하게 영향을 미치고 있습니다. 기후 관련 재해가 수백만 명의 삶을 망쳤지만, 자신의 가정은 아무 일도 없기 때문에 심각한 문제가 있다고 믿지 않는 사람이 더 많습니다.

이 세상의 파국이 진행됨에 따라, 그것을 피하기는 점점 더 어려워지고 있습니다. 불행한 사실은 문제를 함께 인식하고 있어도, 사람들이 상호부조의 공동체로 반드시 뭉치지는 않는다는 것입니다. 위험을 막연하게만 느낄 뿐 제대로 이해하지 않는다면, 사람들은 서로 불신하고 적대시하며 남에게 죄를 뒤집어 씌우게 됩니다. 재난이 닥치면, 사람들은 뭉칠 수도 있지만 서로 찢어질 수도 있고, 자신의 껍데기 밖으로 나올 수도 있지만 그 속으로 더 숨어 버릴 수도 있습니다.

우리가 권력을 어떻게 이해하는가에 따라 우리의 갈 길은 큰 영향을 받습니다. 더 많은 사람들과 국가들이 지배형 권력을 택할수록, 그만큼 그들은 힘에 의지해 우월적 지위를 유지하려 할 것입니다. 이런 관점을 택하면 이 세상은 우리 자신을 지키기 위해 싸워야 할 적들로 가득 찰 것입니다.

4: 네 단계의 공동체

Part2의 1장에서 언급했던 삼발라 전사의 예언은 대재앙의 시기를 자세히 묘사하고 있습니다. 그 시기는 우리가 직면하는 재난이 바로 우리의 관계, 습관, 우선순위 때문에 생겨날 때입니다. 샴발라 전사가 추구하는 것은 곧 이 세상을 황폐화시키는 마음속의 무기를 해체하는 일입니다.

무기라는 말은 군사 장비뿐 아니라 파괴적인 사고방식이나 행동 양식에도 적용됩니다. 인간을 나와 남으로 구분하는 사고 유형은 우리가 서로 힘을 합쳐 없애야만 합니다. 그러기 위해서 우리는 두 가지 도구를 사용해야 합니다. 자비심과 모든 생명과 하나임에 대한 통찰력이 바로 그것입니다. 이 도구들을 가지고 우리는 적을 만드는 사고를 쳐부수고 공동체를 만들어가야 하는 것입니다.

공동체는 서로 다른 단계를 가지고 있습니다. 각 단계를 지날수록 우리가 어디에 속하고, 누구로부터 받고, 누구를 위해 행동해야 하는가에 대한 우리의 생각은 넓어집니다. 이들 단계는 다음과 같습니다.

• 우리가 편하게 느끼는 집단
• 우리를 둘러싼 더 넓은 공동체(지역, 국가 등)
• 글로벌 인류 공동체
• 지구의 생명 공동체

각 단계마다 우리는 통찰력과 자비심을 써서, 이 세상을 분열시키고 서로를 적으로 돌리는 사고를 없앨 수 있습니다. 공동체를 만드는 것은 스스로를 강화시키는 과정입니다. 그러면 이 세상의 치유에 기여할 뿐만 아니라 우리 삶의 질도 높여주기 때문입니다. 덴마크 설화에 나오는 두 번째 왕처럼, 주위 사람들로부터 위협이 아니라 환영을 받을 때 우리는 밤에 단잠을 잘 수가 있습니다. 이들 공동체의 각 단계를 하나씩 살펴보겠습니다.

[01] 우리가 편하게 느끼는 집단

우리가 편하게 느끼는 집단은 작기 때문에, 서로 이름도 알고 관심도 같고 공통의 목적을 가집니다. 그렇다고 해서 그런 집단에서 편하게 느끼는 게 항상 곧바로 되는 것은 아닙니다. 신뢰를 쌓고 편한 느낌을 가지기까지 시간이 걸릴 수도 있습니다. 우리가 공통의 대의명분과 상호 지지라는 끈끈함을 느낄 때, 시너지를 만드는 강력한 여건은 만들어지게 됩니다.

이 단계의 공동체는 여러 모험담에도 등장합니다. 주인공을 둘러싼 작은 집단의 깊은 결의는 그들 사이에 특별한 충성심을 만들어 냅니다. 해리 포터 이야기에서 해리, 헤르미오네, 그리고 론 사이의 끈끈함은, 그들이 인식하는 엄중한 위험에 공동으로 대응하면서 만들어진 것입니다. 『반지의 제왕』에서 프로도는 임무를 완수하기 위해 '반지원정대'에 속한 친구들과 함께 행동합니다. 그리고 그의 친구들은 서로를 위한 만큼 강하고 오래 가는 동아리 의식을 형성합니다. 같은 목표를 향해 다른 사람들과 함께 할 때, 우리 삶에서도 똑같은 일이 일어날 수 있습니다.

우리가 편하게 느끼는 집단이, 놀랄만큼 개인적 변화를 통해 우리를 지지할 수도 있습니다. 우리는 자기 방어를 하지 않아도 될 정도로 안전하다고 느끼면 서로간에 오가는 마음이 변해, 서로에게 그리고 생명에게 마음을 더 열게 됩니다. 동료인 이안은 세상에 최대한 기여를 하는 회원들을 지지하기로 다짐한 집단에서 자신이 겪은 경험을 이렇게 이야기했습니다.

그냥 참여하거나 같이 참여한 사람들에게 배려해 주는 것만으로도 제가 기여할 수 있는 그런 곳을 마침내 찾았습니다. 서서히 저는 그 집단에서 제 목소리를 내기 시작했습니다. 저는 지지를 받고 있다고 느꼈습니다. 마치 제가 자라날 비옥한 땅을 찾은 느낌이었지요.

마법과도 같은 일이 이런 집단에서도 일어날 수 있습니다. 모임이 만들어지면 우리는 안정되고 성장을 합니다. 혼자 외치는 외로운 목소리는 상업적 현실의 끊임없는 방송 때문에 들리지 않고, 통상적 삶의 돌진에 휩쓸리기 쉽습니다. 모임 동아리는 새로운 이야기를 듣고 말하고 실천하는 공간을 만들어 줍니다. 우리의 관심사를 공유하고 새로운 대응을 싹 틔우는 안전한 공간을 제공함으로써, 이들 동아리는 대전환을 위한 온상이 됩니다.

새로운 눈으로 보는 것은 개인적 사건보다 훨씬 큰 이야기를 알아보는 것입니다. 그러면 더 관대하고 이해도가 넓은 새로운 유형의 대인관계 경제관이 만들어집니다. 즉, 누가 장사를 가장 잘 했는가 또는 누가 가장 높은 지위에 있는가와 같은 문제는, 우리가 함께 무엇을 이룰 수 있는가와 같은 문제에 비해 중요도가 떨어지게 됩니다. 대전환을 위해 집단으로 활동하면, 우리들은 우정도 깊어지고 친구들은 새로운 아름다움으로

빛이 납니다. 그런 집단들은 세상을 치유하고 변화시키려는 우리의 능력을 강력하게 지원해 줍니다. 다음은 인류학자인 마가렛 미드의 유명한 말입니다.

사려 깊고 뜻 있는 시민은 작은 집단이 세상을 바꿀 수 있다는 사실을 의심하지 않습니다. 이것이야말로 이제까지 있었던 최고의 일입니다.

우리는 지금 이런 집단이 필요하고, 앞으로는 더욱더 그들을 필요로 할 것입니다. 이 집단들은 우리가 상황 변화에 적응하고, 좌절을 극복하며, 역경에 처해도 힘을 찾게 해주는 복원력의 기초를 제공해 줍니다. 여건이 어려울 때, 주고받을 수 있는 믿음직스러운 동료를 주위에 가지고 있으면 큰 도움이 됩니다. 도리스 할머니라는 애칭으로 유명한 활동가 도리스 해독은 98살의 나이에 필라델피아에서, 이런 상호부조가 대공황 시기에 어떻게 자신의 경험을 바꾸었는지에 대해 이렇게 말했습니다.

가끔은 배가 고프긴 했지만 우리가 굶어 죽었습니까? 아닙니다. 바로 우리를 지탱해 준 친구, 가족 그리고 이 지구가 있었기 때문입니다. … 우리는 활력의 원천이었습니다. 우리는 이웃에게 우정의 샘물이었습니다. 하나의 국가로서 우리는 상호부조라는 막강한 강물이었습니다.[7]

우리가 편하게 느끼는 가까운 동아리가 바로 첫 단계의 공동체입니다. 서로 비슷하고 동일한 관점을 가진 사람끼리 공동체를 만드는 일은 쉽습니다. 그러나 이 세상을 황폐하게 만드는 무기를 해체하려면, 이보다 더 큰 공동체가 필요합니다. 비록 친근하고 성장해가는 공동체에서 시작하지만, 이것은 그저 시작에 불과합니다.

|02| 우리를 둘러싼 더 넓은 공동체

1958년 A.T. 아리야라트네 박사는 스리랑카의 한 고등학교 과학 교사였습니다. 그와 그의 학생들은 가난에 찌든 외딴 마을로 2주 동안 봉사활동을 갔습니다. 그들은 마을 사람들에게 당장 필요한 것들이 무엇인지 확인하고, 그것들을 충족시키기 위해 서로 협력하도록 했습니다. 함께 행동하고, 자신들이 갖고 있는 힘과 지식의 원천을 알아내는 과정을 거치면서, 마을 사람들은 강한 공동체 의식을 갖게 되었습니다. 이런 초기의 노력 덕분에 나중에는 공통의 필요를 충족하기 위해 협력하는 사람들에 근거한 운동이 출현하게 되었습니다. 산스크리트 말로 '협력을 통한 모두의 자각'을 뜻하는 〈사르보다야 쉬라마다나(Sarvodaya Shramadana)〉라고 하는 이 운동은 전 스리랑카 15,000개 마을로 퍼져나갔습니다.[8]

여기서 사르보다야는 동반형 권력이라는 협력 모델을 적용하고 있습니다. 모든 사람들이 각자의 역할을 하고, 누구나가 뭔가 제공할 것을 가지고 있다는 원칙에서 협력을 합니다. 아이들의 영양실조를 해결하기 위해 만들어진 마을 식당에서는 어린이를 포함해 모든 사람들이 뭔가 기여를 하게끔 합니다. 하다못해 불을 때기 위해 나뭇가지를 주워오라고 말입니다. 그렇게 시간과 아이디어, 그리고 정력을 바치면서 사람들은 자신의 능력을 존중하게 되고, 공동체 의식을 심화시켜 갑니다.

어떤 마을에 15년 이상 수리를 못하고 있던 저수지가 있었습니다. 마을 사람들은 도움을 요구하며 지방 당국과 교신한 두꺼운 서류 파일을 쌓아 놓고 있었습니다. 이 문제를 해결하기 위해 사르보다야는 그 지역과 외부에서 온 자원봉사자들로 봉사단을 조직했습니다. 그러자 단 하루 만에 저수지 수리가 끝이 났고, 그날 밤 열린 준공식에서 서류 파일들은 불태워졌습니다.

사르보다야는 우리 사회의 문제가 보통 사람들이 해결하기에는 역량 밖이라는 견해에 이의를 제기합니다. 함께 행동함으로써, 우리는 예전에는 불가능하게 보였던 것을 가능으로 만들어 냅니다. 공동의 이익을 위한 협력은 매우 큰 만족을 주기도 합니다. 바로 '일'을 '사회적 행사'로 바꿔주기 때문입니다. 이런 원칙은 18~19세기 북미에서 일상적으로 있었던 곡식 창고를 세울 때 커다란 효과를 보았습니다. 이것은 오늘날에도 세계 도처에서 많은 공동체 건설 프로젝트에 적용되고 있습니다. 공동체의 복원력을 다루는 글로벌 이니셔티브인 〈전환 운동(the Transition movement)〉이 그 좋은 사례라 하겠습니다.

석유가 점점 더 귀해지고 유가가 올라가면서, 불황이 계속되고 실업과 금융 위기가 심화되고 있습니다. 결국 에너지 기근을 맞게 되고, 이 산업화된 경제는 붕괴의 위협을 맞게 될 것입니다. 만약 우리가 기본적 욕구를 충족할 대안 체제를 확보하지 않으면, 사회는 분열되어 음식과 자원을 두고 서로 아귀다툼을 벌일 것입니다. 〈전환 운동〉은 이렇게 석유 시대가 끝나더라도 작동할 수 있는 강하고 복원력 있는 공동체를 개발하는 데 주안점을 두고 있습니다. 세계 도처에 많은 공동체들은 석유 의존으로부터 전환을 이미 시작했고, 상호부조의 르네상스 시대를 맞고 있습니다.

〈전환 운동〉의 미국 지부가 발간한 무료 책자를 보면, 공동체를 만들고 에너지를 아끼는 간단한 솔선수범 사례가 몇 가지 소개되어 있습니다.9 그중 하나로 '걸어가는 등굣길(walking school bus)'이 있습니다. 한두 명의 어른이 여러 아이들을 모아서 함께 학교로 걸어가는 것입니다. 두세 가족이 번갈아 가는 비공식적인 방식일 수도 있고, 훈련된 자원봉사자가 예정된 길목을 때맞춰 지나가는 좀 더 조직화된 방식일 수도 있습니다.

다른 사례로는 〈영속농업특공대(permablitz, 영속농업을 뜻하는 permaculture와 기습공격을 뜻하는 blitz를 합친 신조어로, 여러 사람이 하루 모여 생태 텃밭을 가꾸거나 재능을 공유하는 비공식 모임 – 역자주)〉를 들 수 있습니다. 그들은 여러 사람이 모여 서로의 정원을 텃밭으로 만들어 먹을 것을 기릅니다. 이를 통해 서로 갖고 있는 재주를 함께 나누고, 친구도 사귀며, 서로 즐거워하며 힘든 일도 해치웁니다.

하나하나를 별개로 보면, 이러한 계획들은 제한된 영향력밖에 못 가진 것처럼 보일지도 모릅니다. 그러나 그것들이 전부 모이면 무엇이 될지, 또 그들의 지향점이 어디인지를 생각하면 그들이 가진 힘이 드러납니다. 정원을 파서 텃밭으로 바꾸고 곡물 창고를 세우고 사람들이 서로 돕는 행동에 힘을 합칠 때마다, 새로운 유형의 세상을 만드는 데 기여하고 있는 것입니다. 대전환이란 곧 우리 문화를 바꾸는 일이고, 이는 곧 우리 이웃을 바꾼다는 의미이기도 합니다.

[03] 글로벌 인류 공동체

마틴 루터 킹(1929~1968) 목사는 앨라배마 주 버밍햄에서 있었던 비폭력 민권 집회에 참가했다는 이유로 1963년에 체포되었습니다. 감옥의 독방에서 그는 시위와 '제3자 개입'을 비판하는 주장에 대한 대응으로 다음과 같은 유명한 편지를 썼습니다.

나는 모든 공동체와 주정부의 상호연관성을 잘 인식하고 있습니다. 나는 버밍햄에서 일어나고 있는 일에 대해 애틀랜타에서 팔짱을 끼고 앉아 모른 체할 수 없습니다. 한 지역의 부정은 모든 지역의 정의에 대한 위협입니다. 우리는 상호의존이라는 피할 수 없는 그물에 빠져, 공동 운명체로 묶여 있습니다. 한 사람에게 직접적으로 영향을 미치는 것은 간접적으로는 모두에게 영향을 미칩니다.*10*

자기 집안에서 일어나는 문제에만 관심을 가져야 한다는 믿음 때문에 '제3자 개입'은 비판을 받았습니다. 그러나 킹 목사는 이런 가정을 거부했습니다. 사람들을 걱정하고 그들을 위한 행동을 한다고 해서, 굳이 그 사람들과 지리적으로 가까이에 살아야 할 필요는 없습니다. 공동체를 확장시키는 것은 삼발라 전사의 두 가지 도구, 즉 자비심과 하나임에 대한 통찰력에 기반한 연대입니다. 하지만 거리가 문제가 되긴 합니다. 어린이들이 바로 우리 집 앞에서 굶고 있는데 그걸 모른 체한다면 제 정신이 아닐 것입니다. 그러나 먹을 것이 없어서 전 세계에서 1분에 다섯 살

이하의 어린이 10명이 죽어가고 있습니다.[11]

이처럼 깊게 분열된 세상의 현실을 더 가까이서 보여주기 위해, 환경 과학자인 도넬라 매도우즈는 세계 인구 분포를 반영했을 때 천 명이 사는 마을은 그 상태가 어떨까를 계산해 보았습니다.[12] 최고 부유층 200명이 마을 수입의 3/4을 차지하는 데 반해, 가장 가난한 200명은 고작 2퍼센트만을 받습니다. 마을 사람 1/3은 안전하게 마실 물이 없고, 성인 670명의 절반이 문맹입니다. 매년 28명이 태어나고 10명이 죽는데, 죽는 열 사람 중 한 명이 암이고, 세 명은 먹을 것이나 마실 물이 없어서 죽어갑니다. 결혼한 부부의 절반만이 현대적인 피임 기구를 사용합니다.

2005년 이 『마을 상황 보고서』가 개정되었습니다. 그러나 15년 전 제1판에 묘사된 충격적인 불평등은 전혀 개선되지 않았습니다.[13] 세계라는 우리 마을은 Part1의 1장에서 살펴본 것처럼 과열과 붕괴의 전형을 마주하고 있습니다. 보충되는 것보다 더 빨리 물을 빼서 써버리기 때문에 마을의 샘이 말라가고 있습니다. 과다하게 농사를 짓고 표토가 침식으로 유실되기 때문에, 생산이 가능한 농지 면적이 줄어들고 있습니다. 물고기 남획으로 한때는 풍부했던 어족 자원이 사라지거나 급격히 줄고 있습니다. 이처럼 기후변화를 감안하지 않더라도 우리는 파국으로 치닫고 있다는 것을 쉽게 알 수 있습니다.

우리가 이 마을에 살고 있다면, 우리가 어디로 가는지 알겠습니까? 우리가 마주하고 있는 문제를 해결하기 위해 똘똘 뭉치겠습니까? 불행히도 현재 상황에 반영되어 있듯이, 마을은 서로 경쟁하는 집단들로 각각 나뉠 것입니다. 마을이 가지고 있는 부의 많은 부분은, 마을의 부자들이 - 그들 중 일부는 자기들끼리도 반목하지만 - 자원을 자기 손아귀에 넣기 위한 군사 작전에 쓰일 것입니다. 이들 자원이 바닥나면, 남은 비축물을 둘러싸고 전쟁이 벌어질 것입니다.

덴마크의 두 왕에 대한 전설로 돌아가 생각해 보면, 젊은이들을 죽음과 편 가르기의 전쟁터로 내보내는 것은 요새화된 높은 탑에서 뛰어내리라고 명령하는 것과 다를 바 없다는 것을 알게 됩니다. 이와 대조적으로 대전환은 사람들이 밤에 아무 걱정 없이 잘 수 있는 일종의 글로벌 공동체를 창조하는 것에 관한 것입니다.

헬레나 노르베지호지는 1975년 라다크를 처음 방문했을 때, 마을 사람이 "여기선 아무도 가난하지 않아요."라고 말하는 것을 들었습니다.[14] 헬레나는 모든 사람들의 기본적인 욕구가 잘 충족되고 있는 것으로 보았습니다. 그렇다고 대단한 부자도 없었습니다. 적어도 물질적인 의미에서는 말입니다. 하지만 사회적 자본이란 관점에서 라다크 사람들은 그녀가 그때까지 본 가장 부유하고 가장 행복한 사람들이었습니다. 그들은 수확을 하면서 함께 노래를 불렀습니다. 그들의 천하태평에 누구나 쉽게 물들었습니다. 마을 사람들은 계속해서 "우리는 더불어 살아야 해."라고 말했습니다.[15] 분쟁이 일어나면 그들은 이 말을 염불처럼 반복했고 해결 방법을 찾을 것이었습니다. 만약 우리도 그와 같은 염불을 외운다면 어떻게 될까요?

우리는 서로 다른 두 유형의 부 가운데 선택을 할 수 있습니다. 기본적으로 필요한 것 이상으로 물질적 부를 추구하는 길을 택하면 우리는 서로를 적대시하게 됩니다. 한 나라가 자원에 대한 욕구를 키울수록, 전쟁이 일어날 가능성은 그만큼 커지고, 노천광산을 위해 숲을 파괴하거나 심해 유전을 파기 위해 해양 서식지를 망가뜨릴 가능성도 그만큼 커지게 됩니다. 두 번째 유형의 부는 우리가 새로운 눈으로 보는 것입니다. 즉, 상호 일체의 공동체가 바로 그것입니다.

[04] 지구의 생명 공동체

강을 사랑했기에 알리 하워드는 28일간 610여 킬로미터를 헤엄쳐 갔습니다.[16] 캐나다에 있는 스키나 강의 풍부한 생태계가 강 상류에 1,000개의 가스정을 파겠다는 쉘의 계획으로 위협받고 있었기 때문입니다. 석탄층 안에 소규모로 분산된 가스층이 매장되어 있기 때문에, 가스 채굴 과정에서 고압의 물과 화학물질이 지하로 분사될 것이 뻔했습니다. 그러면 오염된 침니(모래보다 잘고 진흙보다는 거친 침적토 – 역자주)가 지류로 흘러들어 스키나 강뿐 아니라 가까운 내스 강이나 스티킨 강의 연어 산란지를 위협할 게 뻔했습니다. 이런 가스정이 가져올 파괴에 주의를 환기시키기 위해 알리는 스키나 강 전체를 헤엄쳐 갔습니다. 그녀가 헤엄치는 길목마다 강가에 사는 사람들이 나와 그녀를 환영했고, 새로 결성된 강 유역 지킴이에 동참했습니다.

공동체에는 인간들만 있는 게 아닙니다. 우리가 속한 것, 우리가 그 일부인 전체, 우리가 동일시하는 것, 우리가 위하고자 하는 모든 것이 여기에 포함됩니다. 알리 하워드에게 공동체란 스키나 강과 그 강 유역에 사는 식물, 동물, 인간 등 다양한 생태계 모두를 포함합니다. 우리가 공동체를 지지하면, 그것은 마치 공동체가 우리를 통해 행동하고 말하면서 우리를 대변인으로 삼는 것과도 같습니다. 알리는 스키나 강이 자신을 통해 발언하도록 하는 대변자가 된 것입니다.

자연계를 대변하는 이러한 역할은 매우 중요합니다. 우리가 아니면 누가 하겠습니까? 누군가가 연어, 강, 야생 공간, 그리고 기타 모든 생명체를 대변하지 않는다면, 어떻게 이 세상을 황무지로 만들어가는 무자비한 단기적 이윤 추구를 멈출 수 있겠습니까? 우리의 생존은 위험에 처해 있습니다. 생태계가 어떻게 인간에게 유리한 조건을 유지하기 위해 함께 협력하는가를 우리는 이제 갓 깨닫기 시작했을 뿐입니다. 가이아 이론의 지도적인 과학자인 제임스 러브록은 이렇게 말합니다.

"농장과 도시 밖에 있는 자연 세계는 장식용으로 거기 있는 게 아니라 지구의 화학 반응과 기후를 조절하는 역할을 합니다. 그리고 생태계는 가이아의 기관으로서 우리 지구가 생명이 살아갈 수 있도록 유지시켜 줍니다."[17]

우리가 모든 생명과 상호 의존하고 있다는 인식은 많은 원주민 문화의 지혜에서도 발견됩니다. 모호크족의 추수감사절 기도문에도 나오듯이, "우리는 서로간에 그리고 모든 살아 있는 것들과 조화롭고 화목하게 살 의무를 부여받았습니다."[18] 이 의무는 상호 연결된 생태계의 망이 없으면 우리 생명도 없다는 인식에 기반을 두고 있습니다.

그런데도 우리 인간은 마치 자연과 전쟁이라도 하듯이 전 생태계를 파괴하고 모든 종을 멸종으로 몰아가고 있습니다. 〈국제자연보호연맹 (International Union for the Conservation of Nature, IUCN)〉은 2009년 검토한 생물 종

가운데 17,921개 종이 심각한 멸종 위기에 처해 있는 것으로 판단했습니다.[19] 이런 종들이 사라지면 어떤 결과가 올지 우리는 모르지만, 활동가이자 작가인 두안 엘긴은 다음과 같이 은유적으로 이를 나타내고 있습니다.

다른 종의 멸종은 비행 중인 비행기의 날개에서 대갈못들이 튕겨져 나오는 것에 비유할 수 있습니다. 얼마나 많은 못들이 빠져야 비행기가 아주 산산이 부서져 추락할까요? 얼마나 많은 생물 종이 사라져야 생명망의 완전성이 손상되는 임계점을 넘어가게 될까요? 마치 너무 많은 못이 빠져서 해체되는 비행기처럼 말입니다.[20]

라다크 사람들은 "우리는 더불어 살아야 합니다."라고 말했습니다. 현대의 생물학자들은 여기에 "그렇지 않으면 우리는 전혀 살아갈 수 없습니다."라는 구절을 메시지로 추가합니다. 멸종을 막으려면 우리는 이 세상과 평화를 선언해야 합니다. 그 평화가 뿌리를 내리고 자라기 위해서는 능동적인 화해와 공동체의 건설이 필요합니다.

1980년대 중반 저와 존 시드는 다른 형태의 생명체와 절실한 관계를 강화하는 집단 과정을 개발했습니다. '전 생명 의회(Council of All Beings)'라고 하는 것으로, 우리는 인간이라는 입장에서 벗어나 다른 형태의 생명을 대신해 발언하라는 요구를 받습니다.[21] 그것은 동물일 수도 있고, 식물 또는 환경의 일부, 즉 수달, 개미, 삼나무, 산일 수도 있습니다. 이 세상의 여건에 대해 보고하기 위해 협의회에 모인 생명체의 모임에서 우리는 여러 형태의 생명들을 대변하게 됩니다. 일단 우리는 이를 즉석에서 만든 단체 드라마로 생각하고, 상대방의 눈을 통해 바라봄으로써 공감대를 형성합니다. 또한 이것은 영적인 과정, 즉 이 세상의 다른 부분이 우리를 통해 발언하게 하는 의식의 전환을 요구하는 의식으로 접근할 수도 있습니다. 이를 통해 어느 경우든 우리는 평소에 쓰던 렌즈를 벗고, 다른 존재의 필요와 권리에 대해서도 민감해지는 관점을 취하게 됩니다.

준비 과정에서 우리는 대변할 생명체에 의해 '선택 받는' 시간을 가집니다. 그리고 침묵 속에서 탈을 만듭니다. 지정된 시각에 북이 울리면, 우리는 원을 그리면서 각 생명체가 돌아가며 발언하는 것을 듣습니다. 이렇게 우리가 다른 생명체를 대신해 발언을 하면, 그와 우리의 관계에는 변화가 일어납니다. 우리가 개미나 빙산을 대신하여 발언하면, 그들의 경험을 보고할 때 상상력이 생겨나 더 이상 그들이 낯설지 않게 됩니다. 이 때 그들이 인간의 활동으로 인해 얼마나 영향을 받았는지에 대해 깊은 공감이 생겨납니다. 아울러 그들과 연대감이 생기고, 그들이 잘 되기를 바라는 마음도 생겨나게 됩니다.

아더왕이 멀린이 보내서 시간을 함께 보낸 여러 생명체들의 강점에 의지했듯이, 우리도 대변하는 존재들을 지지의 원천으로 삼을 수 있습니다. 크리스는 자신에게 이런 일이 있었던 때를 다음과 같이 말합니다.

제가 어려움을 겪고 있을 때였습니다. 나무 옆에 앉아 있다가 위를 쳐다보는데 짙은 싹이 나고 있는 게 눈에 띄었습니다. 그것은 물푸레나무였습니다. 저는 물푸레나무가 되었고, 오랜 친구와 다시 만난 듯한 느낌을 가졌습니다. 아래를 내려다보니, 담쟁이덩굴이 보였습니다. 저는 다음 번 '전 생명 의회'에서는 담쟁이덩굴이 되었습니다. 저는 이 두 식물이 저를 지지하는 것을 느꼈습니다. 저는 그들과 관계를 맺었고, 그들 때문에 위안을 받았습니다. '전 생명 의회'에서의 경험은 제가 대변했던 생명체와의 관계에 엄청난 영향을 미쳤습니다. 그들은 제 삶에 매우 중요한 협력자가 되었습니다. 저도 그들에게 협력자가 되고 싶습니다.

이것이 4단계의 공동체로서, 이 세상이 우리를 환영하고 지지한다는 것을 느끼는 단계입니다. 더 큰 팀의 일원이라는 느낌은 아무리 어려움이 닥쳐도 우리에게 이정표를 제시하고, 우리를 안정시켜 줍니다. 이런 '공동체 정신'을 가질 때, 우리는 생명과 영적 교감이 한층 높아지는 걸 느끼게 됩니다.

-Chapter-

4

긴 안목으로 보는 시간

역사상 최대의 사기 사건으로, 버나드 매도프는 200억 달러 이상을 피해자들로부터 편취했습니다. 수년 동안 그는 투자금에서 돈을 빼돌려 고객들에게 이익금을 지불하는 방식으로 돈이 되는 사업이라는 환상을 심어주었습니다. 장기적으로 보면, 이런 식의 폰지(피라미드 금융 사기 - 역자주) 방식은 망하게 되어 있습니다. 투자금이 바닥나면, 조만간 사람들에게 돌려줄 돈이 남지 않게 됩니다. 그러나 그 시점이 되어 사기가 들통날 때까지는 상당히 좋은 돈벌이처럼 보입니다.

매도프의 행위는 불법이지만, 사람들이 의존하는 자원을 약탈하여 쉽게 돈을 버는 관행은 불법이 아닙니다. 주류 경제학에서는 이런 단기적 이윤 추구를 돈벌이가 되는 사업이라고까지 말합니다. 후세들에게 필연적으로 비극을 만드는데도 말입니다. 문제는 단기적으로 비용이 드러날 때에만 이를 계산에 넣는다는 점입니다. 수산업 분야에서 일어나는 안

타까운 이야기가 그 좋은 사례입니다.

수백 년 동안, 뉴펀들랜드 해안에서는 대구가 잘 잡혀 수산업이 번창했습니다. 1960년대 이후 어군 탐지기, 냉장 시설, 대용량 어망 등으로 무장한 대형 선박이 투입되면서 어획량은 급속히 늘어났습니다. 이에 대한 대가로 당시에는 계산되지 않았지만, 대서양 서북 연안에서 대구의 개체 수가 거의 완전히 사라져 버렸습니다. (상자 2-3 참조. 지난 150년간 뉴펀들랜드 동부 해안 연간 대구 어획량을 알 수 있음.)[1] 이와 같은 기업형 수산업 때문에 전 세계 어족 자원이 광범위하게 사라졌습니다. 대서양에서 참치와 가오리처럼 한때는 흔했던 어류가 지금은 멸종 위기에 있습니다. 현재의 추세가 계속된다면 금세기 중반쯤 상업적인 바다 수산업은 끝장날 것이라고 과학자들은 예고하고 있습니다.[2]

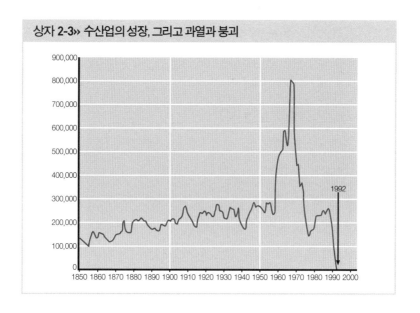

상자 2-3» 수산업의 성장, 그리고 과열과 붕괴

〈미국연방준비제도이사회〉의 전임 의장이었던 앨런 그린스펀은 장
래의 비용을 무시하는 단기적 사고를 '저평가된 위험(under-pricing risk)'이
라고 말하고, 이를 금융 위기의 근본적 원인이라고 지적했습니다.[3] 그의
말에 따르면, 장기적 위험에 눈을 감는 것은 인간 본성의 특징이고, 따라
서 우리는 동일한 실수를 반복하게 되어 있다는 것입니다. 하지만 그것
이 정말 인간의 본성일까요? 아니면 불행히도 이제는 산업화된 사회에
서 주류가 되어 버렸지만, 시간을 단기적으로만 인식하는 그 독특함이
가져온 결과일까요?

호디노소니족은 중요한 결정을 내리는 회의에서 만나면, 항상 "이 결
정이 7대 후손에게는 어떤 영향을 미칠까요?"라고 질문합니다. 이 장에
서는 '우리가 어떻게 하면 시간을 긴 안목으로 보며 살아갈 수 있을까?'
라는 문제를 다룹니다. 이제부터 '지질학적 시간(deep time)'이라는 개념을
알아보고, 그것이 어떻게 생태학적 지능을 키워주고, 힘, 영감 그리고 지
지를 가져다 주는 새로운 원천을 만들어 내는지 살펴보겠습니다.

1: 가족의 안목으로 보는 시간

1379년 옥스퍼드 대학교에 성모 마리아 대학을 처음 세울 때, 대식당
의 지붕을 받치는 데에는 엄청나게 큰 참나무 목재가 사용되었습니다.
그리고 지붕을 수리할 때에 대비해 대학의 삼림 담당자는 대학 구내에
참나무 숲을 조성했습니다. 기둥은 대략 너비 61cm, 길이 14m로 이 정도
로 나무가 크려면 수백 년이 걸릴 터였습니다. 이 삼림 담당자는 수백 년

을 앞서 생각했던 것입니다.

영국의 요크 민스터 성당은 250년 이상 걸려 지어졌고, 캄보디아의 앙코르와트 사원은 400년 이상 걸려 지어졌습니다. 스톤헨지의 신석기 거석 구조물은 돌 하나의 무게가 4톤이고 386킬로미터 이상 떨어진 곳에서 옮겨온 것을 감안하면, 1,500년 이상 걸려 완성되었을 것으로 짐작됩니다. 이런 일을 한 장인들, 건축가들, 설계자들은 자신들이 몸 바쳐 하는 일이 생전에, 아니 자기 자식들의 생전에도 끝나지 않을 것이라는 사실을 받아들이고 있었던 것입니다.

이와 비슷한 예로, 대부분의 사람들이 가족에 대해 생각하는 방식에서도 시간을 길게 보는 관점이 드러납니다. 가족이 시간을 거슬러 확장되어 혈통, 조상, 가계도 등이 전 세계적으로 중시되고 있습니다. 가족의 뿌리를 돌아보면, 역사상 어느 시점에서든 부모, 형제, 자매, 조부모, 당숙, 당숙모, 조카, 아들딸, 그리고 손주라는 친숙한 무리가 존재합니다. 시간이 흐르면서 개인은 태어나 각자 할 일을 하고, 새로운 역할을 맡다가 죽게 됩니다. 그러나 가족이라는 큰 체계는 계속 살아남습니다.

우리 자신을 이러한 가족 체계의 일부로 보면, 우리는 수 세기에 걸쳐 이어지는 이야기 속에 자리를 잡게 됩니다. 이처럼 확장된 가족이 그 구성원의 행위를 통해 계속 살아남듯이, 역사상 각 시기마다 후손을 배려해야 할 동기는 똑같이 있습니다. 두 아이의 아버지인 하미쉬는 가족의 관점에서 경험했던 시간을 이렇게 묘사하고 있습니다.

나는 키가 183센티미터,

수 미터 넓고, 수백 년 이어지는 가족의 일부입니다.

가족은 후손으로도 확장됩니다. 우리에게는 뿌리만이 아니라 아직 자라나고 있는 새싹들과 가지들도 있습니다. 우리 자신을 가족의 일부로 보는 것이 우리 정체성의 중요한 측면이라면, 과연 얼마 동안 우리 가족이 지속되면 좋을까요? 다음 세대가 우리에게 소중하다면, 그들에게서 나온 자식도 똑같이 소중할 것이고, 그렇다면 그들의 자손들, 그 자손들의 자손은 어떻겠습니까? 어떤 선을 정해 놓고, 그 이후로는 내 가족이 아니라고 할 특별한 시점이 있는 걸까요?

이런 의문이 말도 안 되는 것처럼 들릴지 모르지만, 불행히도 기업이나 정부의 의사 결정이 정해 놓은 선은 놀라우리만치 단기적입니다. 어떤 시점을 넘어서면 결과를 설명하지 않거나 아예 고려조차 하지 않습니다. 정부의 많은 계획은 그저 수년의 기간을 염두에 두고 이루어집니다. 장기적인 고려라고 해도 수십 년을 넘지 못합니다. 오전과 오후의 가격 차이가 이익이나 손실로 이어지는 금융기관에서는 앞으로 다가올 몇 달도 너무 먼 앞날이라며 고려할 가치가 없다고 여깁니다. 이처럼 극단적인 단기적 사고는 비교적 최근의 현상으로, 가속적인 시간 경험과 관련이 있습니다.

2: 가속적으로 빨라지는 시간

농경사회에서 1년의 리듬은 계절로 계산됩니다. 시계가 나오기 전에는 하늘에 떠 있는 태양을 보고 하루의 시간을 가늠했습니다. 이런 자연의 순환을 백만 분의 일초 단위로 계산하는 현대 기술의 시간 간격과 비교해 보십시오. 삶은 역사상 유래가 없던 방식의 달리기 경주가 되었습니다.

경제가 얼마나 빨리 성장하는가라는 관점에서 목표를 설정하고 성공 여부를 판단하는 경제 체제가 이런 조급함을 더욱 부추기고 있습니다. 1년 동안 경제가 성장하려면, 동일한 시간 내에 더 많은 욕구를 충족해야만 합니다. 이것은 곧 매년 경제가 성장하기를 원한다면, 끊임없이 우리의 활동 속도를 높여가야 한다는 뜻입니다.

오늘날에는 컴퓨터 기술로 인해 기업이 얼마나 빨리 성장하는가를 측정하여 방대한 수치를 다른 기업과 즉석에서 비교할 수 있게 되었습니다. 기업의 주식을 사고파는 과정이 빨라진 것입니다. 1998년에는 주식 보유 기간이 평균 2년이었습니다. 자동 거래를 지원하는 소프트웨어 사용이 늘면서 이제는 주식을 며칠, 몇 주, 몇 달만 보유하는 것이 가능해졌습니다.[4]

이런 주식 매매는 대개 투자 회사나 펀드 회사가 하고 있습니다. 펀드 매니저의 보너스는 펀드가 얼마나 빨리 성장하는가와 연계되어 있습니다. 그렇기 때문에, 그들은 단기 수익을 극대화하기 위해 자기들의 주주 영향력을 점점 더 행사하게 됩니다. 직원을 해고하거나, 비정규직이나 값싼 해외 노동에 의존하거나, 유지 보수를 게을리하는 방법 등을 통해서 기업은 비용을 줄입니다. 수익을 늘리라는 압박에 항상 시달리다 보니 종업원들은 점점 더 몰리고 있다는 느낌을 갖게 됩니다. 세계 유수의 사모펀드 회사에 소속된 자산 운용 파트너는 이것을 변호하면서 다음과 같이 주장했습니다.

우리가 대화하는 많은 상장 기업들은 규제 관련 이슈, 사회적 책임, 기업지배 구조 같은 데에 너무 많은 시간을 쓰고 있습니다. … 그들은 자신들의 일차적 목적, 즉 회사를 가급적 빨리 키우는 일을 잊고 있습니다.[5]

3: 속도의 비용

속도를 경험하는 일은 유쾌할 수 있습니다. 언덕을 쌩 하고 내려가며 느끼는 스릴이나 즉석에서 정보에 접속하는 편리함, 업무를 빨리 진행하는 즐거움 등이 그것입니다. 우리 지구의 위기를 해결하기 위해 할 일이 태산인 마당에 빠른 속도는 반드시 필요합니다. 하지만 진정한 의미에서 편익이 있기 때문에 더 빨리 가기로 결정하는 것과, 습관이나 요구 때문에 조급함이란 틀에 갇히는 것 사이에는 큰 차이가 있습니다. 속도를 중요시하는 게 우리 사회에 뿌리 깊이 잠재돼 있기 때문에, 대부분의 사람들은 너무 서두르고 시간에 쫓겨 인생이 하나의 장거리 경주가 되어 버렸습니다.

그러나 맨날 서두르다 보면 무거운 대가를 치르게 됩니다. 시간에 쫓기다 보면 우리 육체에 영향을 미쳐, 아드레날린이 분비되고, 근육이 긴장하며, 심장 박동이 빨라집니다. 잠깐의 긴장은 우리 몸에 좋을 수 있지만, 만성적 스트레스는 우리를 지치게 해 심장 질환, 감염, 우울증, 기타 많은 다른 질환에 걸릴 위험을 키웁니다.

우리의 관계 또한 어려워집니다. 이혼이나 가정 해체에 공통적인 요인은 교감할 시간이 부족하기 때문입니다. 장기적으로 전력 질주하는 일은 지속될 수 없고, 과로를 하면 성과가 나지 않습니다. 문제에 부딪치는 것이, 흔히 고속으로 사는 삶이 가지고 있는 위험을 경고하는 모닝콜 역할을 합니다. 위기에서 배울 수 있다면, 그 위기는 바로 전환점이 될 수 있습니다. 앞으로 말을 하겠지만, 회복으로 통하는 열쇠는 긴 안목으로 시간을 보는 것입니다.

무수한 단기적 목표에 기가 질리면, 우리는 지평선 너머에 뭐가 있을지 생각할 시간과 장소를 찾을 수 없게 됩니다. 서두르다 보면, 시야는 당장 할 일로 좁아집니다. 과거는 이미 무의미하고, 미래는 추상적인 것으로 보게 됩니다. 그런 좁은 시야는 다음의 다섯 가지 문제를 낳습니다.

- 장기적 비용보다 단기적 이익을 우선시하게 됩니다
- 우리 앞길에 있는 재앙을 보지 못합니다
- 좁은 시야는 더 좁은 시야를 가져옵니다
- 현재의 문제를 미래로 넘겨 버립니다
- 우리 삶의 의미와 목적을 감소시킵니다

지금부터 이 문제들을 하나씩 차례로 검토해 보겠습니다.

[01] 장기적 비용보다 단기적 이익을 우선시하게 됩니다
장기적 비용보다 단기적 이익을 우선시하는 고전적인 사례로 중독자

의 행위를 들 수 있습니다. 그들에게 담배, 술, 코카인 등의 매력은 즉각적인 효과를 나타냅니다. 그런 행위는 나쁘지만, 나쁜 효과가 사람들이 염두에 두는 시간 범위 안에 나타나지 않을 것 같다면, 그런 행위를 그만둘 수가 없습니다. 거짓말도 마찬가지입니다. 거짓말은 곤경에서 빨리 벗어나게 해주는 것 같지만, 사실은 인간 관계와 의사 결정에 해가 되는 것을 지연시키는 데 불과합니다. 지속 불가능의 문제도 좁은 시야에서 생겨납니다. 수산업의 사례가 극명하게 보여주듯이, 자원이 제약된 상황에서 영속적인 성장을 추구하는 일은 재앙을 불러올 뿐입니다.

[02] 우리 앞길에 있는 재앙을 보지 못하게 됩니다

고속으로 달리다가 짧은 거리에서 앞을 바라보면, 재앙이 갑자기 다가오는 것처럼 보이게 마련입니다. 《타이타닉》의 이야기가 좋은 반면교사가 됩니다. 침몰 수일 전에 타이타닉 호의 선장은 무선으로 빙산에 대해 조심하라는 경고를 받았습니다. 그래서 항로를 약간 바꿨지만 속도를 줄이지는 않았습니다.

또한 충돌한 그날 저녁에도 두 척의 배에서 빙산에 대한 무선 경고를 받았지만, 무선 담당자는 개인적인 메시지에 빠져 경고를 전달하지 않았습니다. 밤 11시쯤 얼음에 둘러싸인 근처의 배가 무선을 보냈을 때에도 그는 "그만 닥쳐! 나 지금 무지 바빠."라고 답했습니다. 그리고 결국 40분 후, 망을 보던 항해사의 눈앞에 엄청나게 큰 빙산이 나타났습니다. 그때는 거의 전속력으로 달리는 배의 가속도 때문에 항로를 바꿀 시간이 없었습니다. 37초 후, 배는 빙산과 충돌했고 끝내 침몰했습니다.

미래의 위험을 평가할 때에는 항상 불확실성이 존재합니다. 하지만 어떤 문제들은 합리적으로 따져보면 예측이 가능합니다. 산업화된 사회가 향해 가고 있는 빙산과 같은 것들이 그렇습니다. 이런 문제들을 먼 장래의 일로 치부하면, 우리는 서두를 일이 없다고 보고 그것들을 한 켠으로 제쳐 두게 됩니다.

원유 매장량에 한계가 있고 감소하고 있다는 것을 잘 알고 있지만, 아직도 석유 의존 경제를 줄이는 데에는 엄청난 저항이 뒤따릅니다. 모두가 평균적 서양인의 생활 양식을 가지고 소비 중심의 생활이 전 세계에 널리 장려된다면, 지구 같은 별이 세 개에서 다섯 개는 더 필요할 것입니다. 통상적 삶은 그것이 우리를 어디로 데려가는지 알려고 들지 않을 경우에만 계속될 수 있습니다.

[03] 좁은 시야는 더 좁은 시야를 가져옵니다

찌그러진 시간의 껍질 속에 갇혀 사는 것은, 자기 강화적이란 점에서 광장공포증에 걸린 것과 유사합니다. 사람들은 너무 먼 미래까지는 보려 하지 않습니다. 절망과 죄책감을 가져오기 때문입니다. 친근한 시야의 '가정'으로 물러나 있으면 단기적으로는 안도할 수 있겠지만, 이 세상을 위해 행동할 동기는 약화되기 마련입니다. 그렇게 되면 스스로 비난받을 만하다는 느낌은 더욱 커집니다.

이런 함정에서 벗어나는 길은 죄책감도 중요한 기능을 가지고 있음을 인정하고, 그런 감정을 세상을 위한 고통의 표현으로 존중하는 것입니다. 죄책감은 불편하지만, 우리의 행위가 가치관과 어긋나 있음을 인식하는 것입니다. 전체로서 우리가 후손들에게 저지른 일에 대해 죄책감을 느끼지 않는다면, 우리는 그들에게 매도프의 사기를 칠 위험이 있습니다. 그러면 우리가 지키기로 하고 위임받은 아름다운 세상은 거덜이 나고 말 것입니다.

|04| 현재의 문제를 미래로 넘겨 버립니다

이 산업 사회는 비용을 외부화하는 관행에 근거하고 있습니다. 이렇게 되면 현재를 살아가는 사람은 재화나 서비스를 싸게 쓸 수 있지만, 우리가 빌려 쓰고 미처 갚지 못한 부채를 후손에게 남기게 됩니다. 비슷한 예로, 기업이 안전과 정비 예산을 삭감하는 경우를 들 수 있습니다. 이렇게 되면 사고 위험은 높아지지만, 그것은 아직 일어나지 않은 사건이기 때문에 재무제표에는 나타나지 않습니다. 시간적으로 나중에 발생할 비용이 되는 것입니다.

1989년 유조선 엑손 발데즈 호의 좌초로 원유가 유출되어 1,600여 킬로미터에 달하는 알래스카 해안을 오염시켰을 때, 레이더는 1년간이나 고장나 있었지만 수리를 하지 않아 꺼진 상태였습니다. 이 사건이 나기 10개월 전에 애리조나 주에서 열린 고위 임원회의에서 엑손 모빌 경영진들은 안전 장비가 부적절하다는 경고를 받았습니다. 그러나 경영자들은 문제를 해결하지 않고 돈을 아끼는 선택을 했습니다.6

21년이 지나서 4백만 배럴(약 55만 톤)의 원유가 BP의 마콘도 유정에서 멕시코만으로 뿜어져 나왔습니다. 이 재앙을 조사한 대통령직속위원회는 안전에 대한 비용 절감이라는 유사한 행태가 있었음을 발견하고,

"BP, 핼리버턴, 트랜스오션 등 관련 회사들이 상당한 시간과 돈을 아끼기 위해서 마콘도 유정의 원유 유출 위험을 키우는 결정을 내렸다."라는 보고서를 내놨습니다.[7]

이런 재앙들은 별개의 사건이 아닙니다. 1996년부터 2009년 사이 멕시코 만에 있는 원유와 가스 광구에서 79건의 유출 사고가 있었고, 대통령직속위원회는 무사태평한 업계의 문화를 지속적으로 지적했습니다.[8] 화석 연료와 그것으로 만든 물건들의 가격이 싼 이유는 우리 후손에게 넘기고 있는 비용을 계산에 포함시키지 않았기 때문입니다.

기후변화는 또 다른 사례가 됩니다. 지구가 더워지면서 그린란드와 남극 서부 지역에서 빙하가 녹아 내리고 있습니다. 여기서 생긴 물 때문에 해수면이 12미터가량 상승해 세계 주요 도시의 2/3가 물에 잠길 것이라고 합니다.[9] 이런 일들이 장기간에 걸쳐 일어날 수도 있는데, 허리케인 카트리나가 쓸고 간 후 물에 잠긴 뉴올리언스의 영상들은 우리에게 시작되려는 일이 무엇인지 살짝 보여주고 있습니다.

우리가 후손들에게 저지르고 있는 가장 큰 범죄 중에 방사성 폐기물이 있습니다. 유전자 풀에 미치는 돌연변이 유발 효과 때문에 방사능 폐기물의 유해성은 영구적이라고 할 수 있습니다. 방사능은 눈에 보이지 않기 때문에 미래 세대는 어디가 위험한지 알기 어렵고, 따라서 그들은 자신들을 보호할 수가 없습니다. 러시아 첼랴빈스크 지방의 카라차이 호수 해안은 전혀 위험해 보이지 않지만, 방사능 오염이 심해 한 시간만 서 있어도 치사량에 해당하는 방사능을 맞게 됩니다.[10]

1950년대 초, 이 호수는 마야크의 핵 시설에서 나온 방사능 폐기물의 저장고였습니다. 그런데 1957년에 가까운 보관 시설에서 키시팀(1957년 9월 29일 구 소련의 마야크 핵 재처리 공장에서 일어난 방사능 오염 사고. 이 사고는 원래 마야크 재처리 공장 근처의 폐쇄된 도시인 오조르스크에서 일어났으나, 이 도시가 지도에 나오지 않아 가까운 도시인 키시팀의 이름을 따서 지어지게 되었음-역자주.) 사고가 일어났습니다. 오랫동안 비밀에 부쳐졌던 이 사고는 세계 최악의 방사능 유출 사건 중 하나입니다. 그것은 지하 보관 탱크의 냉각 시스템이 가동하지 않아서 폭발이 일어나 160톤의 콘크리트 덮개가 날라가고 70톤의 고농도 핵 분열 생성물이 대기 중으로 유출된 사고였습니다. 핵 먼지구름으로 방사능 동위원소가 2만 3,000여 평방킬로미터에 퍼져 27만 명의 소련 국민과 그들의 먹거리가 오염되었습니다.

그뿐만이 아닙니다. 해마다 세계에 있는 원자로에서 12,000톤의 고준위 방사능 폐기물이 새로 생겨나고 있습니다. 이 폐기물에는 요오드-129(반감기 1,500만 년 이상), 플루토늄-239(반감기 24,000년이지만, 붕괴되어 반감기 7억 년의 우라늄-235로 변형됨) 그리고 넵투늄-237(반감기 2백만 년 이상) 등을 포함한 동위원소들이 들어 있습니다. 우리는 핵폐기물을 안전하게 처리할 수 있는 장기적 해결책을 아직 찾지 못한 상태입니다. 방사능 물질이 가지고 있는 취화(脆化)작용(embrittling effec: 부서지기 쉽게 하는 효과-역자주)을 이겨낼 수 있는 컨테이너를 만드는 방법조차 우리는 모릅니다.

가장 독성이 강한 폐기물 대부분이 기껏해야 100년 정도의 수명으로 설계된 철이나 콘크리트 통에 보관되고 있습니다. 그 이후에는 어떻게 할 것인지 확실한 계획도 없습니다. 이 점이 바로 문제이고, 우리가 후손에게 전가하고 있는 비용입니다. 일본의 지진 단층대에 건설된 핵 발전소가 비참한 운명을 보여주었듯이 언젠가 터지고 말 그 유해한 결과를, 사실상 영원히 지속되는 그런 재앙을, 우리는 만들고 있는 것입니다.

[05] 우리 삶의 의미와 목적을 감소시킵니다

통상적 삶의 이야기에서는 앞으로 백만 년, 아니 단 천 년조차도 완전히 시야 밖에 놓아 둡니다. 시간의 압박을 받으면, 앞으로 10년조차도 관심을 갖기에는 너무 먼 앞날처럼 보일 수 있습니다. 이것저것 서두르다 보면 우리는 어디를 향해 가는지 놓칠 수 있습니다. 급박한 일들이 삶을 지배하면 방향을 찾거나 진짜 중요한 것이 무엇인지 결정하는 데 필요한 시간을 가질 수 없습니다. 매일 바쁘게 지내지만 우리가 하는 일에 마음이 담기지 않는 것입니다. 이런 식으로 바쁘게 살다 보면, 우리는 가장 소중한 것들로부터 점점 더 멀어지게 됩니다.

단기적 사고를 하면 '우리를 통해 무엇을 이루어낼 수 있을까?'에 대한 생각도 심한 제약을 받게 됩니다. 어떤 계획을 세워 가슴 설레는 결과를 가져오려면 시간이 걸리게 마련입니다. 그런데 6개월이나 1년이 지나도 결과가 보이지 않으면 '이걸 뭐 하려고 했지?'라고 반문하기 쉽습니다. 연약한 어린 야자나 올리브 나무를 심어놓고 이런 사고를 한다면 어떻게 될까를 상상해 보십시오. 이 나무들이 열매를 맺으려면 수십 년이 걸릴 수도 있습니다. 그러나 일단 열매를 맺기 시작하면 한 세기 이상 열매를 맺습니다. 이처럼 개인적 출세라는 사고를 뛰어넘어, 우리의 행위가 다른 사람들과 합쳐질 때 무엇을 이룰 수 있을까를 생각하면, 우리에게 더 매력적인 이야기가 펼쳐지게 됩니다.

4: 시간 여행

1988년 저는 십여 명의 지인들을 방사능 폐기물에 관해 연구하고 행동하는 그룹에 초대했습니다. 그 이전 몇 년 동안 저는 과학자, 엔지니어, 활동가 등에게 원자력 시설이 더 이상 쓸모 없게 된다면, 그런 시설이나 핵 물질을 어떻게 처리할 수 있는지 물었습니다. 제가 뉴멕시코에 있는 심지층 저장 시설의 건설 현장을 방문했을 때, 현장소장은 백 년 동안 외부 침입에 견뎌낼 수 있는 최신 기술의 방벽과 경보 체계에 대해 자랑스럽게 설명했습니다. 그래서 저는 물었습니다.

"백 년이 지나면 어떻게 되나요?"

그러자 그는 당황한 모습을 보였습니다. 제가 이야기를 나누었던 다른 사람들도 마찬가지지만, 더 긴 시간은 애당초 그의 사고 밖에 있었던 것입니다. 그래서 저는 십여 명의 지인을 초대했습니다. 저는 더 긴 안목에서 본 시간에 근거하여 인간의 책임을 논할 공간을 만들고 싶었습니다.

우리 집단은 번갈아 가며 주제를 연구하고 발표했습니다. 11월 어느 날, 그날은 바로 제 차례였습니다. 제가 미국의 방사성 폐기물 처리 관행에 관해 모은 정보는 전문적이고도 매우 끔찍했습니다. 참여자들의 주목을 끌고 동기를 유발하기 위해서는 약간의 도움이 필요했습니다. 그런데 엉뚱한 곳에서 도움의 손길이 찾아왔습니다.

저는 문에 '체르노빌 시간 실험실: 2088'이라는 현수막을 걸어 두었습니다. 사람들이 입장하면, 녹음된 러시아 전통 음악이 분위기를 잡았습니다. 그리고 시간 여행을 처음 경험한 집단의 사람들에게 저는 말했습니다.

여러분, 환영합니다! 이 현장 부지의 시간 연구소에서 우리가 할 일은 시간을 거슬러 여행할 수 있다는 사실이 갖고 있는 중요성을 깨닫는 것입니다. 유독성 불(그 당시 사람들은 방사성 물질을 이렇게 불렀습니다)을 어떻게 처리할 것인가를 두고 20세기 말 사람들이 내린 결정이, 오늘날까지 장기간 영향을 미치고 있기 때문입니다. 우리가 나서서 그들이 올바른 결정을 내리도록 도와주어야 합니다.

그래서 여러분을 뽑아 우리가 관심을 가지고 있는 캘리포니아 버클리에 있는 특정한 그룹 속으로 시간 여행을 보내게 되었습니다. 그 그룹에 속한 사람들은 정확히 100년 전 오늘 모임을 갖고, '전문가들' 이 유독성 불을 억제하는 방법을 그들의 제한적인 사고방식으로 알아보려고 노력하고 있습니다. 이들은 아는 바도 없고 그래서 금방 낙담해 버립니다. 그래서 우리는 시간 여행을 통해 그들의 육체로 들어가 그들이 낙담하지 않도록 해서 연구를 진행시키려고 합니다.

우리의 연구를 통해 시간 여행에서 필수적인 요소는 우리의 의도임을 알 수 있습니다. 의도란 바로 우리 마음으로 선택한 목적에 대한 강하고 흔들림 없는 믿음입니다. 우리의 의도가 분명하다면, 우리는 100년을 거슬러 바로 이 그룹 사람들의 심장과 마음으로 들어갈 수 있습니다. 어림잡아 30초면 될 것입니다.

저는 30초간 음악 볼륨을 높였다가 *끄고*는 그날의 주제를 제시했습니다. 이 과정에서 어느 누구도 이 특이한 진행에 토를 달지 않았습니다. 모든 사람들이 내용 자체에 너무나 집중하고 있었습니다. 마치 모든 사람들이 용기를 주고 지원하는 내적 존재를 하나 더 데리고 온 것처럼, 방 안에는 배려심이 고양돼 있었습니다. 미래에서 온 사람들이 우리가 지금 처한 엉망진창의 현실을 마주하도록 도와준다는 데까지 상상력이 미치도록 저는 그룹 사람들을 더욱 고무시키고, 뭔가를 발견하도록 도왔습니다. 흔히 음악을 동반하는 상상 속 시간 여행은 그 후로 저희가 진행하는 재교감 작업의 단골 메뉴가 되었습니다. 이런 시간 여행을 통해 우리는 인류가 존재하는 시간의 지평을 넓히고, 과거와 미래 세대의 지원을 받을 수 있는 풍부하고 보람된 기회를 갖게 됩니다.

5: 우리 편에 선 조상들

세상의 많은 사람들에게는 다른 시기에 산 사람들이 우리를 도울 수 있다고 생각하는 것이 전혀 이상하지 않습니다. 한국이나 일본에 가면 조상을 모시는 사당을 쉽게 볼 수 있습니다. 우리보다 먼저 살았던 사람들로부터 보호를 받고자 하는 관행이 많은 원주민들에게 전통으로 받아들여지고 있습니다. 다음은 서아프리카의 주술사이자 작가인 말리도마 소메의 말입니다.

> 많은 비서구 문명에서 조상은 현재의 세상과 밀접하고 절대적으로 중요한 관련을 가지고 있습니다. 그들은 항상 지도하고 가르치고 보살펴 주는 존재입니다.[11]

조상이 우리에게 갖는 관심은, 부모가 자식에게 또는 할머니나 할아버지가 손주에게 갖는 배려가 자연스레 확장된 것입니다. 우리가 고생을 하거나 외롭다고 느낄 때, 조상이 돕고 있다는 느낌을 갖게 되면 도덕적 힘이 생겨납니다. 운동선수가 관중들의 응원 소리에 신이나 더 좋은 기록을 내듯이, 조상들이 생명의 흐름이 끊기지 않도록 우리가 하는 모든 일을 응원하고 있다고 상상해 보십시오.

조상들의 역할이 후손을 보살피는 것이라면, 우리도 같은 역할을 하는 것은 당연합니다. 미래에 사는 후손들은 우리를 조상으로 추억할 테니까요. 미래의 존재를 우리의 친족으로 인식하면, 우리와 그들은 더욱 가까워집니다. 통상적 삶이 지닌 좁은 시야로 보면, 그들은 잊힌 사람이 되고 그들의 이익은 우리 시야에 보이지 않습니다.

그러나 우리가 그들의 조상임을 인정하면, 배려심과 책임감이 자연스럽게 생겨납니다. 조상과 미래 세대와 하나로 연결되면, 우리는 통상적 삶이라는 조그만 영역을 벗어나 진실되고 확대된 이야기로 나아가게 됩니다. 생명이라는 장편 서사시와 같은 여정에서 우리 조상은 누구나 생명의 불꽃을 넘겨주기에 충분할 만큼 오랫동안 살아왔습니다. 여기서 조상이란 인류의 역사를 뛰어넘어 훨씬 더 위까지를 지칭하는 개념입니다. 우리가 생태적 자아에 대한 정체성을 다른 관점에서 보면, 기록된 역사의 시기란 훨씬 더 큰 책의 한 페이지에 불과하다는 사실을 알게 됩니다.

6: 지구상 생명으로서 인류의 여정

우리는 45억 년 된 별, 지구에 살고 있습니다. 상대적 시기를 알기 쉽도록, 밤 12시에 시작한 하루 24시간으로 지구의 역사를 살펴보겠습니다.[12] 하루로 환산된 지구 시간에서 1분은 삼백만 년 이상에 해당됩니다.(상자 2-4 참조)

상자 2-4» 하루로 표시된 45억 년 지구의 역사

대멸종(95% 소멸)

공룡

포유류

최후 5초
인류 출현

육상 식물

물고기

지렁이

지구 탄생

생명체
출현

다세포 기관

태초에 지구는 활화산처럼 뜨거웠습니다. 태양을 공전하는 물질을 잡아당기는 중력에 의해 점차 형태를 갖춰가면서 지구는 끊임없이 유성우를 맞았습니다. 자정이 지난 직후 작은 별에서 온 한 덩어리의 물질이 지구와 충돌했고, 그 영향으로 물질이 우주로 튕겨져 나가 달이 되었습니다. 거의 새벽 2시가 되어서야 지구 표면이 식고, 대기 중에 증기가 응결되어 비가 되었습니다. 비가 계속 내리자 마침내 바다가 생겨났습니다.

새벽 서너 시가 되었을 무렵, 따뜻하고 얕은 물속에서 최초의 생명체가 나타났습니다. 대기 중에 산소는 흔적밖에 없었고 자외선을 차단해주는 오존층도 형성되어 있지 않았기 때문에 육지에서는 생명체가 나타날 수 없었습니다. 아침 10시 30분이 되어서야 광합성이 가능해지고 그후 부산물로 산소를 만들어 내는 초기의 녹색 생명체가 등장했습니다.

모든 생명체는 단세포였고 그런 상태로 남아 있다가 최초의 복잡한 다세포 기관으로의 진화는 오후 6시 30분경에 이루어졌습니다. 8시에 얕은 바다 밑에서 지렁이가 출현하고, 한 시간 20분 후 최초의 어류가 등장했습니다. 10시 15분경 모든 육지에 식물 생명체가 출현했고, 10시가 지난 직후 양서류와 곤충류가 나타났습니다.

11시 20분경 대멸종 사건의 어머니라 불리는 커다란 재앙이 일어났습니다. 화산 활동, 소행성 충돌, 기타 재앙들이 한꺼번에 나타나 모든 생명체의 95%가 사라졌습니다. 그 결과, 육상의 지배적인 척추동물로 공룡이 출현할 여지가 만들어졌습니다. 공룡의 시대는 11시 40분까지 이어졌습니다. 그때 지름 약 10킬로미터가량의 운석이 지구와 충돌하여 엄청난 먼지 구름이 태양을 가리고 식물 생명체가 줄어들자 많은 대형 동물이 사라졌습니다. 그러자 마지막 순간을 위해 뒤에서 숨죽이고 있던 포유류가 공룡의 빈틈을 메우기 시작했습니다. 10분 후 그들 중 일부는 바다로 돌아가 고래나 돌고래로 천천히 진화해 갔습니다.

그리고 밤 11시 58분경 아프리카에 작은 유인원이 출현했고, 이들은 인류와 침팬지의 마지막 공동 조상이 되었습니다. 자정이 되기 고작 20초 전, 유인원 같은 원생인류가 불의 사용법을 발견했습니다. 아프리카에 최초로 출현한 유인원으로부터 시작된 인류의 모든 역사는 자정이 되기 전 마지막 5초 안에 모두 포함되어 있습니다.

흔히 통상적 삶의 이야기에서는 "인간의 본성은 바꿀 수 없다."고 말합니다. 그러나 우리 지구 역사가 가진 놀랄만한 시간의 길이를 돌아보면, "인간은 변하지 않을 것이다."라는 생각은 허황된 것처럼 보입니다. 우리는 가장 특이한 진화의 일부이기 때문입니다. 그렇다면 과연 다음에는 어떻게 될까요?

7: 종으로서 인류의 여정

인류 역사상 우리가 처한 이 엄중한 시기에 대해 보다 분명히 감을 잡기 위해 지구의 24시간 중 마지막 5초를 다시 24시간인 하루로 풀어보겠습니다.(상자 2-5 참조) 이제 지구의 시간에서 인간의 모든 역사를 하루로 나타낸 인류의 시간으로 옮겨가 보겠습니다.[13]

석기와 불을 사용한 유인원 같은 원생인류는 약 100만 년 전에 나타났습니다. 그리고 현생인류인 호모 사피엔스는 약 24만 년 전에 출현한 것

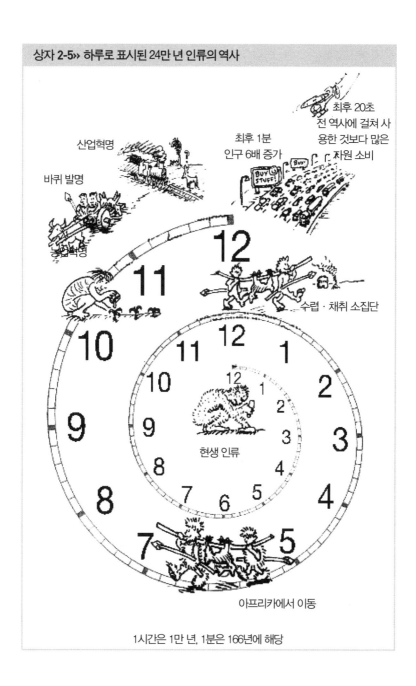

최후 20초
전 역사에 걸쳐 사
용한 것보다 많은
자원 소비

최후 1분
인구 6배 증가

산업혁명

바퀴 발명

수렵 · 채취 소집단

현생 인류

아프리카에서 이동

1시간은 1만 년, 1분은 166년에 해당

으로 생각됩니다. 24만 년을 하루로 치고 한 시간이 만 년을 의미한다고 가정하면, 인류가 아프리카를 떠난 시간은 저녁 6시경입니다. 인류 역사의 95% 동안, 인간은 작은 집단을 이뤄 수렵·채취 생활을 했습니다. 그러다가 밤 10시 50분경 농경 생활이 시작됩니다. 그리고 몇 분 후 최초로 역사에 기록된 도시인 예리코가 나타납니다.

밤 11시 20분경 인류는 바퀴를 발견했고, 초기 형태의 문자를 만들기 시작했습니다. 11시 30분경에는 스톤헨지 건설이 시작되었고, 이집트, 중국, 페루, 이란, 인더스 계곡, 에게 해 등지에서 최초의 도시 국가가 발전하기 시작했습니다. 11시 45분경에는 부처와 공자가 살았고, 그 몇 분 후에 예수가, 그리고 그 몇 분 후에 마호메트가 등장했습니다.

밤 11시 55분경 풍차가 사용되었고, 2분 후에 크리스토퍼 콜럼버스(1451~1506)가 북아메리카에 도착했습니다. 하루로 표현된 인류의 역사에서 산업혁명이 시작된 것은 자정이 되기 고작 2분 전입니다. 마지막 1분 전 세계 인구는 10억 명에서 70억 명으로 늘어났습니다. 마지막 20초 동안, 그러니까 1950년 이래 우리는 인류 역사상 이전까지 사용한 모든 것보다 많은 자원과 연료를 쓰고 있습니다.

인구뿐 아니라 에너지와 자원에 대한 우리의 욕심이 폭발한 것은, 하루로 나타낸 인류의 역사 중 마지막 1분의 1/3이 되었을 때입니다. 산업화된 경제의 통상적 삶의 문화에서는, 산업화되지 않은 사회에서 사는 사람보다 자원을 32배나 더 사용하고, 쓰레기를 32배나 더 만들어 내는 것을 정상이라고 간주합니다.*14* 얼마나 연료가 바닥나고 있는지, 우리가 어떤 피해를 끼치고 있는지는 안중에도 없습니다. 우리 문화가 지향하는 방향을 보려 하지 않기 때문에 우리는 타이타닉 호와 같이 엄청나게 빠른 속도로 침몰해가고 있습니다.

8: 시간을 초월한 삶 배우기

우리의 시간 폭을 넓히면 더 없이 좋은 점은 가능성에 대한 감각이 열린다는 것입니다. 육상의 포유류가 바다로 돌아가 돌고래로 진화했다면, 현대 인류가 대지와 하나된 상태로 돌아가 더 현명한 생명체로 진화하지 말라는 법도 없습니다.

인류라는 종의 진화는 인간의 능력을 키우는 발견, 즉 언어, 문자, 도구, 농경, 탈것 등으로 특징지어지고 촉진되었습니다. 오늘날에는 수천 리 밖에 사는 생전 만나보지 못한 사람들과 협력할 수 있도록 만들어주는 통신 기술이 그런 역할을 하고 있습니다. 그렇다면 생태적 시대를 가져온 발견 또는 재발견은 시간을 초월해 사는 능력이 될 수 있을까요?

생태지능이란 지질학적 시간, 즉 인류의 전 역사를 포함하는 시간적 여건이라는 측면에서 사고하는 것입니다. 현재의 기술 여건에서 우리의 행위가 수백 년, 아니 수십억 년까지도 영향을 미치기 때문에, 우리는 지금 그런 사고를 해야 합니다. 이란과 아프가니스탄에서 사용된 수천 톤의 열화 우라늄 핵무기를 생각해 봅시다. 그로 인해 암을 유발하는 에어로졸은 반감기가 45억 년이나 됩니다. 이는 현재 지구의 나이만큼이나 오랜 시간입니다.

더 긴 시간의 지평에서 사는 법을 배우면 우리는 새로운 조력자와 힘의 원천에 다다르게 됩니다. 우리 조상이 한편이 되기도 하고, 우리 자신도 후손의 조상으로서 그들의 조력자 역할을 할 수 있습니다. 아마도 이들 후손들은 우리에게 분명히 뭔가 할 말이 있을 것입니다.

우리가 오늘날 당연시하는 많은 기술적 진보는 그것들이 발명되기 전에는 불가능하다고 생각했던 것들입니다. 오늘날 우리가 불가능하다고 여기는 것들이 미래에는 개발될 수도 있습니다. 예를 들어, 미래 세대가 현재의 우리와 소통할 방법을 발견할 수도 있을 것입니다. 그렇게 된다면 그들은 뭐라고 할까요? 우리 스스로를 미래로 확장시켜 후손들을 만나기 위해 우리의 역할을 제대로 할 때에만 후손들도 그런 일을 할 수 있을 것입니다.

현재 우리는 상상을 통해 그런 소통을 할 수 있습니다. 우리가 이런 식으로 받아들이는 소통이 사실인지 아니면 그저 상상일 뿐인지 우리는 알지 못합니다. 아니 사실은 알 필요도 없습니다. 우리는 실제로 그런 소통을 통해 유용한 지침을 얻을 수 있기 때문입니다. 여기 저희가 워크숍에서 자주 사용하는 연습이 있습니다. 저희는 그것이 가져오는 풍부함 때문에 이런 연습을 매우 중요하게 생각합니다.

🌀 따라해 보세요 – 7대 후손이 보낸 편지

이 연습의 목적은 지금부터 약 200년 이후에 살아 있을 7대 후손쯤 되는 미래의 존재와 우리 자신을 동일시하는 데 있습니다. 이것은 우리가 하는 일을 그들의 관점에서 보고 자문과 용기를 구하는 것입니다.

먼저 두 눈을 감고, 자신이 미래로 여행을 떠나 지금부터 약 200년 후를 살고 있을 어떤 존재라고 상상해 보십시오. 그의 상황을 결정할 필요는 없습니다. 그저 그 사람이 살고 있는 시점에서 당신을 추억하고 있다고만 상상하십시오. 그가 당신에게 무슨 말을 하려고 하는지 상상해 보십시오. 마음을 열고 경청하십시오. 이제 이 미래의 존재가 당신에게 편지를 쓴다고 생각하고 나오는 단어를 종이 위에 적어 보세요. 편지는 'ㅇㅇㅇ 귀하'로 시작하며, 수신인은 바로 당신입니다.

이 편지는 미래의 존재들에게 발언을 하도록 만들어, 그들을 우리에게 더 가까이 오게 하고 그들의 관점에서 우리를 지도하게 합니다. 그들에 대한 답장으로서 자신의 목소리를 들어보는 것도 긴 안목으로 보는 시간에 들어가는 데 도움이 됩니다. 다음 연습은 미래의 존재가 던진 질문에 답장을 쓰는 것입니다.

🌱 따라해 보세요 – 미래의 존재에게 보내는 답장15

미래의 존재로부터 받은 다음과 같은 세 가지 질문에 이제 답장을 쓸 차례입니다. 중요한 변화, 즉 대전환이 21세기 초반에 일어나 인류의 삶이 지속되고 미래의 존재가 지금 일어난 일을 알고 있다고 가정하세요.

1. 조상님, 조상님께서 살고 계시던 때의 이야기를 들었습니다. 전쟁과 전쟁 준비가 한창이었고, 엄청나게 많은 사람들이 굶거나 집이 없이 사는데 몇몇 부자들은 터무니없이 부유했다지요. 바다, 육지, 대기 어디든 유독 물질로 넘쳐나고, 많은 종이 죽어갔다고 하지요. 저희는 지금도 그 모든 영향을 받고 있답니다. 이런 일에 대해 조상님은 얼마나 알고 계신가요? 조상님께서 이런 사실을 알고 계셨

다면 어땠을까요?

2. 조상님, 조상님께서 대전환을 위해 행하신 일에 관한 노래나 이야기를 알고 있습니다. 그러나 조상님께서 어떻게 그 일을 시작했는가는 알지 못합니다. 아마도 외롭고, 특히 시작 단계에서는 혼란스러웠을 것입니다. 조상님께서 하신 첫 번째 조치는 무엇이었는지요?

3. 조상님, 저희는 조상님이 지구의 생명체를 대신하여 취한 최초의 행위에 만족하지 않고 계속해 오신 것으로 알고 있습니다. 온갖 장애와 실망이 있었을 텐데, 그렇게 어려운 일을 계속할 힘은 어디서 나왔는지요?

우리는 일상생활을 하면서 지질학적 시간을 염두에 두어야 합니다. 설거지를 할 때나, 공과금을 낼 때나, 모임에 나갈 때나, 한 무리의 증인처럼 우리를 감싸고 있는 수많은 조상님과 미래 세대를 의식하며 살아야 합니다. 방대한 우리 지구의 이야기를 기억하고, 그 이야기를 통해서 가장 일상적인 행위에 의미와 목적이 가득 차도록 해야 합니다. 세포가 유기체의 일부이듯이, 우리 각자는 그런 지구 이야기의 본질적인 일부입니다. 그리고 이 이야기 속에서 우리는 각자 해야 할 역할이 있습니다. 이제 나선형 순환의 '실행하기' 단계로 넘어가면서, 이 역할이 무엇인지 집중적으로 알아보겠습니다.

ACTIVE
HOPE

Part 3

실행하기

 Part 3. 실행하기

-Chapter-

1

영감을 주는 비전 붙잡기

1963년 8월 28일 마틴 루터 킹 목사는 역사상 가장 유명한 연설을 했습니다. 반 세기가 지난 지금도 "나에겐 꿈이 있습니다!"로 시작되는 그 연설은 그날 그가 함께 한 사람들에게 비전으로 연결돼 있습니다.¹ 킹 목사는 다가올 미래에는 흑인과 백인 아이들이 형제자매처럼 손에 손을 잡고 놀 것이고, 더 이상 피부 색이 아니라 각자의 성격에 따라 판단될 것이라고 말했습니다. 그는 마침내 도달할 목적지, 즉 이루어질 수 있는 실체를 확인한 것입니다. 1960년대에는 아프리카계 미국인이 언젠가 미국의 대통령이 된다는 생각은 한갓 백일몽으로 치부되기 일쑤였습니다. 그러나 그런 꿈을 꾸면 어떤 영향을 미치는지 살펴보겠습니다.

미래에 대한 우리의 꿈과 비전은 인생 항로에 필수적입니다. 어디로 갈 것인지 방향을 알려주기 때문입니다. 로마의 철학자인 세네카 (B.C. 4~65)는 "배가 어느 항구로 가는지 모르면, 바람이 불어도 아무 소용이 없다."라고 말했습니다. 더구나 그 목적지가 우리를 흥분시키고 고무하는 곳이라면, 우리 여정은 더욱 힘을 얻고, 우리 항해에는 바람이 불어오며, 장애를 극복하려는 투지는 강해집니다. 따라서 영감을 주는 비전을 붙잡는 능력은 의욕을 계속 갖게 하는 열쇠가 됩니다. 우리가 다른 사람들과 비전을 공유하고 그 비전에 감동할 때, 우리는 공통의 목적을 가진 공동체의 일원이 됩니다.

우리는 영감을 흔히 운 좋은 순간에 갑자기 떠오르는 잠깐 스치는 경험이나 선지자라고 생각되는 소수의 사람들에게 보이는 희귀한 능력 정도로 생각합니다. 이 장에서는 우리가 배울 수 있는 재능을 이용하여 어떻게 비전과 영감을 만들 수 있는지 알아볼 것입니다. 여기서 논의된 통찰력과 실천을 통해 우리는 더 큰 영감과 예지력을 갖게 될 것이고, '대전환'의 모험을 실행하기 위한 우리의 역량은 강화될 것입니다.

1: 어찌하여 우리 상상력의 전원은 꺼졌을까요?

어릴 때부터 우리는 공상보다는 사실을 중시하는 세계관을 교육받아왔습니다. '몽상가'라는 말은 어떤 이의 의견이 비현실적으로 보이거나 경멸적으로 사람을 무시할 때 주로 쓰입니다. 수업 시간에 헛된 공상에 빠지면 선생님께 혼날 수도 있습니다. 비전을 그리는 우리의 능력을 개발하기 위해서, 비전이 어찌하여 그리도 저평가되었는지 먼저 알아보겠습니다. 퀘이커 교도이자 미래학자인 엘리스 볼딩은 이렇게 평하고 있습니다.

수 세대 동안 어린이들은 헛된 꿈꾸지 말라고 길들여져 왔습니다. 우리의 해독 능력은 숫자와 단어로 제한되어 있습니다. 우리에게 영상을 해독하는 능력은 없습니다.[2]

뇌가 어떻게 작동하는지 수십 년 연구한 결과, 우리는 두 개의 대뇌 반구가 서로 다른 방식으로 기능하고 있음을 이해하기 시작했습니다.[3] 좌뇌는 언어와 합리적 논리에 관해 사고하는 반면, 우뇌는 영상과 모양에 대해 관장하고, 복잡한 정보를 통합하여 사물의 큰 그림을 그리도록 해줍니다. 우리의 교육 제도가 언어와 숫자에만 거의 집중하고 있다는 것은 뇌의 반쪽만 사용하라고 가르치는 것과 같습니다. 비전을 그리는 능력을 개발하기 위해 내디딜 첫걸음은 바로 그 능력을 소중하고 배울 수 있는 지식의 한 형태로 인식하는 일입니다.

비전 만들기가 결정적으로 얼마나 중요한지를 알려면, 오늘날 우리 현실의 얼마나 많은 부분이 누군가의 꿈에서부터 처음 시작되었는가를 보면 됩니다. 한때 미국 땅 대부분이 영국의 식민지였던 시절이 있었습니다. 그때는 여자에게 투표권이 없었고, 노예무역도 경제에 필수적인 것으로 간주되었습니다. 뭔가를 변화시키려면, 우리는 먼저 달라질 수 있다는 가능성을 마음속에 품어야 합니다. 스티븐 코비의 베스트 셀러 『성공하는 사람들의 7가지 습관』을 한번 봅시다.

"목적을 확립하고 행동하라."는 모든 사물이 두 번 창조된다는 원칙에 입각해 있습니다. 모든 사물에는 정신적(첫 번째) 창조가 있고, 물질적(두 번째) 창조가 뒤

따릅니다.[4]

가능한 미래를 상상하는 것은 예지력을 계발하는 확실한 방법입니다. 우리가 만약 '사실'만을 유념한다면, 이미 일어난 일만 살펴보게 됩니다. 백미러만 보면서 차를 운전하는 것과 같은 것입니다. 충돌을 피하려면 우리는 나아갈 방향을 보아야 합니다. 그러나 앞으로 무슨 일이 생길지 확실히 알지 못하기 때문에, 경험과 이제까지의 경과와 상상력 등을 종합하여 그 가능성을 따져볼 수밖에 없는 것입니다. 이때 경험은 우리가 익숙한 상황을 잘 다룰 수 있게 해주는 반면, 상상력은 새로운 도전에 대해 창의적인 대응을 만들어내는 데에 필수적입니다.

2: 우리의 상상력 해방시키기

창의적인 사고를 북돋아 주는 설계 원칙은 '어떻게보다는 무엇이 더 먼저다.'입니다. 먼저 생겼으면 하는 일이 무엇인지를 확인하고, 나중에 어떻게 생기게 할 것인지를 생각하십시오. 만약 어떻게 그런 일이 생길지 당장 보이지 않는다는 이유로 그 가능성을 배제한다면, 우리는 정작 고무할 수 있는 무수히 많고도 흥미로운 가능성을 차단해 버리게 됩니다. 우리는 아이디어와 가능성을 만들어 내는 창작 단계와, 그것들을 선택하고 평가하는 편집 단계 사이를 분명히 구별해야 합니다. 이 첫 번째 단계에서 편집을 하지 않는다면, 우리의 창의력은 자유로워집니다.

창작 단계에서 우리의 의도는 정서적으로 감동시키는 강력한 비전을 붙잡는 것입니다. 어려운 시기에도 계속해서 의욕을 가지려면, 우리의 비전이 이루어지기를 진실로 원해야 합니다. 하지만 우리가 갈구하는 일이 우리 힘으로 안 될 것처럼 보이면, "이런 일은 생각해 봤자 아무 소용 없어. 그런 일이 생길 리가 있겠어?"라는 내면의 소리가 들리기 십상입니다. 영감 어린 비전을 계속 지켜가려면, 비전이 형태를 갖추기도 전에 마음속에서 죽여서는 안 됩니다. 이 점에서 도움이 되는 것이 정태적 사고와 과정적 사고의 차이를 깨닫는 일입니다.

정태적 사고는 현실이 고정되어 있고, 견고하며, 변화에 부정적이라고 가정합니다. 사람들이 "인간 본성이 문제야. 절대 변할 리가 없어."라거나 "우리는 체제를 바꿀 수 없어."라고 말한다면, 바로 이런 입장에 서 있는 것입니다. 그 사람들은 상황을 벽에 걸린 그림을 보듯 합니다. 아무리 새로운 아이디어나 실천 방안이라도 그림 속에 보이지 않으면, 그것은 비현실적인 것이 됩니다.(상자 3-1 참조) 이런 관점을 취하면 무엇이 가능한가에 대한 느낌이 제한되고, 뭔가 영감 있는 일이 곧 일어날 것 같지 않으면, 금방 냉담해지고 체념하게 됩니다.

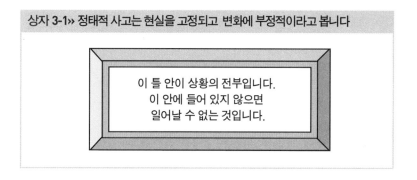

상자 3-1» 정태적 사고는 현실을 고정되고 변화에 부정적이라고 봅니다

이 틀 안이 상황의 전부입니다.
이 안에 들어 있지 않으면
일어날 수 없는 것입니다.

과정적 사고를 하면, 현실의 모든 것은 이 상태에서 저 상태로 꾸준히 움직이고 있는 흐름으로 파악됩니다. 영화의 한 장면처럼 매 순간이 이전과 약간씩 달라집니다. 장면마다 이런 조그만 변화들이 시간이 지나면 가시적인 큰 변화를 만들어 냅니다.(상자 3-2 참조) 당장 화면에 나오지 않았다고 해서, 나중에도 나타나지 않는 것은 아닙니다. 현실을 이런 식으로 생각하면, 존재는 미리 규정된 것이 아니라 진화하는 것이 됩니다. 미래가 어떻게 될지 확실히 알지 못하기 때문에, 우리는 일어났으면 하는 것에 초점을 맞추고 그런 일이 실제 일어나도록 각자의 몫을 하는 것이 더 말이 됩니다. 그것이 바로 '희망 만들기'가 하고자 하는 것입니다.

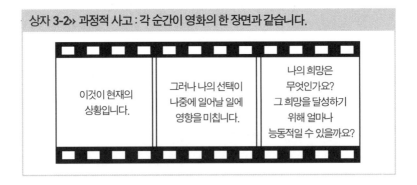

상자 3-2› 과정적 사고 : 각 순간이 영화의 한 장면과 같습니다.

이것이 현재의 상황입니다.

그러나 나의 선택이 나중에 일어날 일에 영향을 미칩니다.

나의 희망은 무엇인가요? 그 희망을 달성하기 위해 얼마나 능동적일 수 있을까요?

3: 영감을 붙잡는 실천 방안

옛날에 특별히 방음이 된 방에 매일 수시간 동안 앉아 있던 발명가가 있었습니다. 손에는 연필을 들고, 책상에는 빈 종이를 놓은 채, 발명자는 아이디어가 떠오르기만을 기다렸습니다. 그러다가 아이디어가 나오면,

얼른 그걸 기록하고 다시 기다리기를 계속했습니다. 이 발명가는 영감 어린 비전을 붙잡도록 도와주는 세 가지 실천 방안의 본보기를 보여주고 있습니다.

영감을 붙잡는 첫 번째 실천 방안은 그냥 공간을 만드는 것입니다. 너무 바쁘면, 신경 쓸 일이 너무 많아 새로운 것이 들어올 여유가 없습니다. 흔히 사람들이 휴가 중이거나, 산책을 하거나, 샤워를 할 때를 가장 영감이 떠오르는 순간이라고 말하는 이유입니다. 설사 백일몽을 꾼다고 해도 조용한 시간을 가진다면, 영감이 흘러들어올 공간이 생기게 됩니다. 그렇게 잠깐 쉬는 것은 놀라우리만치 생산적일 수 있습니다. 에디슨도 작업실 소파에 누워 있는 동안에 많은 발명 아이디어가 떠올랐다고 합니다. 독일의 화학자인 프리드리히 케쿨레가 벤젠 분자의 고리 구조를 발견한 것도 뱀이 자기 꼬리를 물고 있는 꿈 때문이었습니다.

영감을 붙잡은 두 번째 실천 방안은 우리 모두가 공짜로 쓸 수 있는 두 가지 도구, 즉 의도와 집중입니다. 그 발명가가 방음 시설이 된 방에 들어간 것은 언제 생길지 모르는 어떠한 창의적인 자극에도 충분히 반응하기 위함이었습니다. 마치 쥐구멍 옆에서 쥐가 나오기를 기다리는 고양이처럼 정신을 초롱초롱하게 집중했던 것입니다. 기발한 생각이 떠오르면, 그걸 놓치고 싶지 않았던 것입니다.

영감을 붙잡는 세 번째 실천 방안은 연필과 종이를 사용하는 것입니다. 영감을 주는 생각이나 비전은 씨앗과 같아서, 그것이 자라서 뭔가가 되게 하려면, 심고 기르고 자주 보살펴야 합니다. 그런데 이런 일은 기억을 하고 있어야 가능합니다. 영감을 붙잡은 일에는 영감을 계속 지켜가는 방법을 찾는 것도 있습니다. 반드시 글로 써야 할 필요는 없지만, "지금부터 일 년 뒤에도 어떻게 이 영감을 기억할 것인가?"라는 질문에 대한 대답은 가지고 있어야 합니다.

이 세 가지 실천 방안이 바로 우리를 부르는 목적을 찾고 따르게 도와주는 유도 장치의 핵심 요소입니다. 공간을 마련하고, 영감 어린 비전을 붙잡으려는 의도에 집중하고, 떠오른 생각을 잊어버리지 않도록 단단히 묶어두는 방법에는 여러 가지가 있습니다. 그중 몇 가지를 좀 더 자세히 살펴보겠습니다. 당신에게 가장 적당한 방법을 찾으려면 그것들을 가지고 실험을 해볼 필요가 있습니다. 여기서 핵심 원칙은 수동적으로 영감이 떠오르기만을 기다리고 있어서는 안 된다는 것입니다. 오히려 영감이 들어오도록 능동적인 역할을 하는 게 좋습니다. 또 영감을 주는 신호에 주파수를 맞추는 습관과 기술을 계발하여 스스로 더 잘할 수 있게 훈련을 해야 합니다.

비전을 묶어두는 가장 좋은 방법은 비전에 따라 행동하고 비전을 우리 삶의 일부로 만드는 것입니다. 따라서 우리가 가진 커다란 희망을 우리가 취할 구체적인 조치와 연계시키는 방법이 있어야 합니다. 그러므로 비전 만들기 과정은 아주 밀접하게 관련된 다음의 세 단계로 이루어집니다.

1. 무엇(what)? 구체적인 상황을 바라볼 때, 당신은 무슨 일이 일어나는 걸 보고 싶습니까?
2. 어떻게(how)? 그 일이 어떻게 이루어질 것으로 봅니까? 이 단계에서는 커다란 비전이 이루어지도록 하는 데 필요한 조치와 그런 조치

가 가능한 경로를 밝힙니다.

3. 나의 역할은? 첫 번째 단계가 가려는 목적지를 확인하는 것이고 두 번째 단계가 그곳에 도달하는 방법을 찾는 일이라면, 세 번째 단계는 그 과정에서 나의 역할을 확인하는 일입니다. 비전이 이루어지도록 하기 위해 당신은 무슨 역할을 하겠습니까?

4: 우리가 바라는 미래상 그려보기

퀘이커 교도이자 미래학자인 엘리스 볼딩은 평화운동에서 더 분명한 것은 무엇을 지지하는가가 아니라 무엇을 반대하는가라고 느끼고, '무기 없는 세상 그려보기'라는 워크숍을 개발했습니다. 잘 짜인 그 워크숍 과정을 보면 앞에서 언급한 비전 만들기 과정의 세 단계를 그대로 거치도록 돼 있습니다. 다음은 그녀의 말입니다.

이런 유형의 그려보기에는 두 개의 기본적인 구성 요소가 있습니다. 첫 번째는 의도입니다. 우리 스스로 바랄 뿐만 아니라 선(善)을 의도해야 합니다. 미래에 대한 우리의 의도는 진심이어야 하기에 워크숍에서 맨 먼저 하는 일은 앞으로 30년 후에 일어났으면 하는 일의 목록을 작성하는 것입니다. 30년을 정한 이유는 뭔가 일어나기에 충분히 긴 시간이고, 우리 대부분이 살아 있을 정도로 충분히 가까운 미래이기 때문입니다. 참가자들은 각자의 목록을 만듭니다. 거기에 언급된 내용이 바로 그들의 의도입니다.

두 번째는 우리의 정신적 창고에 있는 모든 이미지를 풀어 놓는 것입니다. … 이 과정에서 참가자들은 그런 상상의 세계로 잘 들어갈 수 있도록 어린 시절의 기억으로 돌아갑니다. 참가자들에게 행복한 기억을 고르도록 합니다. 나도 종종 아홉 살로 돌아가 앞뜰에 있는 사과나무에 올라가곤 합니다. 그런 장면을 경험하려면 내부의 모든 감각을 반드시 다 사용해야 합니다. 색깔을 보고, 질감을 느끼고, 냄새를 맡고, 소리를 듣고, 사람들의 표정을 눈여겨봐야 합니다. … 몇 분간 기억을 더듬은 후에 참가자들은 옆에 있는 사람에게 돌아서서 자기의 경험을 이야기하고 상대방의 경험을 듣습니다. 이렇게 경험을 공유하면 기억이 명료해집니다.

지금부터 30년 후의 세상을 상상할 때 당신이 하는 것은 바로 이런 방식의 그려보기 과정입니다. 마치 과거 경험의 파편들이 다시 합쳐져 한 편의 영화처럼 머릿속에서 돌아가듯이, 그렇게 생생하게 무기 없는 세상이 당신 곁에 펼쳐지는 것을 보게 될 것입니다.[5]

바라는 미래로 이동할 준비로서, 워크숍의 세 번째 단계에서는 우리가 좌우 양 끝이 보일 만큼 길게 이어져 있는 크고 두꺼운 나무 울타리 앞에 서 있다는 상상을 하도록 합니다. 이 울타리 너머에는 지금부터 30년 후에 바라는 세상이 있습니다. 그것은 바로 첫 번째 단계에서 확인한 우리의 의도가 실현된 세상이지요. 우리는 뚫고 가든 넘어 가든 어떻게든 이 세상을 유심히 살펴볼 수 있습니다. 이렇게 하는 목적은 우리가 관찰자가 되어 정보를 모아 보고를 하는 데 있습니다.

그려보기 과정이 끝나면 우리가 경험한 것을 다른 사람들과 공유하도록 합니다. 관찰이 구체적일수록 설명을 듣는 사람에게 더 사실적인 이미지가 전달됩니다. "아무도 배고픈 사람이 없다."와 같이 일반화하지 말고 구체적으로 자신이 보고 들은 것을 묘사하는 게 좋습니다. 우리들 각자가 보는 것은 다가올 미래의 일부일 뿐입니다. 따라서 다음 네 번째 단계에서는 미래가 보여주는 것을 보다 일관성 있게 그리기 위해서 여러 사람의 그려보기 과정에서 나온 정보를 취합합니다. 이를 통해 '의사 결정은 어떻게 내리는가?', '교육 효과는 어떻게 나타나는가?'와 같이 그려보기 과정을 통해 집단이 기초로 활용할 단서를 얻게 됩니다. 다시 볼딩의 말입니다.

기도를 한다고 해서 우리 맘대로 미래를 만들 수 없듯이, 이런 식의 그려보기를 한다고 해서 미래를 점치거나 예측하거나 우리 맘대로 만들 수는 없습니다. 미래를 규정하는 것은, 우리가 무엇을 하는가 그리고 우리가 그리는 미래에 대해 개인적으로 또 집단적으로 어떻게 대응하는가에 달려 있습니다.[6]

워크숍에는 두 가지 부분이 더 남아 있습니다. 바라는 미래에 대한 비전을 함께 만들고 나면, 어떻게 그 미래에 도달할 것인가를 기억해야 합니다. 그래서 지금부터 30년 후에 있을 세상에 서서, 우리가 꿈꾸던 변화가 어떻게 일어났는가를 회고합니다. 한 해씩 거슬러 올라가면 무슨 일이 있었던가? 현재 이 순간까지 거슬러 올라오면서, 우리는 이 가상의 미래라는 시각에서 이전 30년의 역사를 재구성합니다.

마지막으로 이 과정에서 우리는 자신의 역할을 직시할 필요가 있습니다. 우리 삶의 여러 영역을 살펴보고, 무슨 일을 해야 우리가 바라는 미래를 건설하는 데 도움이 될까요? 많은 일들이 있을 것이고, 어떤 일은 금방 눈에 들어올 것입니다. 그런 일에는 무엇이 있을까요?

5: 가상에서 얻는 지혜

자기 자신에게 이런저런 핑계로 어떤 일이 일어날 수 없다는 말을 하지 않게 되면, 강력한 정신적 변화가 생겨납니다. 우리가 바라는 미래를 그릴 수 있을 때, 그런 미래가 가능하다는 믿음은 강해집니다. 우리의 모든 감각과 함께 이러한 비전을 추구하며 살아가면서 우리가 보는 색깔과 모양, 사람들의 표정, 우리가 듣는 소리, 미래의 냄새, 맛, 그리고 느낌 등을 그려보면 우리는 그 미래에 도달하게 됩니다. 그러면서 우리의 창조 능력, 예지력, 그리고 직감 능력도 활성화됩니다. 시인 루미(페르시아의 신비주의 시인. 1207~1273 – 역자주)는 일찍이 이렇게 읊었습니다.

"두 눈을 감아야 제3의 눈으로 볼 수 있을지어다."[7]

한 연구에 따르면, 문제가 있을 때 그 문제가 이미 해결되었다고 상상하고 그 상상의 미래로부터 시간을 거슬러 살펴보면 사람들은 가능한 해결책을 찾는 데 더 창의적이고 더 상세한 것까지 따진다고 합니다.[8] 롭 홉킨스가 〈전환 운동〉을 설립할 때 사용한 접근법이 바로 이 '가상에서 얻는 지혜'였습니다. 다음은 그의 말입니다.

그 아이디어가 한꺼번에 모양을 다 갖춰 떠오른 것은 아닙니다. 그것은 오히려 "○○하면 무슨 일이 일어나지 않을까?"라고 생각해 보고, 그다음에 피크오일이(peak oil: 석유 생산이 최고에 이르는 지점 – 역자주)라는 도전에 대해 영속농업(환경에 대한 부담을 주지 않고 영원히 유지할 수 있는 농업으로, 환경을 오염시키지 않는 농업의 총칭 – 역자주)이라는 전 세계에서 쉽게 유행할 수 있는 대응이 어떻게 비칠까를 상상해보는 것이었습니다.

　각각의 공동체가 각자의 '에너지 줄이기 계획'을 개발할 수 있다는 아이디어는 이러한 비전 만들기 과정에서 나왔습니다. 그 출발점은 '공동체가 더 이상 석유에 의존하지 않는다면 어떻게 비칠까?'를 그려보는 것이었습니다. 이렇게 가능한 미래로부터 시간을 거슬러 오다 보면 길을 따라서 '공동체가 돌아가기나 할까?', '사람들은 뭘 먹지?', '경제, 보건, 교육 제도는 잘 돌아갈까?'와 같은 핵심적인 사건들이 표시됩니다. 이렇게 간단히 진행 경로를 보면, 공동체가 석유의 의존에서 벗어날 수 있는 에너지 줄이기 계획의 출발 지점이 보입니다. 볼딩의 모델처럼, 그것은 결국 지금 여기 우리 삶이 있는 현재 시점에서 끝납니다. 그리고 우리는 앞을 보고 전환 과정에서 우리의 역할을 어떻게 할 수 있을까 확인합니다.

　가상에서 얻는 지혜는 여러 가지 다른 기간에서도 적용이 가능합니다. 만약 24시간 후 문제에 봉착할 것 같으면, 지금부터 하루 뒤에 성공적인 해결을 상상하고, 그다음에 그 해결 시점으로부터 거슬러 되돌아보면 됩니다. 우리가 어떻게 난국을 해결했는지 이야기하다 보면 우리는 취해야 할 조치들에 주목하게 됩니다.

6: 이야기꾼들의 회의

　이야기를 풀어가는 방식으로 '가상에서 얻는 지혜'라는 과정을 해보면 재미도 있고 이해하기도 쉽습니다. 크리스는 가끔 청중들을 지금부터 수백 년 후의 우리가 바라는 미래로 가상의 시간 여행을 유도합니다. 사람들을 환상의 세계로 데려가는 것입니다. 거기에는 이야기를 풀어가는 역사학자들이 모여 있고, 그들은 서로 짝을 지어 교대로 자신들이 경험한 대전환의 이야기를 나눕니다. 각각 몇 분씩을 그렇게 하고 나면, 그들은 어렸을 때 들었을 21세기 초의 역사에 대해 이야기를 합니다. 바로 인간 사회가 집단 자살의 길로 들어선 것처럼 보였던 그 시절의 이야기를 말입니다. 처음에는 상황이 그다지 여의치 않았지만, 광범위한 각성이 일어나고 엄청난 수의 사람들이, 지금의 이야기꾼들에게는 친숙한 생명을 유지해 주는 사회를 만드는 일을 무난히 해냈습니다.

이런 이야기를 나눈 다음, 청중들은 우리가 함께 참여했던 신화적인 모험에 대한 깊은 느낌을 간직한 채 현재 시점으로 돌아옵니다. 들은 이야기는 환상이지만, 그중 일부는 일어날 현실에 근접한 것도 있을 것입니다. 이처럼 우리가 바라는 미래를 마음속에 품고 살아갈 때, 그것은 우리를 인도하고, 우리를 통해 행동하며, 우리가 그 미래를 현실로 만들도록 도와줍니다.

7: 악몽조차도 힘이 될 수 있습니다

우리는 바라는 미래를 언급할 때, 꿈이라는 단어를 씁니다. 그러나 우리를 인도하는 것이 긍정적인 비전만 있는 것은 아닙니다. 악몽은 위험한 상황에 대해 경고하고, 생명을 대신하여 대응하라고 우리를 부릅니다. 재교감 작업을 하던 초기에 저는 특이할 정도로 또렷하게 악몽을 꾼

적이 있습니다. 그 당시 고준위 핵폐기물의 불안전한 저장을 막으려는 시민 소송에 관여하고 있던 저는, 원전 주변 주민들의 공중 보건 통계를 검토하고 있었습니다. 어느 날 밤, 잠자리에 들기 전에 저는 세 자녀의 어릴 적 사진을 훑어보다가 딸의 고등학교 앨범에서 스냅사진 하나를 찾아냈습니다. 그리고 그날 밤 저는 다음과 같은 악몽을 꾸었습니다.

나는 옛날 사진에 나온 세 자녀를 보고 있습니다. 남편과 저는 어린 세 자녀와 함께 낯선 풍경을 가로질러 가고 있습니다. 지형은 삭막하고 나무도 없고 여기 저기에 바위가 널려 있습니다. 어린 페기는 길바닥에 있는 바위조차 기어오를 수 없습니다. 상황이 더 어려워지고 겁까지 나면서, 나는 갑자기 어떤 무자비하고 바꿀 수 없는 예정에 따라 애들 아빠와 내가 애들 곁을 떠나야 한다는 사실을 깨달았습니다.

나는 애들 앞에 놓인 길이 얼마나 무서운지 알고 있습니다. 풍경은 화성처럼 음산하고 살을 태우는 아픔이 감돌고 있습니다. 아이들이 나 없이 이런 시련을 겪어야 한다고 생각하니 슬픔으로 미칠 지경입니다. 애들에게 하나하나 뽀뽀를 해주고, "우리는 언젠가 다시 만날 거야. 그러나 사실 어디서 만날지는 나도 몰라. 아마도 다른 별에서겠지?"라고 말합니다. 두려움이 뭔지 모르는 아이들을 나는 안심시키려 합니다. 그리고는 떠날 채비를 합니다.

아이들과 헤어지고 나는 하늘 높은 곳에서 아이들이 가는 걸 봅니다. 조그맣고 외로운 세 아이들이 서로 손을 꼭 잡고 연신 뒤를 돌아보면서 저 황량한 황무지를 뚜벅뚜벅 걸어갑니다. 거리는 멀어지지만 나는 초현실적인 정확함으로 아이들 몸에 생긴 상처를 봅니다. 오빠들이 여동생을 부축하고 바위를 넘어가면서 끈질기게 앞으로 나아가는데, 나는 어떻게 아이들의 피부에 물집이 생기고 터져서 속이 드러나는지 보고 있습니다.

제가 어떤 기고문에 이 꿈을 언급하자 황무지처럼 해로운 세상에 아이들을 남겨두고 온 어머니의 두려움이 심금을 크게 울렸는지 많은 독자들이 비슷한 악몽과 세상에 대한 자기들의 두려움을 글로 써서 보내주었습니다.

8: 지구가 꾸는 꿈

우리를 커다란 생명망의 일부라고 생각하면, 지구가 우리 안에서 울부짖고 있음을 느낄 수 있듯이, 우리는 지구가 우리 안에서 꿈도 꿀 수 있음을 아마도 경험할 것입니다. 체계이론과 생태적 자아라는 틀에서 생각하면 이는 완벽하게 이해가 가능합니다. 자아를 여러 기류를 가진 의식의 흐름이라고 생각한다면, 영감을 받은 꿈과 예지력을 갖는 순간은 곧 인간이 집단적 정체성의 깊은 흐름과 교감이 강화될 때 나타납니다.

깨어 있거나 자고 있거나 꿈이 깊은 지혜의 원천으로 이용될 수 있다는 생각은 여러 문화에서도 발견됩니다. 성경에서도 파라오가 7마리 야윈 암소가 7마리 살찐 암소를 먹는 꿈을 꾸자, 당시 요셉은 이를 7년의 풍년 후에 7년의 기근이 들 것이라는 경고로 해석했습니다. 북미의 원주민 문화에서 '현몽(손조나 신령이 꿈에 나타나 미래를 알려주는 것 – 역자주)'이란 말도 꿈에 나타나 우리를 인도하는 예지력을 표현할 때 쓰입니다. 토마스 베리는 그의 저서 『지구가 꾸는 꿈』에서 이렇게 썼습니다.

"그런 꿈의 경험은 너무 보편적이고 개인이나 공동체의 영적 생활에 소중하기 때문에, 어떤 사회에서는 꿈에 대한 기법을 가르치기도 합니다."[9]

그 기법 중 가장 단순한 것은, 그저 우리가 꾸는 꿈을 의미 있는 것으로 보고 꿈을 주의 깊게 살펴보는 일입니다. 꿈이 아직도 마음속에 생생하게 남아 있을 때 기록을 해둘 수도 있습니다. 어떤 공동체에서는 아침 일찍 전날 밤에 꾼 꿈을 서로 이야기하고, 그 의미를 이끌어내는 모임을 갖습니다. 꿈은 우리가 들으려고 할 때만 우리에게 뭔가 알려줄 수 있습니다.

우리가 만약 커다란 생태적 자아로부터 우리를 인도하는 신호를 받을 능력이 있다면, 그것은 아마도 우리가 영감을 받은 비전을 붙잡기보다는 영감을 주는 비전이 우리를 붙잡는다고 말할 수 있겠습니다. 어떤 상황에서도 잠재된 가능성은 기다리다 보면 언젠가 드러나 현실이 됩니다. 꿈을 꾸는 듯한 가상의 상태에서 우리는 이 가능성들을 살짝 알아챌 뿐입니다.

이들 가상의 이미지가 우리에게 내려와 정착하면, 그때서야 그 이미지들은 우리를 통해 서서히 변하고 형태를 갖추게 되어 우리의 행동으로 표출됩니다. 이렇게 형성된 비전은 여러 사람을 붙잡고, 그들을 같은 목적을 가진 공동체로 묶어 줍니다. 이런 관점에서 본다면, 비전을 추구하는 욕구는 우리가 발명한 어떤 것이 아닙니다. 오히려 우리가 떠받드는 어떤 것입니다.

꿈이 주는 신호가 우리를 인도하는 비전이라는 개념은 영적 관점이나 체계이론의 관점과는 잘 맞아떨어지지만, 산업화된 세상의 초개인주의적 세계관과는 상극입니다. 이들 사회에서는 사고와 지능이 개인 속에 갇혀 있습니다. 가령 누군가에게 좋은 아이디어가 떠오르면, 그 아이디어는 그 사람의 개인 자산으로 간주됩니다. 이런 아이디어의 소유권을 개인이 갖기 때문에, 세상을 도울 수 있는 혁신적 기술도 개인이나 기업의 이익을 위해 사용될 때까지 공개되지 않고 대외비로 남게 됩니다. 만약 신경 세포의 각 부분이 이런 식으로 한다면 우리 뇌는 어떻게 될까요?

사고는 뇌세포 안에서가 아니라 뇌세포를 통해 이루어지고, 지능은 커다란 전체로서 함께 일하는 세포들의 창발성(구성 요소에 없는 특성이나 행동이 전체 구조에서 돌연히 출현하는 것 – 역자주)입니다. 우리 자신을 뇌세포와 유사하다고 보면, 지능에 대해 완전히 새로운 사고방식이 열리게 됩니다. Part2의 2장에서 언급한 집단지능은 〈집단지능연구소〉의 정의에 따르면, '전체를 대신하여 전체의 지혜를 이용하는 것'입니다.[10] 우리 스스로를 지구상 생명 전체의 일부라고 생각하면, 과연 우리는 모두의 이익을 위해 이 세상의 지혜를 이용할 수 있을까요?

집단지능은 영감을 주는 생각과 비전을 공유하고 다른 사람들도 감동시키는 것을 들을 여지가 있을 때 생겨납니다. 이는 비전이 어떻게 인기를 얻고 놀라운 속도로 세상으로 퍼지는지를 설명해 줍니다.

삼삼오오 둘러 앉았을 때, 친구 몇몇이서 대화할 때, 개인 일기의 첫 문장으로, 친구에게 보내는 편지에 담을 내용으로, 다음의 문장 완성하기를 해보기 바랍니다.

"지금 이 순간 나에게 영감을 주는 것은(   )이다."

9: 점진적인 브레인스토밍을 통한 집단지능

제가 워크숍에서 사용했던 점진적인 브레인스토밍 과정은 집단지능이 생겨나는 좋은 사례가 됩니다. 이 과정은 참가자들이 크고 일반적인 목표에서 취할 수 있는 구체적인 조치로 옮겨갈 때, 집단의 창조성을 활용할 수 있는 놀라운 방법입니다. 이 과정을 함께 할 몇몇 관심 있는 친구들을 부르면 재미도 있고 힘도 날 것입니다. 첫 단계는 앞으로의 목표를 알아보는 것입니다. 각자 몇 분간 생명 중심 사회에서 일어났으면 하는 일을 꿈꿔 봅니다. 그리고 그 내용을 큰 종이에 적어 봅니다. (상자 3–3 참조)

상자 3-3»제1단계 : 생명 중심 사회를 위한 우리의 비전

1_ 맑은 공기

2_ 재생 에너지

3_ 분쟁을 해결하는 건설적 절차

4_ 자발적으로 이루어지는 단순한 생활 양식

5_ 생태 의식 확산

다음 단계로, 이들 중 하나를 잡아 "그것을 위해서는 무엇이 필요할까요?"란 질문의 답을 찾아가는 브레인스토밍 과정을 가집니다. 그러나 브레인스토밍의 목표는 창조적인 사고를 촉발시키는 것이므로 다음 세 가지 규칙을 따라야 합니다. 첫째, 우리의 생각을 누구도 검열하거나 설명하거나 정당화하지 않을 것, 둘째, 타인의 생각을 평가하거나 비판하지 않을 것, 셋째, 토론은 나중에 할 것 등이 그것입니다. 우리는 방안을 만들려는 것이지 그것을 편집하려는 것이 아닙니다. ('맑은 공기'를 예로 든 상자 3-4 참조]

상자 3-4›› 제2단계 : 맑은 공기를 위해서는 무엇이 필요할까요?

1_차량 대수 줄이기

2_소각로 없애기

3_굴뚝에 세정장치 설치

4_재생 에너지 투자 증대

5_공기 오염이 건강에 미치는 영향에 대한 관심 증대

목록이 만들어지면, 각각의 방안에 대해 "그렇게 되려면 무엇이 필요할까요?"라는 질문을 탐구하는 브레인스토밍 과정을 반복합니다. 이런 과정을 반복할 때마다 우리는 보다 가깝고 취하기 쉬운 조치를 확인하게 됩니다. 목표는 참가자 누구나 할 수 있는 실질적인 조치 목록을 만들어 내는 것입니다.('차량 대수를 줄일 것'에 대한 사례를 열거한 상자 3-5 참조) 이런 과정이 무르익으면 당신은 집단이 구성원 각자를 통해 사고하고 전략을

짜는 것을 느끼게 될 것입니다.

상자 3-5» 제3단계 : 차량 대수를 줄이려면 무엇이 필요할까요?

1_보행자 전용 도로

2_자전거 도로

3_연료 가격 인상

4_대중 교통 증설

5_카풀제 확대

10: 선택하기와 선택받기

우리가 어떤 주제를 선택하든 일련의 가능한 행동 경로와 우리가 해야 할 역할이 있을 것입니다. 그 많은 방안 중에서 우리의 정력을 어디에 쏟아야 할 것인지를 어떻게 선택해야 할까요? 문제는 가장 강하게 요구하는 비전을 우리가 귀담아들으려 노력하고, 그 비전을 잘 따르기 위해 정력을 허투루 낭비하지 않으며, 우리의 초점을 정밀하게 할 필요가 있음을 인정하는 것이 쉽지 않다는 점입니다. 모종을 솎아 줘야 하듯이, 비전도 우리가 지지하는 것을 골라 주위 공간을 비워 두어야, 그 비전이 성장하고 번창해질 여지가 생깁니다.

우리는 이런 노력을 할 때 집단지능 방식을 활용하면 전혀 외롭지 않을 수 있습니다. 더 커다란 역사가 이루어지고 있는 가운데 우리는 그 안에서 어떤 역할을 할지 선택하거나 선택받으면 됩니다. 이 커다란 집단지능을 신뢰하면, 우리는 각자의 역할을 해줄 많은 조력자와 지원자들의 지지를 받을 수 있습니다. 조지프 캠벨의 말처럼, "자신의 희열을 좇으라. 그러면 없던 문도 열릴" 것입니다.[11]

우리가 이 비전들을 이루어지게 하는 것은 물론 아닙니다. 그저 우리는 맡은 역할을 할 뿐입니다. 그러기 위해서는 비전과 그 비전을 이루겠다는 다짐을 우리 안에 확고하게 간직해야 합니다. 그래야 그 비전이 이끄는 대로 어디든지 따라갈 수 있습니다. 이제부터 제가 인생에서 겪은 경험을 말씀드리겠습니다.

11: 티베트로 가는 길

제가 20년 이상 알고 지낸 저의 친구이자 스승으로부터 연락을 받았을 때, 그 비전은 대단히 강력한 것이었습니다. 중국이 티베트를 점령하자 망명길에 오른 티베트 라마, 두구 초이잘 린포체는 인도 북서부에 있는 승려와 세속 사람들의 피난민 공동체에서 지내고 있었습니다. 그와의 우정은 1960년대에 시작되었습니다. 당시 그는 18살이었고, 저는 그보다 두 배나 더 나이를 먹었는데, 미국 평화봉사단의 일원으로 인도에 살고 있었습니다.

몇 해가 지나면서 그의 이야기와 그림들을 통해 그가 떠나온 티베트가 저에게 매우 절실하게 다가왔습니다. 그는 티베트를 다시는 못볼 것이라 생각했는데, 1981년 이후 6년간 중국의 티베트 점령정책이 완화되면서 망명 중인 그는 고국을 방문할 수 있었습니다. 티베트 동부의 캄에 있는 고향으로의 여행은 그에게 너무나 보람 있었고 국민들도 너무 좋아했기 때문에, 그는 1987년에 다시 방문 계획을 세웠습니다. 그리고 당시 캘리포니아에 살고 있던 저에게도 방문을 부탁해 왔습니다.

저는 주저 없이 "그럼요!"라는 답신을 보내면서, 제 남편 프란과 딸 페기도 함께 갈 거라고 했습니다. 초이잘이 그린 고향 풍경이 저에게는 너무 생생해서 바로 거기 캄의 푸른 언덕에 있는 모습을 그려볼 수 있을 정도였습니다. 그리고 그만큼 우리가 이야기하고 있던 계획도 절실했습니다. 초이잘은 문화혁명으로 폐허가 된 곳에 자신의 절을 복원하려 했고, 피신했던 몇몇 스님들도 모았습니다. 그리고 세속의 사람들을 위해 티베트어 학교와 전통 공예를 위한 공방을 세우려고 했습니다. 스리랑카에서 마을의 자력갱생운동을 했던 나의 이야기에 영감을 얻어 그는 자신의 비전을 '동티베트 자력갱생 프로젝트(Eastern Tibet Self-Help Project)'라고 명명했습니다.

그 당시 저는 58살이었고, 딸은 여행 기간에 26살이 될 예정이었습니다. 캄 지역을 표시한 유일한 지도를 펴니 폭이 90cm가 넘었습니다. 대략 스위스 정도의 크기인 캄은 지도 위에 제 손바닥만큼 작게 그려져 있었습니다. 거기에는 우리가 가려고 계획한, 중국 사천성을 거쳐 티베트 동쪽으로 접근하는 길이 나와 있었습니다. 거실에 펼쳐 놓고, 페기와 저는 산소 알약, 정수기, 필름 몇 통, 비타민제, 반창고, 복통 약, 등산용 간식거리, 고산용 입술보호제, 선글라스, 그리고 티베트 분들을 위한 선물을 꾸렸습니다. 우리는 각자 가벼운 산악용 부츠도 샀습니다. 페기는 베이지색, 프란은 남색, 저는 청록색을 골랐습니다.

우리는 중국 비자를 받긴 했지만, 최근까지 폐쇄되어 있던 티베트 자치구에는 들어갈 수 없었습니다. 샌프란시스코에 있는 영사관에서는 우리가 북경에 도착하면 외국인 여행 비자를 받을 수 있을 것이라고 확인해 주었습니다. 우리 세 사람은 불뚝 나온 배낭과 슬리핑 백을 부치고 중국국제항공공사에 소속된 비행기에 몸을 실으면서도 이런 굳은 희망을 버리지 않았습니다.

중간에 서는 곳마다 그러니까, 베이징, 청뚜, 그리고 버스나 대절한 차로 수일간 지나간 서쪽의 작은 도시들마다 우리는 중국 당국에 티베트 여행 허가를 받을 수 있는지 알아보았습니다. 그러나 그들은 모두 거부했습니다. 우리의 마지막 희망은 양쯔강에서 가장 가까운 도시로, 티베트와 경계인 더꺼(Dege, 德格)였습니다. 그러나 그곳 경찰은 여행 허가는 커녕 오히려 이틀 내에 중국을 떠나라고 명령했습니다.

나는 초이잘을 그의 고향에서 만나려는 마음이 그 어느 때보다도 굴뚝같았습니다. 그동안 여기까지 온 것이 아깝기도 했고, 티베트 자치구의 캄이 양쯔강 저편으로 50마일 떨어진, 그야말로 엎어지면 코가 닿을 정도로 가까이 있었기 때문에, 더욱더 물러설 수가 없었습니다. 그런데 마침 서양에서 오래 머문 적이 있는, 제가 아는 고승이 티베트에서 나오는 길에 더꺼를 지난다는 말을 듣고 그에게 도움을 청했습니다. 그 스님은 아콩 린포체로, 중국 당국과 사이가 좋긴 했지만 별로 기대할 게 없었습니다. 그때 두 명의 관리가 양쯔강 국경 초소에서 일을 마치고 우리가 있는 찻집으로 차를 마시러 잠깐 들렀습니다. 아콩 린포체가 나서서 선처를 부탁했지만, 그들의 대답은 통명스럽고도 단호했습니다.

그런데 그 찻집에 우리 이야기를 조용히 듣고 있던 다른 사람이 있었습니다. 텐진이라는 더꺼 출신의 티베트 청년으로, 그는 독일의 베를린으로 공부하러 돌아가려던 참이었습니다. 그런 그가 "무슨 수를 써서라도 스님한테 갈 테야. 무슨 수라도!"라는 저의 말을 우연히 들었던 것입니다. 그날 밤 텐진은 우리를 찾아와 이렇게 말했습니다.

"그렇게 말씀하시는 걸 보니 그 스님을 엄청 좋아하시나 봅니다. 저한테 묘안이 있긴 합니다만, 한 번 실행해 보시겠습니까?"

그가 말한 방안은 자신이 알고 지내는 믿을 만한 주민으로, 경운기를 가진 사람에게 부탁하는 것이었습니다. 텐진은 즉시 그 사람을 데려왔고, 그는 우리가 가려는 길의 지도를 들여다보았습니다. 티베트 말을 못 하다 보니 우리는 손짓, 발짓으로 대화를 했습니다. 그의 진짜 이름은 모르는 게 오히려 약이었습니다. 그래서 우리는 그를 '경운기 씨!'라고 불렀습니다.

다음 날 아침 시장에서 만났을 때, '경운기 씨!'는 우리와 거의 눈도 마주치지 않았습니다. 그저 덤덤하게 세 발 달린 경운기와 연결된 좁은 화물칸에 타라고 고개를 끄덕였습니다. 몇 명의 스님을 포함하여 8명이 경운기에 타고 있었는데, 그들은 우리 셋을 끌어 좁은 널판지 의자에 앉혔습니다. 우리는 이내 눈부시게 파란 하늘 아래 황금빛으로 빛나는 보리밭을 따라 더꺼를 나와 서쪽으로 서서히 덜컹거리며 나아갔습니다. 경운기에 탄 사람들의 웃음소리와 떠드는 소리를 들으면 마치 소풍 가는 사람들처럼 보일 정도였습니다.

세 시간 뒤 양쯔강 상류 어느 고개에 당도하자, 다른 사람들이 모두 내리고, 근처 정류소에서 실은 보리 가마니가 그 자리를 대신 채웠습니다. 저 멀리 강 아래를 보니, 다리 끝 지점에 국경 초소가 있고 국경 수비대들이 왔다 갔다 하는 게 보였습니다. 경운기 씨는 얼른 우리를 안 보이게 끌더니 경운기 바닥에 납작 엎드려 조용히 하라는 몸짓을 했습니다. 우리가 엎드리자마자(우리가 알아서 할 수밖에 없었는데, 수저 모양으로 남편은 제 등을 안고 저는 딸의 등을 안았습니다.) 보리 가마니들이 우리 위에 실렸고, 우리는 꼼짝도 못하고 숨을 쉴 수 없는 어둠에 갇혀 버렸습니다.

경운기 씨까지 위에 앉자 무게가 장난이 아니어서 숨을 쉬기가 정말 어려웠습니다. 길을 내려가면서 무게가 쏠릴 때는 숨이 턱 막히고 공기가 부족해 가슴은 심하게 쿵쾅거렸습니다. 저는 제 폐에게 "제발 참아줘."라고 기도했습니다. 또한 공포로 폭발하기 전에 제발 무사히 지나가기를, 그리고 딸 폐기가 질식하지 않기를 기도했습니다. 경운기가 한 번 방향을 틀고 몇 번 서더니 날카로운 중국인의 목소리가 바로 가까이서 들렸습니다.

그리고는 경운기가 다시 시동을 걸더니 한 번 방향을 틀고는 결국 또 멈춰섰습니다. 여전히 보리 가마니가 우리를 짓누르고 있었지만, 너무나 고맙게도 숨쉬기는 조금 나아졌습니다. 그때 경운기 씨의 공포스런 모습을 보았습니다. 그는 몸짓으로 일어난 일을 설명하는 모양이었습니다. 총구는 그의 머리를 겨누고 있고, 경운기 뒤쪽의 보리 가마니를 내리자 아뿔싸, 그 밑에 베이지색, 남색, 청록색의 미제 부츠 세 켤레가 있었습니다.

놀라운 일은 우리가 그 자리에서 끌려가 감옥에 가지 않았다는 사실입니다. 이에 대해서는 아무래도 아콩 린포체와 차를 마시고 세 사람의 미국인이 국경을 넘으려 한다는 사실을 알고 있었던 두 사람의 국경 관리에게 고마워해야 할 것 같습니다. 또 하나 놀라운 일은 경운기 씨가 자기만 살겠다고 우리를 포기하지 않았다는 사실입니다. 오히려 우리가 양쯔강을 건널 수 있도록 그는 끝까지 최선을 다했습니다. 늦은 오후 우리 일행은 다리에서 15킬로미터가량을 강 아래로 내려간 후 길을 벗어나 가파른 비포장을 따라 물가를 향해 나아갔습니다. 그리고 경운기를 끄고, 짐을 들고 걸어서 나무 숲으로 들어가니 거기에 나룻배가 숨겨져 있었습니다. 해가 지자 그는 우리를 강 맞은편으로 데려다주었습니다.

나룻배는 가벼운데 물살은 셌습니다. 두 차례의 위험한 운행 끝에 우리는 먼 강가에 도착할 수 있었습니다. 강을 타고 오는 내내 양쯔강을 따라 스촨성의 포장도로가 눈에 들어왔습니다. 나무로 된 가파른 제방 아래 바위에서 우리는 경운기 씨에게 작별인사를 했습니다. 그는 웃옷도 없이 추위에 덜덜 떨고 있었습니다. 우리도 알았지만, 그도 우리가 서둘러야 다리에서 떨어진 북쪽 길로 가서 동이 트기 전에 캄으로 들어갈 수 있다는 사실을 알고 있었습니다. 그는 강과 하늘을 가리켰습니다. 우리는 오른쪽으로 강을 끼고 별을 따라 가라는 그의 뜻을 알아챘습니다. 소용 없는 일일지는 모르지만 저는 그의 팔을 만지며 고마움을 표시하고 그의 얼굴이나마 기억하려고 애를 썼습니다. 언젠가, 거리 또는 무리 속에서라도 그를 알아볼 수 있기를 바랐습니다.

4주 후 우리 셋은 다시 중국국제항공공사 비행기를 탔습니다. 하지만 이번엔 귀국하기 위해서였습니다. 제 노트북 컴퓨터는 메모, 숫자, 목록,

스케치 등으로 가득 차 있습니다. 구해야 할 시멘트와 목재의 개략적인 양과 초이잘이 구상한 학교의 설계도와 공방에 쓸 직기의 치수도 적혀 있습니다. 또한 건물 벽 앞 바위에 쓸 자원 봉사를 하겠다는 가족의 이름과 인부들을 위해 식사를 제공하겠다는 사람들의 이름도 함께 적혀 있습니다. 이 모든 것들이 우리가 필요로 하는 적당한 액수의 기금을 모으기 위한 기부 제안서 작성에 큰 도움이 될 것이라는 것을 저는 알고 있습니다. '동티베트 자력갱생 프로젝트'가 이미 시작된 것입니다.

이에 못지않게 저에게는 소중한 게 있습니다. 바로 기내 불빛이 희미해지면서 눈앞에 어른거리는 얼굴들이 그것입니다. 제 마음의 눈에는 예기치 않게 우리를 도와준 경운기 씨와 텐진, 그 밖에 여러 사람들이 보입니다. 우리가 강을 건너자마자 우리 눈에 보인 불빛의 주인공, 캄의 말몰이꾼도 보입니다. 그는 10대 아들과 두 마리의 말을 제공해 우리가 달도 없는 밤에 양쯔강 위의 낭떠러지 길을 넘도록 해주었습니다. 해가 뜰 무렵 우리가 도착한 마을에서 만난 키가 작은 할머니도 보입니다. 국경 지방이라 중국인들이 더 억압적이어서 그런지 마을 사람 누구도 우리를 아는 체하거나 우리에게 말을 걸려 하지 않았습니다.

그러나 우리가 한참을 걸어 시야에서 사라진 뒤, 승강기를 타기 위해 무료하게 기다리며 시간을 보내고 있을 때, 그녀가 절뚝거리며 길을 걸어 내려왔습니다. 자기만큼 무거운 놋쇠 주전자 안에 차를 가져온 것이었습니다. 그것은 우리가 이틀 만에 처음 맛보는 따뜻한 음식이었습니다. 또 저에게는 법을 어기는 위험을 무릅쓰고, 차 타는 곳에서 진흙과 기름 속에 며칠간이나 버려진 세 명의 외국인을 태워준 트럭 운전수도 보입니다. 그리고 너무도 당연한 일이지만, 제 오랜 친구인 초이잘 린포체도 보입니다. 그는 우리가 올 거라는 것을 한 순간도 의심한 적이 없다는 듯, 바로 옆집에서 찾아온 사람처럼 우리를 덤덤히 맞아주었습니다.

-Chapter-

2

할 수 있다고 믿어보기

1: 매도의 목소리

1785년, 당시 케임브리지 대학교의 학생이던 토마스 클락슨은 논술 경시대회에 나갔습니다. 그가 들고간 주제는 노예제도였습니다. 그 주제를 공부하면서, 그는 대서양을 오가는 노예무역의 실상에 몸서리를 쳤습니다. 그의 글은 최우수상을 탔지만, 그 내용이 너무 끔찍해서 클락슨은 잠을 잘 수가 없었습니다. 그의 일기장에는 이렇게 적혀 있습니다.

"낮에는 편치 않고 밤에는 쉴 수가 없습니다. 너무 슬퍼 눈꺼풀을 한번도 감아보지 못한 날도 있습니다."[7]

영국 성공회의 신부가 되겠다는 원래의 꿈을 접고 클락슨은 그 문제에 대해 운동을 하고 있는 퀘이커 교도의 조그만 모임에 들어갔습니다. 그리고 2년 후, 클락슨은 런던의 한 인쇄소에서 열린〈노예무역 폐지 실천 모임〉의 발기인 12명 중 한 명이 되었습니다.

윌리엄 윌버포스와 몇 명의 다른 운동가들과 함께, 클락슨은 영감을 주는 비전에 매달렸습니다. 승산은 거의 없는 것처럼 보였습니다. 당시 노예제도는 삶의 정상적인 일부로 인정되고 있었습니다. 노예무역이 잘 정착되어 있었고, 어떤 변화도 거부하는 강력한 기득권 세력도 있었습니다. 영국 하원은 노예제를 폐지하자는 생각에 "불필요하고, 공상적이며, 비현실적이다."라고 피력했습니다. 새 법을 만들려는 윌버포스의 계속된 시도는 번번이 저지당했습니다. 그런 격심한 반대자들의 공격으로 클락슨은 리버풀 제방에서 폭도들의 공격을 받아 거의 죽을 뻔하기도 했습니다.

이처럼 영감을 주는 비전을 실현하는 길을 좇다 보면, 우리는 바라는 바를 불필요하고 비현실적인 것으로 매도하는 목소리를 접하게 됩니다. 현실과 이상 사이의 격차가 클수록 그런 목소리는 더욱 커집니다. 그러나 클락슨과 윌버포스의 이야기에서 우리는 비전이 실현 가능함을 믿고 그 믿음에 따라 행동할 때, 예기치 않은 변화가 일어날 수 있다는 사실을 알게 됩니다. 1807년 영국 의회는 결국 노예무역을 대영제국 내에서 불법화하는 법안을 통과시킵니다. 그리고 다른 나라들도 이를 따르면서 노예제도는 한 평생 남짓한 기간 동안 거의 모든 나라에서 불법화되었습니다. 넬슨 만델라가 언젠가 이런 변화에 대해 말했듯이, "이루어지기 전에 그런 변화는 항상 불가능한 것처럼 보입니다."

이 장에서 우리는 바라는 바가 가능함을 믿으려고 애쓸 때, 어떻게 환멸에 빠지지 않게 되는지를 알아볼 것입니다. 무엇이 그저 비전을 생각하는 데서 비전이 이루어지게 조치를 취하는 데로 나아갈 수 있게 도와 주는지, 그리고 무엇이 승산이 없는 것처럼 보이더라도 이를 실천하겠 다는 결의를 강하게 만드는지 살펴볼 것입니다.

2: 불신의 벽에 맞서기

우리가 영감을 주는 비전을 가지고 있고 그것을 향해 나아가고 싶을 때, 목적이 분명하고 진척이 이루어지면 힘을 얻게 됩니다. 그러나 불행 히도 우리가 이 세상을 지키려고 행동할 때의 경험을 보면, 항상 그런 것 만은 아닙니다. 기후변화, 서식지 파괴, 종의 대멸종, 기아 같은 사실을 보면 지극히 실망스럽습니다. 우리가 추구하는 대의명분이 성과가 없는 것 같고, 패배와 좌절로 힘들고, 자금 지원을 받는 방해자들의 강고한 저 항에 직면했을 때, 우리는 바라는 바가 가능할 것이라는 믿음을 지속하 기가 어렵습니다. 그러나 그런 믿음이 없다면, 우리의 행위가 실제로 영 향을 미칠 것이라는 신념의 불꽃이 없다면, 우리 일을 계속해 나가기란 어렵습니다.

우리는 이 도전들을 구체적으로 알아볼 필요가 있습니다. 좌절, 실패, 실망 등이 반복되면, 우리의 확고한 결의도 다 소진돼 버릴 것이기 때문 입니다. 비전을 향해 의미 있는 진전을 만들 수 있다는 믿음이 없다면, 그런 비전을 끝까지 잡고 있는 것은 고통이 됩니다. 그러므로 할 수 있다 는 우리의 느낌을 지지하는 기준이 중요합니다. 거기에는 다음과 같은 5 가지 기준이 있습니다.

- 역사에서 배우는 성공 사례
- 불연속적 변화 현상
- 훼방꾼과 맞서기
- 고진감래의 체험
- 우리를 통해 일어나는 대전환에 대한 증언

[01] 역사에서 배우는 성공 사례

노예무역을 반대하는 법안이 통과되기까지 클락슨과 윌버포스는 20년 이상이나 노예무역 폐지운동을 벌였습니다.[2] 그들은 그 시기의 통상적 삶에 반기를 든 것입니다. 그들에게는 어렵사리 대중의 지지를 받은 시기도 있었지만, 완전히 가망이 없어 보이던 시절도 있었습니다.

1790년대 초 프랑스 혁명과 뒤이은 프랑스와의 전쟁으로 영국에서는 정치적 반대에 대한 단속이 심했습니다. 엄격한 법을 새로 제정해서 지방 치안판사의 허가 없이 50명 이상 모이는 것을 금지했습니다. 지방 치안판사가 불법이라고 선언했음에도 한 시간이 지나도록 12명 이상이 해산하지 않고 모여 있으면, 사형 선고가 내려질 수도 있었습니다. 〈노예 폐지위원회〉도 런던 사무실을 포기하고 7년간이나 모임 없이 버텨야 했습니다. 클락슨은 신경 쇠약에 걸렸고, 노예무역 폐지운동은 점차 침체에 빠졌습니다.

중요한 변화는 흔히 세 단계를 거친다는 말이 있습니다. 첫째는 사람들이 변화를 농담으로 받아들입니다. 그다음에는 위협으로 생각합니다. 마지막에 이르러서야 사람들은 변화를 정상적인 것으로 수용합니다. 이러한 순서로 변화가 이루어진 역사상의 사례들을 보면 우리에게는 중요한 기준이 보이게 됩니다. 바라는 바가 가능하다는 사실을 믿고자 당신이 애쓰고 있다면, 다른 사람들도 똑같이 느끼고 있다는 사실을 알아야 합니다. 조롱과 비난을 받으면서도 확신의 불꽃을 지켜온 사람들 덕분에 조롱받고, 박해받고, 희망 없는 꿈이라고 매도당했던 그 변화가, 지금은 우리 현실에서 정상적인 것으로 받아들여지고 있는 것입니다. 다음의 사례를 보십시오.

상자 3-6» 한때 희망 없는 꿈이라고 매도당했지만 오늘날 현실이 된 사례

1_ 세계의 거의 모든 나라에서 여성도 투표권을 갖게 된 사례

2_ 아프리카계 미국인이 미합중국 대통령이 된 사례

3_ 남아공에서 인종차별 정권이 붕괴된 사례

4_ 대부분의 사람들이 현재는 지구가 공전함을 받아들인 사례

1850년 루시 스톤은 매사추세츠 주의 우스터에서 〈제1회 전국 여권대회(National Women's Rights Convention)〉를 조직했습니다. 1920년 미국에서 여성이 투표권을 갖는 것을 보지 못하고 정작 눈을 감았지만, 그녀는 온 생애를 바쳐 그 일을 했습니다. 넬슨 만델라도 25년 이상 감옥에 있다가 나와서 1994년 마침내 남아공 최초의 흑인 대통령이 되었습니다. 갈릴레오 갈릴레이(1564~1642)는 지구가 태양 주위를 돈다는 믿음 때문에 이단이라는 딱지를 받았고, 그의 저작은 금서가 되었으며, 살아생전 마지막 8년 동안 가택연금을 당했습니다. 우리가 좌절, 실패, 방해 등을 겪고 있

다면, 우리가 바로 그런 훌륭한 역사적 전통의 일부임을 기억할 필요가 있습니다.

언젠가 우리의 후손들이 뒤를 돌아보면서, 과연 어떻게 조상님들이 생명 중심의 세상을 만들 수 있다고 믿었고 그런 세상을 만들어 냈을까 궁금해하는 날이 과연 올까요? 그런 날을 오게 하려면, 좌절을 감내하는 능력이 필요합니다. 좌절과 실패를 희망 없는 대의명분을 좇는 증거라고 보지 말고, 사회 변화의 여정에서 자연스럽고 필요한 특징이라고 바꿔 말해야 합니다.

그렇다면 왜 좌절과 실패가 우리 여정의 필요한 부분일까요? 할 줄 아는 것, 편하고 확신하는 것에만 집착한다면, 우리는 새로운 능력을 만들지 못하고 오래되고 친숙한 것에 갇혀 버리기 때문입니다. 새로운 기술을 배울 때, 처음엔 자주 틀리게 마련입니다. 우리는 사고를 치면서 경험을 쌓아가는 것입니다. 배움이란 무지에서 시작하는 과정입니다. 좌절과 실패가 좋은 소식이 되는 이유는, 우리가 적당히 하는 것을 과감히 버리고 우리에게 닥친 어려움에 잘 대처한다는 것을 보여주기 때문입니다. 여기서 우리가 할 일은 포기하기보다는 버티도록, 우리에게 용기를 주도록 좌절과 실패를 새롭게 해석하는 것입니다. 끝까지 버팀으로써, 우리는 다음 두 번째 기준이 주는 놀라운 긍정의 힘을 경험하게 됩니다.

[02] 불연속적 변화 현상

기후변화나 피크 오일 같은 문제들에 있어, 필요한 변화를 가져오는 데 70년, 아니 20년도 남지 않았습니다. 이들 문제는 시급하고 훨씬 더 신속한 행동을 요구하고 있습니다. 최근의 더딘 진전을 감안하면, 앞으로 어떻게 해나갈 것인지 모르겠습니다.

만약에 변화를 예측할 수 있는 일정한 비율로 늘어나면서 일어나는 것, 즉 10년간 얼마나 진행되었나를 알면 다음 10년 사이에는 무슨 일이 생길지 예측할 수 있는 그런 변화라고 본다면, 우리는 매우 상심할 것입니다. 그러나 연속적인 변화와 함께 불연속적인 변화도 있습니다. 우리를 깜짝 놀라게 할 갑작스런 변화가 생길 수도 있습니다. 독일의 베를린 장벽처럼 확고하고 튼튼한 구조물도 짧은 시간에 붕괴되고 해체되었습니다. 불연속적 변화를 이해하면 가능성에 대한 확실한 감각이 열립니다.

물병을 냉장고에 넣어두면 무슨 일이 생기는지 한번 생각해 봅시다. 물이 식어가면서 온도가 꾸준히 변합니다. 빙점이라는 임계점에 가까워질 때까지 물은 외관상 그다지 변화가 없습니다. 그런데 빙점을 지나면 놀라운 일이 일어납니다. 작은 결정체가 만들어지고 다른 결정체가 이들 주위에 생겨나면서 물속에 대규모 결정형성 운동이 일어나 액체에서 고체로 급격히 바뀝니다. 이것이 바로 불연속적 변화입니다.

불연속적 변화에서는 같은 현상이 많이 생기는 게 아니라 뭔가 다른 현상이 일어날 때 임계점을 지나게 됩니다. 이는 곧 새로운 수준으로의 비약이자 새로운 가능성의 시작입니다. 소량의 물로 유리처럼 단단한 물체를 깨는 것이 불가능하다고 생각할 수 있지만, 얼음이 팽창하면 병을 깨뜨립니다.

우리 행동이 비록 가시적인 결과를 당장 가져오지 않는다고 해도 우리는 뭔가 결정체가 형성되는 임계점에 가깝게, 상황을 움직이는 보이지 않는 변화에 힘을 보태고 있는 것입니다. 임계점을 넘어 뭔가 새로운 일이 일어날 때가 되면, 그 변화는 쥐도 새도 모르게 온 것처럼 보일 것입니다.

불연속적 변화는 상당히 작은 사건들로 인해 촉발될 수도 있습니다. 당신도 문턱 가까이에 가면 살짝 발만 내디뎌도 걸려서 넘어질 수 있습니다. 임계점에 도달하고 일정한 수 이상의 사람들이 변화가 일어날 수 있다고 믿기 시작할 때를 이런 사례로 들 수 있습니다. 마음을 정하지 못한 사람들이 무슨 일이 일어나나 보자면서 가장자리를 서성거릴 때에는, 뭔가 조그만 일만 일어나도 균형이 깨지고 그 사람들을 움직여 변화를 지지하게 만듭니다. 이 임계점을 지나기 전에는 그런 변화가 불가능해 보일 수도 있습니다. 그러나 조금만 지나면 모든 사람들이 변화에 합류하려고 합니다.

우리가 한 걸음 내디딜 때마다 이런 행위가 다른 사람의 행위와 어떻게 상호작용하여 완전히 새로운 상황을 만들어낼지 우리는 모릅니다. 하나의 변화가 다른 변화를 더 가능하게 만들 때, 여러 사건들이 한꺼번에 일어나 돌파구를 찾게 됩니다. 언덕을 굴러가는 눈덩이처럼 한 발 전진할 때마다 가속도가 붙는 것입니다. 이처럼 시너지 효과가 생기면 마치 요술처럼 예상치 못한 특징들이 생겨납니다.

불연속적 변화는 양방향으로 일어납니다. 새로운 사고방식이 사람들의 상상력을 붙잡고 중추적인 혁신이 예기치 않게 튀어나오듯이, 임계점은 급격히 상황을 악화시킬 수도 있습니다. 우리는 파국적 붕괴를 맞을 위험에 직면해 있기도 하지만, 진화 역사상 가장 중요한 도약을 할 자세를 취할 수도 있습니다.

우리는 앞으로의 일이 어떻게 전개될지 알 수 없습니다. 우리가 할 수 있는 일이라곤 일어났으면 하는 것을 선택하고, 그 가능성을 위해 온 힘을 다하는 것입니다. 우리를 고무시키는 변화의 물결이 전 세계로 퍼지고 있습니다. 우리 시대에 대전환이 일어나고 있고, 우리는 이미 여러 방식으로 거기에 참여하고 있습니다. 이들 변화가 더 철저하게, 더 깊게, 더 급속하게 퍼져나가기를 바란다면, 우리는 사는 동안 어떻게 해야 할까요? 어떤 임계점을 넘어야 할까요? 우리가 그 지점을 넘어 이 상태에서 다른 상태로 나아갈 때, 우리는 이 변화에 참여하고 있는 것입니다.

[03] 훼방꾼에 맞서기

영감을 주는 비전을 붙잡으면, 우리는 그 비전을 위해 봉사해야 한다는 부름을 경험하게 됩니다. 그것은 보호하고 싶은 보호림일 수도 있고, 지원하고 싶은 공동체 프로젝트일 수도 있고, 자신이나 다른 사람이 발휘하고 싶은 소중한 자질일 수도 있습니다. 그러나 대개는 무언가의 저항이나 반대에 부딪치게 됩니다. 신화학자인 조지프 캠벨은 길을 가로막거나 지키는 자를 의미하는 말로 '훼방꾼'이란 용어를 만들었습니다.[3] 그는 전 세계의 신화, 전설, 모험담 등을 연구해 부름에 따르려는 충동과 그 길을 가로막고 있는 훼방꾼 사이를 둘러싼 긴장이 공통적인 줄거리라고 추출해 놓았습니다.

『반지의 제왕』과 같은 공상 모험에는 가야 할 분명한 여정에 항상 괴물이나 다른 적들이 출현합니다. 그러면 주인공은 가로막는 자를 쳐부

수든지, 속이든지, 친구로 만들든지, 우회하든지 해서 어떤 식으로든 문제들을 해결하고 여정을 계속합니다. 우리 삶도 비슷합니다. 우리가 모험을 하라는 요구를 따를 때, 장애물을 훼방꾼이라고 생각하면 우리 내부에서 창의적인 반응을 이끌어낼 수 있습니다. 〈전환 운동〉에서 활동가로 있는 사라는 그렇게 행동한 것이 자신에게 미친 영향을 이렇게 적고 있습니다.

저는 제가 사는 도시에서 전환 프로젝트를 하고 싶었습니다. 그러나 저는 "방법이 없어. 너무 큰 사업이야. 안 하는 게 낫겠어."라고 생각했습니다. 그런데 우리 삶이 모험담과 같다는 이야기를 듣고 제 생각을 완전히 바꿨습니다. 엄청 큰일이고 할 수 있다는 확신도 없었지만, 어쨌든 이야기는 그렇게 시작됐습니다.

사라는 역경에 처할 때마다 스스로에게 "이건 나의 모험이야. 이런 것들은 훼방꾼일 뿐이야."라고 말했습니다. 그녀는 패배했다고 느끼기보다는 오히려 같은 편을 찾고, 새로운 기법을 배우고, 일이 잘 안 풀리더라도 포기하지 말아야 한다는 것을 터득했습니다.

모험담이 수천 년간 사람들 입에 오르내리는 이유는 재미가 있어서도 그렇지만, 난국을 잘 헤쳐가는 가르침을 후손에게 대대로 넘겨주고 있기 때문이기도 합니다. 대개 주인공들은 같은 편의 동료애에 기대거나, 자신보다 훨씬 더 큰 목적에 봉사하거나, 전에는 보이지 않던 강점을 발견하거나, 다른 사람들로부터 배우는 겸손을 가지고 있거나 하여튼 뭔가를 해서 앞길을 헤쳐나갑니다. 보통은 어떤 신비스러운 힘이 손을 내

밉니다. 그것은 영적인 존재일 수도 있고, 정의와 같은 도덕적 힘일 수도 있고, 영화《아바타》처럼 서로 하나로 연결된 생명망에서 온 신흥 권력일 수도 있습니다.

가끔 훼방꾼들은 우리 외부에 있는 눈에 보이는 물질적 존재일 수도 있습니다. 티베트의 초이잘 린포체를 만나라는 강력한 부름을 좇아 티베트로 가는 동안 저를 방해한 훼방꾼으로는, 비자를 거부한 중국 당국과 국경 수비대라고 할 수 있습니다. 그러나 우리가 넘어야 할 관문은 우리 외부에 있는 만큼 우리 내부에도 있습니다. 사라는 '전환도시계획'을 세울 결심을 한 후 이를 실천하기 위해 "방법이 없어. 너무 큰 사업이야. 안 하는 게 낫겠어."라는 목소리를 뛰어넘는 방법을 찾아야 했습니다. 이것이 바로 불신이라는 훼방꾼입니다.

이런 방해의 목소리를 우리 앞길을 가로막고 서 있는 인물이라고 상상하는 것도 도움이 됩니다. 크리스는 근래에 두려움, 냉소주의, 불신이라는 공통의 방해물을 눈에 보이도록 표현하기 위해 인형극 공연자들과 함께 일했습니다. 두려움은 뭔가 새로운 것에 빠져드는 위험에 끊임없이 경고를 보내는 과잉보호 유형의 부모 형상을 띱니다. 냉소주의의 목소리는 고려 중인 프로젝트의 가치를 갈갈이 찢어버리는 오만한 먼 친척과 같습니다. 마지막으로 불신은 '안 돼, 교수님'입니다. 그는 매우 영리한 인물로, 모든 것을 다 공부했고 왜 우리가 승리할 방법이 없는지 정확히 알고 있는 분이지요.

이런 사람들도 가끔은 쓸모있는 말을 할 때가 있습니다. 자신의 두려움에 귀를 기울이면, 지나치게 덤벙대지 않게 됩니다. 건강한 회의론자

는 공허하게 들리는 명분을 좇지 않게 해줍니다. 그리고 '안 돼. 교수님'
도 가끔은 옳을 때가 있습니다. 그렇다면 우리를 그만두게 하려는 목소
리를 접할 때, 그것이 우리를 위하는 것인지 방해하는 것인지 어떻게 알
수 있을까요? 스스로의 반대 의견을 경청하고 세심하게 살핀 후 이견을
달면, 자신으로부터 생기는 저항을 극복할 수 있습니다. 우리를 붙들고
있는 방해물들을 치우면, 행동할 수 있는 자유로운 힘이 생깁니다. 다음
의 기준이 이것을 입증하고 있습니다.

[04] 고진감래의 체험

너무 어려워서 될 것 같지 않은 변화를 이루기 위해 많은 분들이 애를
써왔을 것입니다. 우리가 끝내 돌파구를 열었던 순간들은 가능성의 중
요한 기준을 제시해 줍니다. 그런 순간들은 "절대 안 돼. 그런 일은 일어
날 수 없어!"라는 목소리가 들릴 때, '안 돼. 교수님'도 가끔 틀릴 때가 있
다는 것을 입증했던 기억을 우리에게 떠올리게 합니다. 크리스는 자신
이 경험한 것을 이렇게 말합니다.

1980년대 말, 저는 영국 런던에서 인턴으로 일하고 있었습니다. 주당 평균 88
시간 근무하는 계약이 당시에는 일반적 관행이었지만, 어떤 주에는 100시간 넘
게 일했습니다. 아침 8시에 일을 시작하면 다음 날 새벽 3시까지 쉬지 않고 일
했습니다. 때로는 당직 근무를 했고, 30분 후에 다시 진료를 봐야 할지도 모르
기 때문에 결국 아침 5시경에야 자러 가서 겨우 한 시간 정도 눈을 붙이고 다시
병실로 불려가야 했습니다. 그리고는 하루 종일 일하고 오후 5시에야 일을 마칠

수 있었습니다. 이런 식으로 밤낮없이 33시간 교대를 주당 2회 하고, 격주로 주중 낮 시간에도 일을 했습니다. 이뿐만이 아닙니다. 3주마다 주말에는 한 번에 50시간 내지 80시간 연속 당직 근무를 했습니다. 이런 주말 근무를 하고 교대할 때까지 (금요일 아침에서 월요일 오후까지도 연장되기도 했지만), 제가 가장 오랫동안 방해받지 않고 잘 수 있었던 시간은 고작 90분에 불과했습니다.

제가 이런 식으로 일을 시작했을 때, 근무 조건은 정말 믿을 수 없이 나빴습니다. 그런 조건을 개선하려는 대중 캠페인이 한 번도 없어 놀랐고, 제가 말을 붙여본 의사들은 거의 모두가 체념을 하고 무기력하게 느껴졌습니다. "우리가 뭔힘이 있어야지. 우리가 할 수 있는 건 없어."라는 말만 들렸습니다. 여기저기 묻고 다녔을 때, 이렇게 일하는 게 미친 짓이지만 상황을 바꾸려고 해봤자 아무 소용이 없다는 데에는 거의 모든 사람들의 생각이 일치했습니다. 첫째는 체제가워낙 강고하게 자리를 잡고 있어, 어떤 대중 캠페인도 실패하게 되어 있다는 것이고, 둘째는 의사는 좋은 자리로 가려면 고용주로부터 좋은 평가를 받아야 하는데, 그런 불평불만을 발설하고 다니면 직장 생활이 위험해질 수 있다는 것이었습니다. 바꿔 말하면 의료계에서 출세를 하고 싶으면, 그 시간들을 참고 조용히 지내야 한다는 것이었습니다.

하지만 몇몇 소수의 의사들은 이런 압력에 굴하지 않고 캠페인을 벌이기 시작했습니다. 저도 즉시 참여했고, 우리는 힘을 합쳐 신문사에 편지를 보내고, 의회에 로비단체를 조직하고, 병원에서 모임을 가졌습니다. 캠페인이 알려지기 시작하자 TV의 뉴스 취재진이 저를 인터뷰하러 왔습니다. 인터뷰 하기 전날 저녁, 병원 관리자가 제 집으로 전화를 해서, "만약 인터뷰를 한다면, 당신 앞날을 걱정해야 할 것이다."라고 했습니다. 그의 메시지는 분명했습니다. "떠들면 직장은 끝이다."였습니다.

이것이 바로 그런 체제를 유지시켜 온 공포였습니다. 변화를 가져와야 한다면, 위험을 감수해야 했습니다. 그래도 저는 인터뷰를 했습니다. 공포의 문턱을 건너면 해방입니다. 드디어 다른 의사들도 발언을 하기 시작했고, 뜻이 분명한 몇몇 의사들은 매스컴에 캠페인을 시작했습니다. 런던 병원 밖에서 우리가 야간 시위를 하자, 이것은 곧 주요 뉴스거리가 되었습니다. 다음 해가 되자, 더 세간의 주목을 끄는 행동들이 뒤따랐고, 언론에 더 많이 보도되었습니다. 그러나 불행히도 작업 조건에는 변화가 없었고, 우리들의 사기는 떨어지기 시작했습니다.

저는 극심한 수면 부족으로 우울증 진단을 받았습니다. 의학을 공부하기 전에 변호사였던 친구가 소송을 제안했습니다. 우리는 유명한 변호사와 상담을 했는데, 그는 그런 청구를 할 법적 근거가 없을 뿐만 아니라 소송을 제기하는 게 웃음거리밖에 안 되고 오히려 캠페인에 피해를 끼칠 수 있다는 의견을 내놨습니다. 두 번째 변호사도 비슷한 의견이었습니다. "그런 전례가 없습니다."라는 대답이었습니다.

그런데 변호사인 또 다른 친구는 의견이 달랐습니다. 그녀는 무료로 도와주겠다면서, 병원이 주당 72시간 이상 그리고 잠잘 시간을 보장하지 않고서 24시간 이상 계속해서 근무하지 못하도록 하는 법원 명령을 받아내자고 했습니다. 모든 고용주는 안전한 근무 체제를 제공할 법적 의무를 지는데, 병원 당국은 이 의무를 지키지 않고 있다는 것이었습니다. 왜냐하면, 의사가 과로를 하면 실수할 가능성이 높아지고, 수면 부족은 우울증을 가져오는 위험 요인이 되기 때문입니다.

저는 언론 보도를 극대화하기 위해 소장을 50시간 주말 교대를 끝낸 바로 직후의 휴일인 월요일에 제출했습니다. 30명의 기자와 6개 텔레비전 방송사 제작진이 병원 밖에서 저를 기다리고 있었습니다. 그들은 사진을 찍어대면서, "이런 식으로 하품을 해주세요."라고 주문했습니다. 이 기사는 국제면 머리기사가 되었고, 지구 반대편의 친구들도 TV로 그 뉴스를 시청했습니다. 언론의 이목을 끌면서 효과는 좋았습니다. 그러나 이런 관심도 필요한 변화를 이끌어 내기에는 충분치 않았습니다.

법정 심리에서 저의 주장은 법적 근거가 없는 경솔한 행동으로 판정되어 받아들여지지 않았습니다. 그걸로 다 끝날 뻔했습니다. 그러나 수석 법정변호사가 무료 변론을 제안했습니다. 그는 항소할 근거가 있다고 믿고 있었습니다. 만약 그 항소에서 지면, 저는 보건 당국에 소송 비용을 물어줘야 할 판이었습니다. 저한테는 그럴만한 돈도 없었지만 말입니다. 어떤 신문 기사에서 제가 이런 진퇴양난에 빠진 사정을 기사화했습니다. 그러자 사람들이 돈을 보내주기 시작했습니다. 200통이 넘는 편지가 홍수처럼 밀려들었고, 수천 파운드의 기부금이 들어왔습니다.

의사들 모임인 〈영국의사협회〉를 접촉해 이 사건을 도와줄 수 있는지 알아보았으나 법률 고문의 대답은 기대하지 말라는 것이었습니다. 신문 인터뷰에서 영국의 최고위 판사인 데닝 경도 같은 의견을 내놓았습니다. 그는 법원이 고된 작업이라고 이를 불법으로 선고하는 일은 들어본 적이 없다고 말했습니다. 그러나 지지자들 특히 너무 절망적이어서 자살까지 고려한 적이 있다는 저와 같은 의사들의 편지를 읽고 저는 계속 싸워야 한다는 것을 깨달았습니다.

스코틀랜드에서 휴가를 보내던 어느 날 오후, 저는 운전 중 잠깐 졸고 있었습니다. 눈을 떴을 때, 저는 반대편 차선에 있었고 차 한대가 제 차를 향해 달려오고 있었습니다. 저는 가까스로 차를 돌려 길을 벗어났지만, 제 차는 통제불능이 되어 도로를 벗어나 암벽과 충돌했습니다. 결국 제 차는 완전히 파손되었지만, 저는 운 좋게 무릎에 찰과상만 입은 채 탈출할 수 있었습니다.

그러나 메시지는 분명해 보였습니다. 제가 이런 식으로 계속 일한다면, 즉 적당한 수면을 취하지 않고 나를 계속 혹사시킨다면, 저는 곧 죽게 된다는 것이었습니다. 바로 며칠 전만 해도 저는 주당 112시간을 근무했었습니다. 이번 사고는 제게 일종의 경고로 작용했습니다. 근무 조건이 단순히 불편한가 아닌가의 문제가 아니라 이제는 사느냐 죽느냐의 문제가 된 것입니다. 그즈음에 수 명의 젊은 의사들이 교통사고로 죽었고, 그 이유로 수면 부족이 의심을 받았습니다. 저는 사표를 내고 이 사안을 파헤치기로 굳은 결심을 했습니다.

그리고 몇 달 후 저는 항소심에서 이겼습니다. 그 판결은 중요한 승리였습니다. 고용주가 건강에 피해를 줄 것으로 예측될 정도로 야근을 강요하면 불법이라는 판례를 처음으로 세운 것입니다. 이 지점에서 〈영국의사협회〉는 이 사건을 지원하기로 결정을 내렸고, 재판을 위한 준비가 시작되었습니다.

그 이후 몇 해 동안 보건 당국은 법률적인 근거에 입각해 사건을 방해하려는 시도를 몇 차례나 했습니다. 그들은 심지어 이 문제를 상원으로 끌고 가려 했습니다. 그리고 마침내 재판 기일이 1995년 5월로 결정되었습니다. 이 재판은 A형 공판으로, 이것은 공공에게 큰 의미가 있다고 판정을 받았다는 의미입니다. 재판이 시작되기 몇 주 전, 보건 당국은 법정 외 화해를 제안해 왔습니다. 그들은 재판에 지면 비싼 재판 비용을 물어야 한다는 것을 염려했던 것입니다. 그들은 저에게 약간의 손해배상금에다 모든 소송 비용을 지불했습니다. 항소심 판례와 함께, 이번 화해는 고용주들에게 강력한 메시지를 보낸 셈입니다. 과다한 근무 시간이 건강에 미치는 영향을 소홀히 할 때면 과실에 대한 배상 청구를 당하게 될 테니까요. 주당 100시간 근무의 시대는 결국 끝이 났습니다. 소송에서 이긴 것입니다.

변화가 일어날 필요가 있을 때면, 사람들은 알아서 행동하는 것 같습니다. 그 때가 언제인지 어떻게 알 수 있을까요? 우리는 그런 필요를 우리 내부에서 느낍니다. 우리에게는 참여하라고 끌어당기는 갈망이 있습니다. 그러나 그렇다고 해서 변화가 반드시 생기지는 않습니다. 시간 낭비라는 둥, 불가능하다는 둥, 너무 위험하다는 둥, 딴지를 거는 사람들이 우리를 가로막기 때문입니다. 변화가 우리를 통해 일어나려면, 그런 딴지 거는 사람들에게 맞서야 합니다. 우리를 뒤에서 잡아당기는 반대를 돌파해 낼 때, 변화는 우리 내부에서 일어나게 됩니다.

[05] 우리를 통해 일어나는 대전환의 증언

새로운 눈으로 보면, 모든 행동이 얼마나 중요한지, 대전환이라는 큰 역사가 어떻게 공동체, 캠페인, 개인 행동을 포함해 무수히 작은 역사들로 이루어져 있는지 깨닫게 됩니다. 이런 변화들이 파국을 피할 정도로 신속하게 일어날지는 아무도 모르지만, 비연속적 변화가 갖는 예측불가능성을 감안하면, 그럴 수도 있습니다. 이것은 확신을 갖는 것이 아니라, 성공의 가능성을 열어두는 것입니다.

당신이 두려움과 의심을 이겨냈다면, 대전환을 위해 무슨 일을 하겠습니까? 저희 워크숍에서 사용하는 행동계획 과정을 소개하겠습니다. 이 과정은 다음 일주일 동안 하겠다고 다짐할 몇 가지 실천적 조치를 확인하는 데 도움이 될 것입니다. 백문이 불여일견입니다. 당신 스스로 이런 조치들을 취한다면, 훨씬 쉽게 대전환이 일어나고 있음을 믿게 될 것입니다.

🌳 따라해 보세요 - 목표와 자원 확인하기

다른 사람들과 팀을 만들어 돌아가면서 서로에게 묻고 서로를 지지할 때, 이 과정은 효과가 훨씬 좋습니다.

1_ 만약 실패하지 않을 것을 알고 있다면, 세상을 치유하기 위해 가장 하고 싶은 일은 무엇입니까?

2_ 그 일에 도움이 되는 것으로, 앞으로 12개월 동안에 현실적으로 달성할 수 있는 구체적 목표나 프로젝트는 무엇입니까?

3_ 그 목표나 프로젝트를 달성하는 데 도움이 될 내적·외적 자원으로는 어떤 것이 있습니까? 내적 자원에는 특별한 강점, 자질, 경험, 지식과 기능 등이 있고, 외적 자원으로는 관계, 지인, 네트워크, 물질적 자원 (금전, 장비, 일터나 재충전할 장소 등) 등이 있습니다.

4_ 어떤 자원(내적이든 외적이든)을 습득해야 하겠습니까? 무엇을 배우거나, 개발하거나, 취득해야 하겠습니까?

5_ 혹시 중도에 포기할 수도 있습니까? 중도에 어떤 장애물이 생길 것 같습니까?

6_ 그런 장애물을 어떻게 극복하겠습니까?

7_ 이런 목표에 가까이 가기 위해 다음 주에는 무슨 조치를 취하겠습니까? 아무리 사소한 것이라도 괜찮습니다. 전화하기, 메일 보내기, 성찰의 시간 가져보기 등 다 좋습니다.

정기적으로 이런 과정을 반복하고 검토하십시오. 바라는 바가 가능하다는 것을 믿게 될 때, 우리는 행동할 용기가 생깁니다. 괴테(1749~1832)가 썼다는 선언문에서 다음과 같이 주장하듯이 말입니다.

마음을 다잡고 결심하기 전에는 망설임, 즉 물러날 기회가 있습니다. 모든 주도적 (그리고 창조적) 행위에는 하나의 기본적인 진리가 있습니다. 그것을 모르면 무수한 아이디어와 훌륭한 계획도 아무 쓸모가 없습니다. 그것은 바로 확실하게 결단을 내린 순간, 하늘의 섭리도 작동한다는 것입니다. 결단을 내리지 않았다면 일어나지 않았을 그 일을 돕기 위해 모든 일이 벌어집니다. 결정으로부터 모든 일련의 사건들이 시작되어 온갖 종류의 예측하지 못한 사건과 회합, 그리고 물질적 지원이 결단을 내린 사람을 위해 모아집니다. 아무도 자기에게 그런 일이 생길 것이라고는 꿈도 꾸지 못한 사건들입니다. 당신이 할 수 있거나 할 수 있다고 꿈꾸는 것이 무엇이든, 먼저 시작하십시오. 대담함은 그 안에 재능, 힘, 마력을 가지고 있습니다. 지금 당장 시작하십시오.[4]

-Chapter-

3

주위에 지지세력 구축하기

어떤 변화든 그 과정에서 결정적인 요인은 지지 수준이라고 할 수 있습니다. 격려, 도움, 좋은 충고를 찾아내면, 우리의 사업과 우리 자신에게 더 우호적인 여건을 만들 수가 있습니다. 우리가 어렵거나 적대적인 상황에 있을 때는 그렇게 하는 것이 특히 중요합니다. 이 장에서는 다음의 각 수준에서 어떻게 하면 주변의 지지자를 만들 수 있는지를 살펴보겠습니다.

- 개인적 수준 : 우리의 습관과 실천
- 얼굴을 마주하는 수준 : 우리 주위의 아는 사람들
- 문화적 수준 : 우리가 구성하고 있는 사회
- 중생적 수준 : 우리와 하나로 연결된 모든 생명체

1: 개인적 수준 : 우리의 습관과 실천

맨 먼저 던질 질문이 있습니다. 바로 "내가 삶을 사는 방법이 내가 바라는 변화를 지지하는가?"라는 질문입니다. 올림픽에 출전하는 선수라면 시합이 다가올 때까지 수년간 몸을 만들 것입니다. 무얼 먹고 마시며, 언제 잠을 잘 것인지 하는 선택도 최고 성적을 내려는 그들의 희망에 따라 결정됩니다. 동기 부여를 강화하고 집중력을 키우기 위해서 그들은 스포츠 심리학의 선진 기법에 의존하면서 동시에 시각화 등 다른 방안을 활용할 수도 있습니다. 인류 역사상 중차대한 시기에 살고 있다는 사실을 인정한다면, 우리의 행위와 선택의 결과가 수천 년이 넘도록 지속되는 지금, 우리가 하는 것이 올림픽 시합보다도 덜 중요할까요?

우리가 하는 일의 가치에 대해 어떻게 생각하는가는 매우 중요합니다. 만약 우리의 역할을 중요하다고 생각하지 않는다면, 우리는 최고로 역할을 수행하는 데에 필요한 조치를 취하지 않게 될 것입니다. 그렇다면 어떻게 해야 우리가 대전환에 기여하는 것이 심각하게 받아들여질 정도로 중차대한 일임을 인식할 수 있을까요?

Part2의 2장에서 보았듯이, 권력에 대한 협력적 관점은 확실히 뭔가 다릅니다. 창발을 이해하면 우리의 모든 선택과 행위에 담긴 숨겨진 힘을 제대로 알아볼 수 있기 때문입니다. 대전환을 이루기 위해서는 대중의 참여가 필요하고, 우리는 각자 해야 할 역할이 있습니다. 그런데 지금 우리는 자신의 역할을 지지할 만한 가치가 있을 정도로 중요하게 보고 있습니까? 이게 바로 우리가 선택할 문제입니다. 우리는 희망 만들기라는 우리의 선물에 중요성을 부여하는 선택을 할 수 있습니다. 그리고 그렇게 하도록 도와주는 몇 가지 실천 행위가 있습니다.

2주짜리 집중적인 워크숍의 마지막 날 오후, 저는 밖으로 걸어나가 그 행사를 주최한 명상센터의 한 젊은 스님을 만났습니다. 그는 "오늘이 마지막 날인데 사람들에게 서원을 빌게 하시겠지요?"라고 물었습니다. 저는 아니라고 말했습니다. 그러자 그는 "유감이군요. 제 삶에서는 서원을 비는 게 큰 도움이 된답니다. 제가 진실로 바라는 일을 하는 데 제 정력을 쏟아붓게 해주거든요."라고 말했습니다.

길을 걸으면서 저는 제 손을 보았습니다. 그리고 서원을 빌어야 한다면 한 손의 손가락 수를 넘지 말아야 한다고 생각했습니다. 그러면서 거의 동시에 다음과 같은 5가지 서원이 생각났습니다.

_ 내 자신과 당신 각자에게 맹세합니다

• 매일 세상의 치유와 모든 중생의 안녕을 위하기로 다짐합니다.

• 이 땅에 살면서 음식, 재화, 에너지를 더 적게 더 친환경적으로 쓰겠습니다.

• 살아 있는 지구와 조상님들, 후손들, 일체중생으로부터 힘과 지도를 받겠습니다.

• 세상을 위하는 일에 남을 돕고 필요할 때는 그들에게 도움을 요청하겠습니다.

• 내 마음을 명경지수와 같이 하고, 내 마음을 강하게 만들고, 제 서원을 지키도록 나를 지지하는 일상적 실천을 하겠습니다.

워크숍 참가자들에게 이 5가지 서원을 어떻게 생각하는지 물었더니 모두가 열광적으로 "오! 좋아요!"라고 답했습니다. 워크숍이 끝나면 그들은 모두 뿔뿔이 흩어질 것입니다. 그리고 서로에게, 자신에게 서원을 빌면서 서로 하나의 공동체로 연결되어 있다는 그들의 생각은 더욱 깊어질 것이었습니다. 이처럼 "내 자신과 당신 각자에게 맹세합니다."라는 말은 우리가 같은 편으로 느끼고 있는 사람들을 생각나게 해줍니다.

우리는 진정성 있게 들리는 용어를 선택할 필요가 있습니다. 맹세라는 단어 대신에 '다짐'이나 '의향서'라는 말을 써도 좋습니다. 어떤 용어든, 이들 서원은 우리가 소중하게 간직하고 있는 목적과 그 목적에 봉사하고 지지하는 행위를 계속해서 깨우쳐 주는 정신적 지주가 됩니다.

한 집단의 서원은 구성원들의 공통된 바람을 구체적 형태로 나타낸 것으로서, 힘을 모으는 강력한 요구로 작용합니다. 위의 5가지 서원이 바로 그런 예입니다. 지금은 많은 사람들이 하고 있는데, 이런 서원은 뜻을 같이 하는 전 세계 동료집단에 속해 있다는 느낌을 가져다 줍니다.

실천이란 우리가 선택한 습관입니다. 그것은 우리가 삶의 평범한 일상에서 하기로 합의한 어떤 것을 지칭합니다. 습관은 가속도를 만들어 냅니다. 뭔가를 반복하면 할수록 그만큼 몸에 배기 때문입니다. 세상을 위해 행동에 나서자는 우리 의도를 지지하는 많은 실천 행위가 있습니다. 명상을 하든, 자연 속에서 시간을 보내든, 매일 맹세를 하든, 창조적으로 자기를 표현하든, 우리를 강하게 느끼게 하는 어떤 행위든 자양분이 되는 것이라면, 우리에게 지지를 더해 주는 한편이 됩니다.

위의 네 번째 서원은, 세상을 위하는 일을 할 때 다른 사람들을 지지하고 우리가 필요할 때면 도움을 요청하는 것입니다. 이것은 바로 두 번째 수준, 즉 우리 주위의 아는 사람들에게 나아가게 합니다.

2: 얼굴을 마주하는 수준 : 우리 주위의 아는 사람들

워크숍 참가자 중 하나인 앨런은 남에게 도움을 요청하기 싫어했습니다. 그는 "내가 도움을 청하면, 나 혼자서는 그 일을 할 능력이 없다는 사실을 남들이 알까 봐 가장 겁이 났습니다. 이것은 결국 남들이 나에 대해 생각해주기를 바라는 만큼 내가 그렇게 능력이 있는 게 아니라는 사실을 폭로하는 일이 되고, 스스로 모자란 놈이란 생각을 갖게 하기 때문입니다."라고 말했습니다. 사람을 승자와 패자, 능력자와 비능력자로 나누는 사회에서는 도움을 청하는 행위가 자신이 약하다는 것을을 인정하는 것으로 비쳐질 수 있습니다.

하지만 축구 선수가 자기 혼자서 다 할 수 있다고 생각해 공을 패스하지 않는다면 어떤 일이 일어날까요? 대전환은 바로 이런 팀 스포츠와 같습니다. 바로 공동의 과정인 것입니다. 때로는 공을 넘기거나 남에게 도움을 요청할 필요가 있을 때가 있는가 하면, 우리가 남에게 도움을 줘야 할 때도 있는 것입니다.

이렇게 혼자 해결하려고 애쓰지 않고 네트워크의 일원으로서 행동할 때, 우리는 권력의 이동을 경험하게 됩니다. 이것은 바로 "나 혼자는 안 돼, 그러나 우리는 할 수 있어!"라는 말로 표현됩니다. 시너지와 집단지능을 계발할 방법을 찾는 것이 대전환의 일부이기 때문에, 남에게 도움을 구하는 과정은 그 자체가 변화를 위한 긍정적인 발걸음이라고 할 수 있습니다. 우리가 받는 도움을 확인하고 확대하는 하나의 수단으로 지지자 지도를 들 수 있습니다. 그 지도를 만드는 방법을 알려드리겠습니다.

🌳 따라해 보세요 - 지지자 지도 만들기

1_ 먼저 빈 종이 한가운데에 자기 이름을 적고 그 주위에 자기 인생에서 중요한 사람들의 이름을 적습니다.

2_ 지지의 흐름에 따라 화살표를 그립니다. 자기가 받는 경우에는 화살이 자기 이름 쪽으로 향하게 하고 남에게 주는 경우에는 그 반대로 합니다. 화살의 두께는 지지의 강도를 나타냅니다.(상자 3-7 참조)

3_ 이렇게 지도를 그리고 나면, 자기가 주고받는 지지에 만족하는지 자문해 보십시오. 만족하십니까? 아니면 어떻게 해야 필요한 지지를 더 받을 수 있을까요?

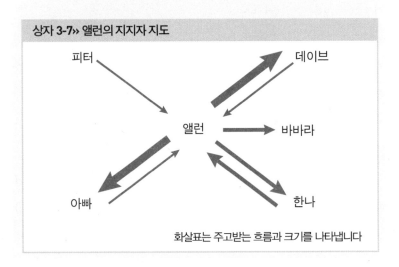

상자 3-7›› 앨런의 지지자 지도

피터   데이브

앨런 → 바바라

아빠   한나

화살표는 주고받는 흐름과 크기를 나타냅니다

앨런은 이 지도를 살펴보고 난 후, 자기가 남한테서 받는 것보다 남한테 주기를 얼마나 더 잘했는지 알게 되었습니다. 부인인 한나만 빼고 그가 지지를 받고 있다고 느낀 사람이 거의 없습니다. 물론 친구인 피터와 데이브는 부탁만 하면 더 많은 지지를 보낼 것이라고 알고 있었지만 말입니다. 앨런은 요새 너무 바빠서 오랜 친구들과는 많이 뜸해진 사이였습니다. 이제 그는 혼자 고군분투하는 대신 차라리 도움을 요청하고, 그러는 게 우정을 새롭게 하고 자신이 보다 더 잘할 수 있도록 해줄 것임을 깨달았습니다.

이 지도를 만드는 과정은 특정 프로젝트에도 적용할 수 있습니다. 자기 이름 대신 프로젝트 이름을 적으면 됩니다. 현재 관여하고 있는 사람들을 살펴보고, 빈틈을 찾아내거나 너무 자신에게만 의존하고 있다면, 다른 사람을 더 끌어들일 생각을 가질 때입니다. 각각의 프로젝트도 그 자신만의 수명이 있습니다. 따라서 "이 프로젝트는 누구를 통해서 행동하고 싶어 할까?"라는 질문을 던져보는 것도 좋을 것입니다. 이런 질문을 던지면 우리는 보다 전체적인 관점으로 통하게 됩니다. 내 것 또는 네 것이라는 식으로 생각하지 않고, 일어났으면 하는 비전을 실현할 팀의 일원으로 스스로를 생각하게 됩니다.

어떤 심오한 목적이 사람들을 통해서 행동할 때, 사람들 사이에서는 특별한 유대감이 생겨납니다. 이를 체험하는 좋은 기회로 학습 - 행동 집단이 있습니다. 저와 크리스에게 학습 - 행동 집단은 일생일대의 놀라운 경험이었습니다.

_ 학습 - 행동 집단

1980년대 말 티베트에서 돌아온 후, 저는 핵폐기물의 딜레마를 해결하겠다는 다짐을 새로이 했습니다. 그 주제에 대해 더 공부하고 지지자를 끌어모아야 할 필요성을 깨닫고, 방사성 폐기물 처리를 다루는 일에 12명의 친구들을 불러들였습니다. 1970년대 학습 동아리 시절부터 저는 행동이 더해졌을 때에 좋은 점이 더 많다는 것을 이미 알고 있었습니다. 즉, 세상을 바꾸는 일을 시작하는 데 공부한 것을 적용하는 것 말입니다. 이렇게 실천적 초점을 공유하면 집단 내에서 에너지, 신뢰, 상호 존중이 고양됩니다.

우리 그룹은 매달 만나 3S(Study, Strategy, Support)라고 하는 세 팀으로 나뉘어 작업을 했습니다. Study(학습)팀에서는 회원들이 서로 돌아가면서 방사선의 물리학, 그것이 생물에 미치는 영향, 원전이나 무기 생산에서 나오는 핵폐기물의 양과 같은 특정 분야에 대해 공부하고 서로를 가르쳤습니다. Strategy(전략)팀에서는 회원들이 서로 알게 된 것에 기초하여 실천적인 조치를 취하는 일을 했습니다. 그리고 그들은 학교에 가서 연설을 하고, 청원 운동을 조직하고, 문건을 생산했습니다.

이 주제는 대부분 아주 충격적인 내용으로 되어 있었습니다. 그래서 우리는 비탄과 분노를 표출할 필요가 있다고 생각했습니다. 이게 바로 제3의 팀, 즉 Support(상호지지)가 아주 중요한 이유였습니다. 그런 지지가 있을 때, 그룹은 정서적 반응을 위한 여유를 갖게 되고, 계속 일을 해나갈 의욕과 용기를 지속적으로 유지할 수 있기 때문입니다.

우리 그룹은 6년간 만나면서, 스스로 훈련 과정을 만들어 공청회에 가서 증언도 하고, 공개 강좌도 개설하고, 출판도 하고, 방사성 물질을 다루는 윤리강령을 만들 수 있는 역량을 갖추게 되었습니다. 학습, 전략, 지지라는 세 팀이 협력하여 우리 그룹의 작업이 귀중한 경험으로 남게 된 것입니다.

저의 이런 경험에 고무된 크리스와 그의 친구들도 대전환을 위한 학습 - 행동 집단을 만들었습니다. 맨 처음 한 일은 관심 있는 사람들을 불러모아 그런 생각에 대해 들려주고 각자가 약속할 수 있는 것을 알아보는 것이었습니다. 온 사람 모두 참여하고자 했고, 그렇게 만들어진 집단은 매달 6회에 걸쳐 만나 재검토를 하기로 합의했습니다. 구성원들이 친밀감을 갖게 하기 위해 12명으로 이루어진 이 집단은 '대전환이란 무엇인가?'와 '어떻게 그 일에 참여할 수 있는가?'라는 질문을 좇아 여정을 시작했습니다. 그러자 깊은 동료애가 생겨났고, 이 집단은 자연스럽게 끝날 때까지 18개월 동안이나 지속되었습니다.

학습 - 행동 집단은 집에서도 할 수 있고, 고도의 전문 지식이 필요한 것도 아니며, 재미가 있다는 매력이 있습니다. 어떤 주제에 대해 배우고 대응하고 싶은 열정을 가진 몇 사람에다가 호기심, 하려는 의향, 맛있는 간식, 만날 자리만 있으면 됩니다.

우리가 지금 말씀드린 학습 - 행동 집단은 지지 집단이 취할 수 있는 여러 형태 중 하나에 불과합니다. 영감을 주는 책이 있다면, 그룹을 만들어 그 책을 함께 읽고 토론하는 것도 하나의 방법입니다. 그렇게 하면, 책을 정독할 기회도 되고, 새로운 정보를 받아들여 살아가는 데 활용될 수도 있어 좋습니다.

3: 문화적 수준 : 우리가 구성하고 있는 사회

10만 명의 설문 조사와 수백 명의 표본 집단을 상대로 획기적인 연구를 수행한 사회심리학자인 폴 레이와 세리 루쓰 앤더슨은 생태적 가치, 사회 정의, 총체적 관점을 추종하는 새로운 비주류문화가 성장하고 있음을 언급했습니다. 그들은 통상적 삶이라는 묵은 역사를 뒤로 하고 뭔가 새로운 것을 창조하는 이른바 '문화 창조자'가 수천만 명에 달한다고 추정하고 있습니다.

수천만 명이 몇십 년 사이에 그런 결정을 하는 걸 보면, 이는 단지 대규모의 개인적 일탈일 뿐만 아니라 문화적 수준에서 엑소더스라고 하겠습니다.[1]

이것이 바로 대전환입니다. 그러나 이런 현상이 항상 눈에 쉽게 띄는 것은 아닙니다. 그래서 사람들은 결과적으로 흔히 혼자서 세상을 걱정하고 있다는 느낌을 갖게 됩니다. 주류 신문이나 잡지를 읽을 때, 기업의 지배를 받는 TV 프로그램을 시청할 때, 또는 번잡한 상가를 걸어갈 때, 우리는 다른 사람들이 우리가 직면한 지구적 위기를 알고 있기나 한지 의구심을 갖게 됩니다. 그렇다면 문화적·사회적 수준에서 어떻게 하면 보다 더 힘을 보태는 분위기를 만들 수가 있을까요?

우리의 결정에 영향을 미치는 주요한 요인으로 주변의 남들이 하는 행위가 있습니다. 한 연구에 의하면, 이웃이 에너지 소비를 줄인다는 것을 알면, 자기도 그렇게 행동할 가능성이 커진다고 합니다.[2] 우리는 무엇이 정상적이고 적절한 행위인지 결정할 때, 스스로를 비교하는 각자의 준거집단을 가지고 있습니다. 또한 우리는 다른 사람의 준거집단이 되기도 합니다. 따라서 우리가 더욱 지속 가능한 방식으로 살고자 하는 것을 남들이 본다면, 그들도 우리를 따라 같은 일을 하게 될 것입니다.

지역 수준에서 좋은 본보기가 보여주는 힘을 깨닫게 되면서, 미국에서는 수십만 명이 참여하는 공동체가 조직되기에 이르렀습니다. 온실가스를 줄이자는 〈시원한 마을(cool communities) 만들기〉 운동은 수십 년의 현장 연구를 통해 개발되었는데, 같은 마을 사람들을 모은 소규모 '에코 팀'이 만들어지면서 자신들의 탄소발자국을 눈에 띄게 줄일 수 있었습니다.[3]

〈시원한 마을 만들기〉 운동에서 우리가 발견한 사실은, 처음에는 사람들이 이웃과 지속 가능한 생활 양식을 만들어가는 데에 협력할 의향이 과연 있을까 의아해했지만, 일단 일이 시작되자 저절로 일에 가속도가 붙게 되었다는 것입니다. 이 프로그램을 개발한 데이비드 거슨은 이렇게 말합니다.

저는 사람들이 이웃을 귀찮게 하여 핀잔을 받고 싶어 하지 않는다는 관점으로 이 일을 시작했습니다. 제가 사는 뉴욕에서 사람들은 "우린 이웃과 말을 하지 않아요. 그래도 행복해요. 우린 따로 있는 게 좋으니까요."라고 말했습니다. 그런데 사실은 그렇지 않았습니다. 그것은 일종의 역설입니다. 사람들은 이웃과 알고 지내고 싶지 않은 게 아니라 그들과 어떻게 관계를 맺고 공동체를 만들어 갈지 모를 뿐입니다. 결과적으로 우리는 고립되고 소외된 개인으로서 고군분투하고 있는 것입니다.

"난 이웃을 몰라요. 이런 일은 해본 적이 없어요. 그쪽이 싫다고 하면 어떡하죠?"와 같은 반응을 우리는 거의 모든 지역에서 겪었습니다. 그러나 저희가 제공한 조직적 방법을 활용해 이 단계를 극복하면, 사람들은 반색을 하며 그렇게 서로 알게 된 것을 무척 즐거워합니다. 사람들은 이 프로그램에서 가장 좋은 점은 이웃을 알게 된 것이라고 몇 번이고 말하고 있습니다.[4]

온실가스를 줄이기 위해 생활 양식을 바꾸자는 지역 모임에 참여하라는 취지로 지원자들을 모아 훈련하고 이웃집 문을 두드리게 했을 때, 그 참여율은 40%를 넘었습니다. 참여하겠다는 의향뿐 아니라 관심 수준도 처음 기대했던 것보다 훨씬 더 높았습니다. 세상을 치유하는 데 참여하고자 하는 열망이, 수면 바로 아래에서 표출할 기회와 출구만을 기다리고 있었던 것입니다.

개별적 행위든 집단적 행위든 세상을 치유하려는 우리의 열망을 공개적인 행위로 드러내면, 다른 사람들도 같은 일을 하도록 도와주게 됩니다. 본보기의 힘은 전염성이 강합니다. 이것이 바로 문화를 변화시키는 것입니다.

4: 중생적 수준 : 우리와 하나로 연결된 모든 생명체

최근의 연구 성과는 우리 자신의 경험에서 알고 있는 사실을 강하게 뒷받침해주고 있습니다. 예를 들어, 자연 환경과 접하는 것이 우리의 행복에 대단히 도움이 된다는 사실입니다.[5] 죄수가 감방 밖의 경치를 볼 수 있다면 덜 아프고, 입원 중인 환자도 보이는 경치가 콘크리트가 아니라 녹색일 때 훨씬 빨리 회복된다고 합니다. 세상을 위하는 일에서 우리를 지지하는 여건을 만들려면 자연과의 접촉이 반드시 포함되어야 합니다.

여기에는 좋은 경치를 보고 기분 좋게 느끼는 것 이상의 근본적인 것이 있습니다. 도회지에 사는 사람들은 특히, 자연에서 생겨나고 우리가 그 일부인 생물학적 현실과 접촉을 끊기가 쉽습니다. 호디노소니족과 다른 원주민들은 인류의 생존 자체가 자연계의 건강한 작동에 달려 있음을 익히 알고 있었지만, 이것이 사실임을 과학적으로 이해하게 된 것은 극히 최근의 일입니다.

식물과 플랑크톤이 없다면 우리가 마실 산소는 없을 것입니다. 흙, 식물, 꽃가루를 나르는 곤충, 기타 여러 생명체의 풍부한 기반이 없으면, 우리가 먹을 음식도 없을 것입니다. 우리 내부에 인간의 삶이 다른 생명들 때문에 지속되고 있다는 깊은 감사의 마음을 가지고 살아갈 때, 이를 되갚아주고 싶다는 우리의 열망도 강해집니다.

앞의 세 가지 수준, 즉 개인적 실천, 아는 사람들, 그리고 문화적 여건에서는 우리가 가리키고 남들도 관찰할 수 있는 유형의 행위나 실체를 언급하고 있습니다. 그런데 지금의 네 번째 수준에서는 우리 주위에 아무도 없고 우리가 특별한 일을 하지 않고 있는데도 누군가가 우리를 지지하고 있다고 느끼게 하는 하나됨의 경험을 이야기합니다. 우리는 이 네 번째 여건을 '중생적(ecospiritual)'이라고 부릅니다. 이는 바로 넓은 차원의 현실과 인간이 절실히 느끼는 관계에 대한 것이기 때문입니다.

우리는 각자 내면의 지도를 가지고 있습니다. 그 지도에는 우리가 절대적으로 중요하거나 신성하게 보는 영역, 추종할 가치가 있다고 보는 목적, 우리를 새롭게 하고 인도해 줄 것으로 믿는 자원들이 표시되어 있습니다. 통상적 삶의 역사를 기록한 현실의 지도에서는 돈이 가장 중요합니다. 단기적으로 돈을 버는 데 방해가 되는 것은 무엇이든 가차없이 제거됩니다. 이런 지도에서 지지를 받는 길은 그걸 사는 데 필요한 돈을 버는 것입니다. 이 지도를 따라가다 보면 우리는 결국 벼랑으로 떨어지게 될 것입니다.

대전환의 세 번째 차원은 의식 변화에 대한 것입니다. 이 변화는 우리 지도를, 모든 것의 중심에 세상의 치유를 두도록 바꾸는 것이라고 할 수 있습니다. 이 지도에서 우리의 공동체는 중생입니다. 따라서 나무, 곤충, 새 등을 친지나 친척으로, 우리 가족으로, 커다란 생태적 자아로 여기게 됩니다. 이러한 현실의 지도에서 중생적 수준의 여건은 같은 편으로 가득 차게 됩니다.

생명이 지속되어야 한다는 열망은 현재 살아가는 인간보다도 위대합니다. 이런 열망이 인도하는 대로 행동하면, 우리와 목적을 함께 하는 모든 중생들, 즉 조상님들, 후손들, 자연계 모두가 우리 주위에서 환호하는 것을 그려볼 수 있습니다. 또한 우리가 외롭고, 좌절하고, 절망에 빠졌을 때, 우리는 이들 아무에게나 도움을 청할 수 있습니다.

자연계에서 위안을 찾는 데에 익숙하지 않다면, 자연에서 보낸 시간 중 가장 좋았던 기억으로 자신의 마음을 데려가면 좋습니다. 특별히 평온을 느꼈거나 자주 찾아 갔던 장소가 있습니까? 우리의 기억과 상상력을 동원하면, 마음으로 그런 장소에 찾아가 자연에서 받는 느낌을 되살릴 수 있습니다. 실제로 찾아가 만날 수 있는 특정한 장소를 자연에서 찾을 수 있다면 더욱 좋습니다. 이를 오랜 친구나 스승을 찾아가는 것이라고 생각할 수도 있겠습니다. 그렇다면 그런 장소가 우리에게 무슨 말을 해줄 수 있을까요? 다음 연습을 따라해 보고 무슨 일이 생기는지 살펴보세요.

🌳 따라해 보세요 - 자연의 소리를 듣는 지점 찾기

당신은 생명망과 더 가까이 하나로 연결되어 있다는 느낌을 받는 장소가 있습니까? 몸으로 찾아가는 곳일 수도 있고 상상 속의 특정 지점일 수도 있습니다. 거기에 가면, 긴장을 풀고 항상 편하게 생각하십시오. 그리고 통찰력과 영감, 그리고 기타 자양분을 끌어내 주는 뿌리 조직에 자신을 연결시킨다고 생각하십시오. 어떤 지침을 받고 싶으면 그저 지침을 달라고 부탁하고 귀 기울여 들으면 됩니다.

-Chapter-

4

활력과 열정 유지하기

　세상을 위한 행동에 나서겠다는 마음의 불꽃이 터지면, 그 내면의 불은 놀랄만한 활력의 원천이 될 수 있습니다. 하지만 그 불꽃으로 탈진할 위험도 있습니다. 그렇다면 어떻게 해야 탈진하지 않고 일정 기간 불꽃을 유지할 수 있을까요? 이 장에서는 우리가 하는 일을 즐거운 일로 만들고, 우리 일의 핵심에 개인의 지속 가능성을 맞춤으로써 영감을 새롭게 유지해가는 방법을 살펴보고자 합니다.

　세상이 위기에 빠진 마당에 우리 자신의 즐거움을 생각하다니, 한가하게 보일지도 모르겠습니다. 해결해야 할 급한 문제가 많은데, 개인적인 만족에 대한 관심은 일단 꺼야 하는 것 아닐까요? 그러나 우리가 하는 일을 보람 있게 만드는 일은 전략적 가치가 있고, 일찍 기진맥진해지는 것을 예방하는 것 이상의 의미를 가지고 있습니다. 이미 수백만 명이 대전환에 관여하고 있다고는 하지만, 아직도 운동은 더 성장해야 하고, 이 운동이 생동감을 심화시키고 보다 만족스런 생활 양식으로 가는 길이라고 인식할 때, 참여할 여력은 더 커집니다. 이를 도와주는 5가지 전략은 다음과 같습니다.

- 열정을 소중한 재생 자원으로 인식할 것
- 활동에 대한 개념을 넓게 정의할 것
- 마음속 깊은 즐거움을 나타내는 나침반을 쫓아갈 것
- 좋은 삶을 산다는 의미를 다시 규정할 것
- 성공을 새로운 눈으로 보고 음미할 것

1: 열정을 소중한 재생 자원으로 인식할 것

미국의 켄터키 주만한 농지가 지속 가능하지 않은 농법이 가져온 토양 침식으로 매년 사라지고 있습니다. 이처럼 지나치게 밀어붙이거나 어려운 여건에 오랫동안 시달려 기진맥진해지면, 우리의 열정도 표토처럼 침식되기 시작합니다.

세상 문제에 대응할 때, 우리는 자신의 역량을 최대한 발휘하고 역경에 맞서야 합니다. 문제는 너무 과도하게 그리고 너무 오랫동안 자신을 발휘하면 탈진할 위험이 있다는 것입니다. 이처럼 육체적·정신적으로 기진맥진한 상태는 과열과 붕괴의 한 형태로서, 높은 수준의 스트레스를 장기간에 걸쳐 받으면서도 회복할 시간과 영양이 부족할 때 생깁니다. 운동 조직에서 다년간 일한 제니는 자신이 느낀 바를 이렇게 말합니다.

저는 제가 하는 일을 좋아했어요. 강연도 하고 사람들과 함께 하는 걸 즐겼지요. 그러나 언제부턴지 모든 게 실증나기 시작했어요. 너무 오래, 너무 열심히 일한 나머지 더 이상 남에게 해줄 게 남아 있지 않았거든요.

운동선수가 성적을 올리려면, 적당히 훈련을 해서는 안 됩니다. 그들은 속도와 강도가 다른 활동을 교차시키는 인터벌 트레이닝의 원칙에 따라 강도 높은 훈련과 회복을 위한 휴식 시간을 교대로 가집니다. 비슷한 원칙이 요가에도 적용됩니다. 약간 무리가 오도록 뻗은 다음 다시 원상태로 돌아오지요. 우리도 계속 밀어붙이기만 하면 스스로를 해칠 위험이 있습니다. 수십 년간 지속할 수 있는 운동 형태를 개발하려면, 회복을 위한 뭔가가 필요합니다. 만약 우리가 일생 동안 함께 하고 싶고 남들도 끌어들이는 운동론을 개발코자 한다면, 무엇이 우리의 열정을 살리는가를 살펴볼 필요가 있습니다.

지속 가능한 농업에서 우리는 건강한 흙이 얼마나 중요한 자원인가를 알 수 있습니다. 흙을 살찌우고, 회복시키고, 복원하는 방법을 찾는 일이 장기적인 생산성의 핵심이 됩니다. 우리의 열정도 마찬가지입니다. 열정이 소중하다고 생각한다면, 어떻게 이 소중한 자원을 살찌우고, 회복시키고, 복원할 것인가에 관심을 가져야 합니다.

물 위에 떠 있는 배를 생각하면, 우리가 지속적으로 운동을 해나갈 능력과 의향에 영향을 미치는 요인들을 추려볼 수 있습니다.(상자 3-8 참조) 수위는 바로 활력과 열정이 우리 내면에 비축되어 있는 양을 의미합니다. 반면, 탈진 같은 문제에 부닥치는 것은 바위에 좌초하는 것과 같습니다. 소모적 요인은 아래쪽 화살표로 나타나 있는데, 바로 수위를 낮추고 바위에 좌초할 가능성을 높여 줍니다. 창조적 요인은 우리를 충전시켜주고 강화시켜 주는데, 수위를 올려 주는 위쪽 화살표로 표시되어 있습니다.

예를 들어, 우리가 사업에 진전을 이루고 있다고 느끼면, 사기가 오르고 수위가 올라갑니다. 일이 지지부진하거나 반론에 부딪치거나 아니면 무력감을 느껴 좌절감을 느끼면, 수위가 내려갑니다. 그래서 복원력을 키우려면, 우리는 자신을 지탱해 주는 모든 요인들에 신경을 쓸 필요가 있습니다.

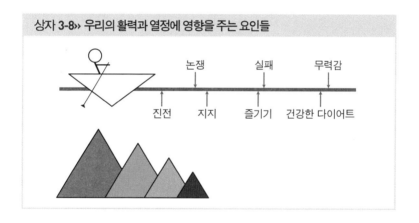

상자 3-8» 우리의 활력과 열정에 영향을 주는 요인들

너무 큰 좌절을 맛보거나 '위쪽 화살표'가 거의 없다면, 우리는 바닥을 칠 위험에 빠져 여기가 어디쯤인지 생각하고 포기해 버릴까를 생각할 수 있습니다. 우리가 계속 일할 의지와 활력, 그리고 열정을 잃으면, 바로 탈진이라는 바위에 좌초하게 되는 것입니다. 세상의 여건이 나빠지

고 있고, 일은 지지부진하고, 문제 해결에 대한 반대도 한두 가지가 아니라면, 우리의 열정을 지켜가는 게 특별히 중요합니다.

　Part3의 3장에서 언급했듯이, 우리 주위에 지지세력을 구축하는 일은 이 점에서 핵심적인 역할을 합니다. 그러나 그것은 그저 '위쪽 화살표' 중 하나일 뿐입니다. 열정의 가치를 인식하면, 우리는 자신이 하는 일을 보다 만족스럽게 만드는 방법을 찾기 시작합니다. 다음의 문장 완성하기를 한번 보겠습니다.

🌱 **따라해 보세요 – 에너지와 열정을 유지하기 위한 문장 완성하기**
아래의 문장 완성하기는 일기를 쓰거나 친구와 대화를 하거나 그룹 내에서도 사용할 수 있습니다. 수위 그리기 과정과 함께 하면 더욱 좋습니다.

1_ 나를 힘 빠지게 하고, 의기소침하게 하고, 기진맥진하게 만드는 일은 (　　)이다.
2_ 나에게 힘이 나게 하고 기를 살려주는 일은 (　　)이다.
3_ 내가 가장 열정적이었던 때는 (　　)이다.

　회의나 행사를 기획할 때 이런 문장 완성하기를 활용하면 어떨까요? 많은 공공 모임을 보면, 단상에는 열변을 토하는 연사가 있고 그 아래에는 수동적인 청중이 앉아 상호 교류가 거의 없는 오래된 유형을 따르고 있습니다. 때로는 이런 모임이 정보를 주기도 하고 영감을 주기도 합니다. 그러나 동시에 지루하고 수동적으로 만들기도 합니다. 수위 그림은 그런 차이를 만드는 요인을 추리는 데에도 사용할 수 있습니다. 어떻게 하면 모임에서 열정의 수위를 올려, 사람들이 의무감 때문에 나타나는 게 아니라 제 발로 찾아오도록 할 수 있을까요?

영국의 프롬에서는 한 지속 가능성 집단이 매달 만나서 연설을 듣거나 영화를 보고 토론을 했습니다. 모여 앉아 가져온 음식을 먹으면서 회의를 진행하자 이 모임은 훨씬 더 인기가 높아졌습니다. 서로 대화를 나눌 시간과 기회를 가지자 우정과 공동체 의식이 생겨 사람들이 제 발로 찾아오게 되었습니다. 이렇게 먹으면서 하는 대화로 인해 공동의 사업과 행동이 생겨났고, 결국 지역 공동체는 변화되었습니다.

2: 활동에 대한 개념을 넓게 정의할 것

활동가의 반대말은 무엇일까요? 소극적인 사람일까요? 만약 활동가라는 용어가 우리 모두가 자랑스러워하고, 되고 싶어하는 사람이 아니라 우리들 중 몇몇 소수만을 위해 쓰이는 것이라면 정말 이상해 보입니다. 희망 만들기를 실천하는 것은 바로 이 세상에서 우리가 바라는 바를 위해 활동가가 되는 일입니다. 여기에서 활동가라는 용어는 개인적 이익보다 더 큰 목적을 위해 능동적으로 활동하는 사람이라면 누구에게나 적용됩니다.

대전환의 세 가지 차원을 보면, 캠페인과 시위라는 중요한 작업 이상으로 활동의 범위가 확대되는 구조라는 것을 알게 됩니다. 보리심, 즉 모든 중생이 잘 되기를 바라는 마음으로 행동한다면 우리는 이미 활동가인 것입니다. 여기에는 지속 가능한 사회를 건설하려는 모든 노력과 이를 지지하는 의식과 인식의 전환을 장려하는 모든 것들이 포함됩니다. 활동 영역을 넓게 그리면 여러 차원을 쉽게 넘나들며 활동할 수 있고, 여러 차원을 합쳐 우리의 역량을 더욱 강화시킬 수 있습니다. 한 차원의 일을 과도하게 할 수도 있지만, 너무 지쳤다 싶으면 다른 영역으로 방향을 바꿔 새로이 원기를 되찾을 수도 있습니다.

20년 이상 『영속농업』이라는 잡지를 발간하고 있는 팀 할런드과 매디 할런드 부부는 "우리는 출판을 통해서 활동합니다."라고 말합니다. 〈공동체 농업 프로젝트〉의 창립자인 마누 송과 에디 해밀턴은 "우리는 기르는 일을 통해 활동합니다."라고 말합니다. 대전환에 참여한다고 해서 갑자기 직업을 바꾸거나 다른 관심을 포기하라는 뜻이 아닙니다. 오히려 이 세상의 치유를 위해 우리의 재능, 경험, 네트워크, 열정, 기질을 활용하라는 뜻입니다. 〈전환운동〉의 미국 지부에서 주최한 온라인 토론에 참석한 한 사람의 말을 들어봅시다.

대전환을 이루기 위한 행위를 세 가지 유형으로 나눈 것은 매우 유용합니다. ⋯ 내가 원래부터 이 일보다는 다른 일에 더 적절하다면, 내가 가장 잘 하는 곳에서 활동하면 됩니다.

3: 마음속 깊은 즐거움을 나타내는 나침반을 쫓아갈 것

기진맥진하거나 좌절할 때가 있는가 하면, 활동이 대단히 만족스럽고 고무적이고 즐거운 때도 있습니다. 무엇이 그렇게 활동을 만족스럽게 만드는가에 관심을 가지면, 우리가 어디에 집중하고 싶은지를 알게 됩니다. 이를 뒤집어 보면, 우리가 마음속으로 시큰둥해지거나 분노를 느끼거나 불꽃이 사라지고 있다고 느낀다면, 잠깐 쉬면서 우리의 열정을 되살리기 위해 어떤 선택을 해야 할지 심사숙고할 가치가 있다는 뜻입니다. 우리가 가지고 있는 열정의 강도는 내면의 나침반처럼 지침으로 작동하여, 장기적으로 지켜나가고 싶은 행동을 추구하도록 방향을 잡아줍니다.

우리가 힘과 열정에 근거하여 행동하면, 그 효과가 훨씬 더 좋습니다. 이 때가 바로 대전환이 우리를 통해 가장 강력하게 일어날 수 있는 지점입니다. 이것은 우리 모두가 따라야 할 바른 길이 유일하다는 생각과는 아주 거리가 먼 커다란 변화입니다. 오히려 이것은 우리 각자가 가장 어울리는 자리를 찾아야 한다는 생각입니다. 저술가이자 장로교 목사인 프레데릭 부케너는 이를 '우리 마음속 깊은 즐거움과 세상의 근본적인 필요가 서로 만나는 지점'이라고 말하고 있습니다.[1] 우리가 이 접점을 찾을 때, 대전환은 아주 우리다운 방식으로 우리를 통해 작동하게 됩니다.

4: 좋은 삶을 산다는 의미를 다시 규정할 것

고급 잡지와 광고에서 선전하는 만족스러운 삶이란 수영장 주변에서 일광욕을 하면서 마티니 한 잔을 마시는 사람들처럼 사치와 여가를 즐기는 것입니다. 그러나 행복에 대한 과학적 연구에 따르면, 이는 삶을 진짜로 만족스럽게 해주는 것과는 한참 떨어진 이야기입니다. 심리학자인 미하이 칙센트미하이는 그의 오래된 저서인『몰입 : 행복 심리학』에서 이렇게 말했습니다.

뭔가 어렵고 가치 있는 일을 이루려는 자발적인 노력의 결과, 사람의 몸이나 마음이 그 한계에 이르도록 확장될 때가 통상 최고의 순간이다.[2]

사치를 통해 우리는 만족에 이르도록 확장되지 않습니다. 그러나 활동을 통해서는 여러 가지 방식으로 가능합니다. 첫째, 우리가 가장 소중히 여기는 가치에 합당하게 행동할 때, 우리는 하는 일의 배후에 있는 정당함이라는 내적 의식을 경험하게 됩니다. 둘째, 우리가 집중해서 어려운 문제를 대할 때, 칙센트미하이 같은 심리학자들이 삶의 만족과 그렇게 강하게 연결되어 있다고 하는 몰입 상태에 빠질 가능성이 더 커집니다.

이런 몰입 상태에 들어가기 위해, 우리는 집중을 해야 할 정도로 어렵지만, 좌절할 정도로는 어렵지 않은 문제와 부딪칠 필요가 있습니다. 우리의 힘과 열정을 모두 쏟아부으면, 우리는 시간 가는 걸 잊어버리는 몰입 상태에 빠집니다. 그렇게 되면 스스로를 강화하는 나선형 운동이 생겨납니다. 즉, 우리의 힘을 쓰면 쓸수록 몰입 상태에 빠지고, 우리는 활동에 집중하게 되는 만큼, 일을 더 잘하게 됩니다. 이런 '선순환'이 이 세상에 도움을 줄 때, 우리는 훨씬 더 큰 만족을 얻습니다.

광고업계의 선전보다 연구 결과를 더 믿는다면, 소비 문화보다 사회 활동이 만족스런 삶으로 가는 보다 믿을만한 길이라고 할 수 있습니다. 그러나 불행히도 이 세상이나 인간의 집단적 정서에서나 이런 견해는 아직 지배적이지 않습니다. 하지만 좋은 삶을 산다는 의미를 다시 규정하려는 국제적 운동은 점점 커지고 있습니다.³

영국에서 크리스는 '브리스톨 행복 강좌'를 개설했습니다. 이는 1년 단위로 이루어진 일련의 강연으로 매년 수백 명이 참여했고, 더 많은 사람들이 유튜브로 이를 시청했습니다.⁴ 어느 해인가는 주제가 '행복과 지속가능성'이었는데, 그 해에 크리스의 강연 제목은 '어떻게 하면 세상에 대한 나쁜 소식을 대하고도 더 행복할 수 있을까?'였습니다.

처음 이 제목을 보고 사람들은 머리를 긁적이며 "농담하는 것 아닙니까?"라고 물었습니다. 기존의 관점에 따르면, 세상의 문제를 인식하는 일은 행복을 위협하는 것이고, 따라서 받아들일 수 없는 것입니다. 여기서 쟁점이 되는 것은 좋은 기분의 근거에 대한 이해가 서로 다르다는 점입니다. 하나는 행복한 사진을 목표로 하고 있는 데 반해, 다른 하나는 만족감을 주는 과정에 관여하고 있습니다.

행복한 사진을 추구하는 관점은 "내가 (   )을 가지고 있다면, 나는 행복할 텐데…"라는 문장과 일맥 상통합니다. 여기서 행복이란 가져야 할 것을 소유하는 것과 관련이 있습니다. 가져야 할 것들 중에는 돈, 성공, 잘 생긴 외모, 당시 가장 유행하는 소비재 등이 포함됩니다. 만약 그런 것들을 소유하고 있지 않든가 그런 방향을 추구하지 않으면, 우리 삶은 '행복한 사진'이 아닙니다. 이렇게 만들어진 고정관념에 자신을 비교하면 우리는 아주 쉽게 부족한 삶을 살고 있다고 느끼게 됩니다. 이렇게 형성된 불만족 때문에 과소비가 강하게 부추겨지는 것입니다.

행복한 사진에는 빠진 것이 있습니다. 바로 나쁜 소식입니다. 사진이

미소를 짓고 즐거워 보이는 것은 우울하게 만드는 원천을 거부하는 것으로, 현실의 반갑지 않은 모습들은 제거되어 보이지 않고 대화에도 끼어들 수 없습니다. 이런 관점을 취하면, 우리는 정작 위기에 봉착했다는 것을 알게 되더라도 아무런 대비를 못하게 됩니다.

만족감을 주는 과정은 오르막과 내리막이 있는 좋은 이야기와 같습니다. 여기서는 나쁜 소식을 감출 필요가 없습니다. 실은 나쁜 소식이야말로 우리 삶을 더 만족스럽게 만들도록 행동에 나서게 하는 장본인입니다. 난국에 잘 대처하면, 우리는 힘이 살아나고 목적의식에 불이 켜지게 됩니다. 우리가 바라는 변화를 가져오는 데 성공하리라는 보장은 없지만, 관심과 노력을 완전히 바치는 과정에서 우리는 생기가 살아납니다. 이것이 희망 만들기의 전부입니다. 그리고 우리가 이렇게 살아갈 때, 현대 사회에 만연한 권태로움과 공허함은 바로 사라질 것입니다.

좋은 삶에 대한 이 두 가지 관점의 차이를 여실히 증명하는 사례로 존 로빈스를 들 수 있습니다. 이미 나이 스무 살에 그의 삶은 아메리칸 드림이 실현된 것이나 마찬가지였습니다. 그의 아버지와 삼촌은 역사상 가장 큰 아이스크림 회사를 차렸고, 그는 차기 사장이 될 예정이었습니다. 그런데도 이 행복한 사진이 그는 뭔가 마땅치 않았습니다. 회사의 선전 문구인 "우리는 여러분을 행복하게 만들어 드립니다."가 존에게는 진실로 다가오지 않았습니다. 아이스크림과 미소는 잘 어울리는 것처럼 보일지 모르지만, 이 둘의 짝짓기 결과는 비만과 심장 질환을 증가시킨 것뿐이었습니다. 돈벌이에 좋다고 해서 사람들의 건강에도 좋은 것은 아니었습니다. 저서 『새롭게 보는 좋은 삶』에서 존은 자신의 딜레마를 이렇게 기록했습니다.

아이스크림이 사람을 죽인 적은 없습니다. 그러나 사람들이 아이스크림을 많이 먹으면 먹을수록 건강에 문제가 생기기 쉽습니다. 그런데 회사는 당연히 가능한 한 많은 아이스크림을 팔고 싶어 합니다.

존은 돈에 대한 이런 집착이 잘못된 일일 뿐만 아니라 삶을 가장 가치 있게 만들어주는 것들을 사람들에게서 빼앗아간다고 느꼈습니다. 그가 더 낫다고 본 매력적인 생활에 대해 그는 이렇게 쓰고 있습니다.

나는 다른 방식의 삶을 살아야겠다는 부름을 느꼈습니다. 삶의 목적이 돈을 가장 많이 버는 게 아니라 가장 도움이 되는 그런 삶 말입니다. … 만약 내가 그 부름을 거부한다면 결국 부자는 될 수 있겠지만, 내 자신에게 진실되지 않고 나는 불행해질 것이 확실했습니다. 내면의 가치에 반해 살아가는 것은 지긋지긋한 일입니다. 결국 솔직하지 못하고 가짜 또는 거짓된 삶으로 끝날 것입니다.[5]

진정으로 만족감을 주는 과정은 우리의 마음을 담아 열중할 때입니다. 존에게 백만장자 사장의 삶은 이런 과정이 없었습니다. 스물한 살의 나이에 그는 자기 것이 될 수도 있었던 막대한 부를 뒤로 하고, 접시 닦기와 여타의 아르바이트를 하며 대학을 다녔습니다. 그리고 1969년부터 존과 그의 부인 데오는 캐나다의 어느 섬에 조그마한 한 칸짜리 통나무집을 짓고 살았습니다. 그 후 10년간 이 부부는 먹을 것을 직접 기르며 매년 1,000달러 이하로 소박한 삶을 살았습니다. 그는 자랄 때 겪은 돈의 세계와 대비해 이렇게 썼습니다.

내 처와 나는 둘 다 다른 뭔가가 가능한지, 그리고 더 성취감을 주는 일은 없는지 알고 싶었습니다. … 우리는 직감적으로 인류가 비극적 충돌로 가는 과정에 있다는 사실을 알았고, 무한 경쟁에서 벗어나 보다 진정하게 우리의 삶을 시작할 수밖에 없다고 느꼈습니다.[6]

몇 년 후 존은 백만 부나 팔린 베스트셀러 『새로운 미국을 위한 식습관(Diet for a New America)』을 썼습니다. 이 책에서 그는 음식, 건강과 환경의 연관성을 파헤치고 있습니다.[7] 그리고 책 판매로 얻은 수입에도 그들은 소박한 삶을 이어갔습니다. 캐나다의 섬에서 두 사람은 근본적으로 성취감을 주는 대단히 중요한 뭔가를 발견한 것입니다. 그것은 누구나 할 수 있는 게임으로, 우리 삶을 풍요롭게 하고 이 세상을 바꿀 잠재력을 지니고 있습니다. 존의 이야기를 들어보겠습니다.

게임의 목표는 '여러분이 삶의 질을 올리면서 지출을 얼마나 줄일 수 있는가?' 입니다.[8]

만약 모든 사람들이 평균적인 북미 사람이나 유럽 사람처럼 산다면, 자원을 조달하고 쓰레기를 처리하기 위해 세 개 내지 다섯 개의 지구가 필요할 것입니다.[9] 행복과 소비가 연결되어 있다는 생각이 우리 사회에 깊숙이 박혀 있기 때문에 '포기'나 '삭감' 같은 생각은 보통 암울하고 위협적으로 보입니다.

그러나 존이 지적하듯이, 진짜 손실은 소비에서 생겨납니다. 우리는 조금씩 이 세상을 잃어가고 있습니다. 숲, 물고기, 벌들이 사라지고 있습니다. 우리가 모든 종을 멸종시키고 있습니다. 공동체의 풍요로움이 사라지고 우리 삶을 의미 있게 만들어주는 많은 것들을 잃어버리고 있습니다. 지금 우리는 우리가 살아가는 데 필요한 생물학적 지원 체계가 사라지는 절체절명의 위기에 봉착해 있습니다.

적게 쓰고도 잘 사는 법을 배우는 게임으로 우리는 얻는 게 더 많을 것입니다. 금전적으로 불확실한 시기에 경제적 회복 능력을 높이면서 돈이 부족하거나 돈의 가치가 떨어졌을 때 어떻게 돈을 관리해야 할지 걱정을 덜 수 있을 것입니다. 이 게임을 잘 하면, 더 행복하고 더 성취감 있는 삶을 살 수 있습니다.

5: 성공을 새로운 눈으로 보고 음미할 것

우리가 하는 일에 열중하는 것이 삶을 만족스럽게 만드는 필수적인 요소이긴 하지만, 그것만으로 충분한 것은 아닙니다. 실패를 반복하고, 좌절하며, 진전이 없으면 우리는 시간을 낭비하고 있는 게 아닌지 고개를 갸우뚱하게 됩니다. 뭔가 진전이 없으면, 그 노선을 견지하기란 쉽지 않습니다. 그래서 우리가 어떻게 성공을 이해하고 경험하느냐에 따라 활동을 기꺼이 계속해 가는지가 영향을 받습니다.

일반적으로 우리에게 주어진 성공 모델을 따르다 보면 잘못된 방향으로 가게 됩니다. 통상적 삶에서 성공은 부, 명성, 지위 등으로 평가됩니다. 돈을 버는 방법이 종업원과 세상에 피해를 주는데도 떼돈을 버는 기업은 성공한 것으로 간주됩니다. 수억 명의 사람들이 굶주리는데도 필요 이상으로 세상의 자원을 많이 획득한 사람은 성공한 인물로 간주됩니다. 인간이 집단적으로 지구를 약탈하도록 만드는 것은 바로 이런 유형의 성공을 우리 인간이 갈구하기 때문입니다.

대전환이라는 의식 전환이 생기면 우리는 큰 몸 안의 세포처럼 우리 인간을 모든 생명체와 직접적으로 연결된 존재로 인식하게 됩니다. 큰 몸이 아프고 죽어가는데 개별 세포가 성공한다는 것은 말도 안 되는 넌센스입니다. 우리가 문명으로서 생존하려면 성공을 더 큰 몸체, 즉 생명망의 안녕에 기여하는 것으로 정의하는 지능이 필요합니다. 상업적 성공은 계산하기가 쉽지만, 지구의 안녕에 기여하는 성공은 과연 어떻게 계산할 수 있을까요? 당신은 이런 성공을 자주 체험하고 있습니까? 아니라면 무엇이 그 체험을 방해하고 있습니까?

💧 **따라해 보세요 - 성공에 대해 생각해 보기**
성공에 대한 정의가 이 세상의 안녕에 기여하는 것이라고 할 때, 당신은 얼마나 자주 성공하고 있다고 느끼나요?

우리는 우리에게 의미가 있는 목표에 도달했을 때 성공을 체험합니다. 그런데 그 목표가 빈곤 퇴치나 저탄소 경제로의 전환이라면 어떨까요?

우리가 원하는 변화가 살아생전에 일어나지 않는다면, 우리는 끝내 성공을 경험하지 못한다는 의미가 되는 걸까요? 우리가 앞으로 나아가고 있다고 할 때 격려를 받기 위해서는, 쉽게 그리고 자주 알아차리도록 얼마나 진전을 이루었는지 알려주는 표식이 필요합니다. 여기에 도움이 되는 것이 바로 궁극적 목표와 중간 목표를 구분하는 일입니다.

Part3의 1장에서 설명한 점진적인 브레인스토밍 과정은 장기에 걸친 궁극적 목표로 시작합니다. 이런 목표들은 지금 당장 어떻게 일어날지는 알 수 없지만, 궁극적으로 일어났으면 하고 바라는 것들입니다. 이 궁극적 목표들 중 하나를 잡아 달성하는 데 필요한 조건들을 적어보세요. 만약 그 목표가 빈곤 퇴치라면, 광범위한 정치적 의지, 새로운 조세 정책, 자원의 재분배 등이 필요할 것입니다.

그리고 나서 이들 중 하나를 잡아 "이 일을 하려면 무엇이 필요할까?"라고 묻습니다. 각 단계를 거칠 때마다 우리는 현재 상황에 가까워집니다. 그러면 우리는 얼마 되지 않아, 즉 음식점에서 적게 먹거나 세계 기아에 대한 학습 - 행동 집단 꾸리기처럼 우리가 할 수 있는 범위 내에 있는 조치가 무엇인지 확인하는 단계로 넘어갑니다.

어떤 목표를 추구하든, 우리는 시간을 거슬러 중간 조치를 확인합니다. 이런 조치를 하나씩 취할 때마다 우리는 성공을 경험합니다. 다음 일로 즉각 서둘러 가지 않고 잠깐 짬을 내서 이 소규모 승리를 음미할 수도 있습니다. 다음의 문장 완성하기를 하면 이 과정을 진행하는 데 도움이 될 것입니다.

내가 최근에 취한 조치 중에서 기분 좋게 느낀 것은 (   )이다.

어디에 집중할 것인가를 선택하는 일처럼 우리는 계산할 수 없는 조치를 취하는 경우도 종종 있습니다. 상황이 심각하게 잘못 돌아가고 있다고 알아채는 일도 우리 여정에서 취하는 조치 중 하나입니다. 뭔가를 하고 싶을 정도로 관심을 쓰는 것 역시 의미 있는 작은 성공입니다. 또한 그저 보리심을 보여주는 일도 성공입니다.

성공을 경쟁의 조건으로 보는 사회에서 박수를 받는 사람들은 보통 '승자'라고 인정받은 사람들뿐입니다. 우리는 스스로를 격려하고 박수를 보내는 기술을 배워야 합니다. 우리는 조상님들, 후손들 그리고 인간을 뛰어넘는 생명체의 지원을 상상함으로써 우리가 취한 조치들에 대해 더 깊이 감사할 수 있습니다. 우리가 이들을 받아들이면, 그들이 우리를 응원하는 것을 감지할 수 있습니다. 학습 - 행동 집단을 만들거나 다른 방식으로 지원 세력을 구축하면, 우리는 서로를 지원해 주고 우리가 잘 하고 있음을 알아채며 감사할 시간을 가질 수 있습니다.

과거의 성공을 되돌아보면, 우리는 '내 안의 무슨 힘이 이 일을 할 수 있게 했을까?'라고 물을 수도 있습니다. 우리가 가진 힘을 분명히 확인하면, 그 힘을 이용하기가 더욱 수월해집니다. 그러나 우리가 직면한 도전을 이겨 내려면 개인이 가진 것에서 나올 수 있는 것보다 더 많은 다짐과 참을성, 용기가 필요합니다. 이것이 바로 우리가 새로운 눈으로 보도록 본질적 변화를 해야 하는 이유입니다.

그렇게 함으로써 힘을 인식하는 과정이 새로운 수준, 즉 커다란 생명 망의 수준으로 확대됩니다. 우리는 이 생명망에 있는 다른 존재의 고통 을 함께 느끼듯이, 그들의 성공과 함께 하고 그들의 힘에 의존할 수 있습 니다. 이런 일을 하는 데 도움이 되는 고대 불교의 명상법이 있습니다. '위대한 공덕 쌓기(the Great Ball of Merit. 불교 사무량심의 하나인 희부량심을 키우는 명 상법 – 역자주)'라는 것으로, 도덕적 상상을 위한 훌륭한 훈련법이 됩니다.

🌳 따라해 보세요 – 위대한 공덕 쌓기

긴장을 풀고 눈을 감으세요. 그리고 편하게 호흡에 몰두하세요… 당신과 현재 지 구에서 시간을 함께 보내고 있는 모든 존재들에게 당신의 의식을 여십시오… 이 방안에 있는 존재들… 이웃들… 이 도시의 존재들… 이 나라와 다른 나라의 존재 들에게도 의식을 여세요… 당신의 마음이 이 세상에 살고 있는 모든 존재를 아우 르게 놓아 두세요.

이제 당신의 의식이 모든 시간으로 옮겨 갑니다. 당신의 의식이 이제까지 살아온 모든 존재를 아우르게 놓아 두세요… 종족, 신념, 계층에 상관없이… 부자든 가난 한 자든, 왕이든 거지든, 성인이든 죄인이든… 죽 이어지는 산맥처럼, 이들 같은 존재들의 거대한 광경이 당신의 심안(心眼 : 마음의 눈)에 나타납니다.

이제 당신은 이들의 무수한 삶에서 무언가 칭찬받을 만한 행위가 이루어졌다는 것에 대해 알고 있습니다. 이들은 아무리 삶이 위축되고 박탈당했어도, 전쟁터나, 직장에서나, 가정에서… 눈곱만한 친절함, 한 번의 사랑의 선물, 용기 있는 행동이 나 자기 희생의 행위를 한 적이 있습니다… 무수히 많은 이들 존재 하나하나로부 터 용기와 친절, 그리고 가르침과 치유의 행위들이 나왔습니다… 당신 스스로 무수히 많은 이 공덕을 보도록 놓아 두세요.

이제 당신은 이 칭찬받을 만한 공덕을 쓸어 모은다고 상상합니다. 당신 앞에 산더미처럼 쌓아 두세요. 손으로… 쌓아 올리고… 무더기로 만들어 기쁨과 고마움으로 이를 관조해 보세요. 그리고 이를 쓰다듬어 공처럼 덩어리로 만드세요. 그것이 바로 '위대한 공덕 쌓기'입니다. 이 덩어리를 붙들고, 손으로 무게를 가늠해 보세요… 이제까지의 착한 행위가 빠짐없이 모두 모여 있음을 알고, 그 덩어리를 기뻐하세요. 이것은 언제나 쓸 수 있는 자원이고… 삶을 변화시키는 수단이 됩니다… 이제 당신은 환희와 감사의 마음으로 이 덩어리를 굴립니다. 계속 굴리고… 또 굴립니다. 이 세상이 치유될 때까지.

이 명상을 하면 할수록 우리는 편협한 자아의 밖에 있는 존재들로부터 힘을 끌어내는 과정에 익숙해집니다. 위대한 공덕 쌓기를 알고 나면, 스스로의 행위에 대해 생각하는 방법이 달라집니다. 아무리 사소한 일이라도 보리심을 좇아 이 세상에 도움이 되는 뭔가를 할 때마다, 우리도 뭔가 세상에 보태고 있음을 알게 됩니다.

-Chapter-

5

불확실성 때문에
더 강해지기

우리 문명의 생존을 위협하는 환경 요인에 대한 연구에서 제러드 다이아몬드는 시한 폭탄과도 같은 12가지 문제를 적시했습니다.[1] 기후변화, 피크 오일, 물 부족, 인구 폭발, 서식지 파괴, 토양 유실, 독성 물질 농도 상승 등 그 어느 것이든 우리 사회의 붕괴를 촉발할 수 있습니다. 이들 문제가 한꺼번에 터지면 그 영향은 훨씬 더 가공할 만하겠지요. 이 위험들이 악화되고, 전쟁과 대량 살상 무기 생산이 계속 늘어나고 있어 대파국을 무시하기가 어려워지고 있는 실정입니다. 우리들 대부분은 미래에 대해 너무 불확실하게 느끼고 있어, 우리가 과연 해낼 수 있을까 의아해합니다.

통상적 삶에서는 이러한 여건에 대한 경고와 두려움은 전혀 환영을 받지 못합니다. 이 문제들을 풀어가려면, 우리의 생활 양식, 회계 제도, 에너지 소비 패턴, 교통 수단, 산업 성장 경제의 기초 전반을 바꿔야 합니다. 그렇다면 이런 조치들이 필요하고 문제를 반드시 해결할 수 있다는 점을 확실히 증명하지 않고서, 이로 인한 모든 비용과 대변화를 정당화시킬 수 있을까요? 우리가 예전 방식에서 헤어나지 못한다면, 우리의 생활 양식을 바꿔야 한다는 어떤 제안을 해도 불확실성은 "절대 안 돼!"라는 주장을 뒷받침하는 데에 이용당할 뿐입니다.

그러나 대전환은 이와는 다른 견해를 가집니다. 엉망진창인 현재 상황에 직면한 우리는 미래가 불확실하다는 것을 이미 알고 있습니다. 그 점은 우리 시대의 피할 수 없는 특징입니다. 그러나 우리는 불확실성을 선택의 문제로 다룹니다. 이 장에서는 우리의 무지가 우리를 어떻게 생기 있게 만들 수 있는지를 알아보겠습니다. 불확실성과 친구가 되면, 우리는 그것이 주는 선물 때문에 더 강해질 수 있습니다.

1: 불확실성을 보는 관점

우리가 합리적으로 성공을 확신할 때에만 행동을 취한다면 불확실성은 아무짝에도 쓸모가 없을 것입니다. 가령, 기후변화를 다룰 때 우리는 지구 최후의 날로 치닫게 되는 정점(작은 변화들이 어느 정도 기간을 두고 쌓여, 이제 작은 변화가 하나만 더 일어나도 갑자기 큰 영향을 초래할 수 있는 상태가 된 단계 – 역자주)을 이미 지났는지 확신할 수가 없습니다. 세상에 종말이 올지도 모른다는 생각에 많은 사람들이 포기하거나 냉소적이 되거나 인생의 목적을 잃고 있습니다. 우리가 결국 파국이 불가피하다는 것을 믿는다면, 어느 지점이 과연 사태를 개선하기 위해 노력해야 할 시점일까요? 우리 중 일부가 이미 늦었다고 생각하고 우리를 방해하지 않는다면, 이 시대의 도전적인 불확실성을 다른 방식으로 접근할 필요가 있습니다.

크리스가 중독자 치료를 할 때의 일입니다. 매년 그가 잘 아는 환자들 몇몇은 술과 마약으로 죽어간 반면, 다른 사람들은 회복 과정에서 더욱 강해졌습니다. 새 환자를 만났을 때, 그는 그들이 어떻게 될지 알 수 없었습니다. 환자들도 이런 불확실성을 느꼈을 때 좋은 조짐을 보였습니다. 만약 병이 나을 것이라고 확신하면, 그들은 그 상태에 안주할 위험이 있습니다. 반면 스스로 희망이 없다고 생각하면, 병이 더 악화되는 하방 소용돌이(downward spiral)를 피할 수 없다는 믿음 때문에 일찌감치 마약이나 술을 포기하고 자기충족적인 예언을 만들어냅니다. 불확실성 때문이라니, 정말 다행스러운 일이지요! 이처럼 미래가 결정되지 않았다는 것을 알면, 우리는 미래에 일어날 일에 뭔가 영향을 미치는 역할을 할 여지를 가지게 됩니다.

당신은 사랑에 빠지거나 직장생활을 처음 시작할 때, 앞으로 잘 될 것이라고 확신할 수 있습니까? 산모의 진통이 새 생명의 탄생을 예고한다고 해서, 애가 무사히 태어날지 아니면 살지 죽을지 보장할 수 있습니까? 삶은 풍요롭고 신비롭지만, 성공을 보장하지는 않습니다. 그렇다고 해도 가만히 있어서는 안 됩니다. 사실, 결과가 불확실하다는 인식을 하기 때문에 우리는 서둘러 대비를 하는 것입니다. 그런 인식이 우리에게 주의하라고 요구하는 것입니다. 현실 안주의 낙관론이나 체념적인 비관론은 모두 우리를 움직일 힘이 없습니다. 그런 낙관론이나 비관론으로는 최선의 대응 방안을 배우게 하는 갈망도 만들 수 없고, 그런 대응을 유발할 수도 없습니다.

2: 신비로움과 모험심을 더해주는 불확실성

스포츠를 관람할 때 사람들이 공에서 눈을 떼지 못하는 것은 무엇 때문일까요? 또한 소설을 읽을 때 책장을 넘기도록 재촉하는 것은 무엇 때문일까요? 앞으로 일어날 일을 알고 싶지만, 모르기 때문입니다. 다음에 일어날 일이 무엇인지 알고 있다면, 잠을 안 잘 이유가 어디 있겠습니까? 그러나 우리 삶은 미리 예측이 가능하다면, 금방 따분해질 것입니다. 그러니 가슴이 빠르게 고동치고 완전히 집중하여 깨어 있는 순간에 주목하십시오. 당신은 언제 그런 순간이 생깁니까? 다음은 크리스의 경험입니다.

저는 거의 10년간 수련의 생활을 하고 최근에는 현직에서 물러나 지금은 직장이 없습니다. 불과 몇 개월 전, 주당 112시간 근무를 하고 나서 운전 중 졸다 제 자동차가 완전히 폐차된 경험때문에, 그것은 마치 생사를 건 결정처럼 느껴졌습니다. 제가 죽을 수도 있었고, 다른 사람을 죽일 수도 있었습니다. 저는 지금 앞으로 뭘 할 것인지, 어디서 살 것인지, 어떻게 벌어먹을 것인지 아무것도 모릅니다. 그저 직감적으로 빠져나와야만 한다는 사실을 알고 있었을 뿐입니다.

다리는 두려움에 휘뚝거리고 무릎은 젤리처럼 힘이 없었습니다. 그래서 자연과 접하고 도움을 받으러 웨일스 지역에 있는 산으로 갔습니다. 거기 앉아 구름과 풀과 벌레들을 보고 있는데, 갑자기 웃음이 터져 나왔습니다. 뭔가 명료해지는 순간이 제 머리를 때렸고, 저는 그게 재미 있었습니다. 저의 문제와 두려움은 무슨 일이 일어날지 모른다는 것이었습니다. 그러나 삶을 신비롭게 만드는 것은 바로 이 무지 때문입니다. 시간이 지나 저 모퉁이에 뭐가 있을지 모르지만, 저는 이런 신비로움과 모험심을 알게 되자 두려움이 아니라 흥분을 느꼈습니다.

수십 년간 통상적 삶을 살고 안전 의식이 그런 삶과 연결되어 있다면, 다른 삶이 있는 무허가 지역으로 넘어가는 일은 두려움을 키울 것입니다. 익숙함에 너무 집착하면 광장공포증 환자가 외부세계를 두려워하듯, 불확실성을 두렵게 느낄 것입니다. 이것이 그러지 말아야 한다고 알고 있음에도 불구하고 우리가 익숙한 것을 쉽게 떠나지 못하는 이유입니다. 새로운 땅에 발을 들여놓는 일은 모르는 것들과 자주 마주치는 것이기 때문에 우리는 이런 느낌과 친해져야 합니다. 그러면 이런 느낌은 우리 여정을 같이 하는 동반자가 될 것입니다.

3: 우리를 현재로 끌어오는 불확실성

무술을 하는 사람들의 멋진 자세는 기본적으로 차렷 상태를 구현하고 있습니다. 어느 순간 공격당할 수도 있고 방어가 필요하기도 해서, 재빠른 움직임이 요구되기 때문입니다. 누가 공격할 것인가? 언제 어디서? 이걸 모르기 때문에 현재에 완전히 집중하는 것입니다. 다른 데 한눈을 팔다가는 바닥에 누워 항복을 해야 합니다. 위기의 시대도 이와 비슷합니다. 그 위기가 우리를 깨우고, 우리를 집중시키는 것입니다.

우리를 현재 순간으로 끌어온다고 해서 그것이 과거나 미래와의 연결을 끊는다는 뜻은 아닙니다. 우리는 역사로 만들어진 존재입니다. 역사는 현재 우리의 일부입니다. 여기에 우리는 의도를 더합니다. 각각의 의도는 우리가 원하는 세상에 대한 선호를 반영하기 때문에, 이 선택은 우리를 미래와 연결하는 다리가 됩니다. 우리의 의도는 현재라는 순간에 방향을 갖게 해줍니다.

티베트에 있을 때 스님들이 캄파가르 승원을 재건축하는 것을 보면서 나는 의도가 가진 힘에 대해 중요한 교훈을 얻었습니다. 그 승원은 한때 티베트 불교 문화와 학습의 중심지였지만, 문화대혁명 기간에 홍위병들에게 파괴를 당했습니다. 중국 정부가 점령지 정책을 온건하게 바꾸면서 재건축이 시작되었습니다. 그러나 이 정책은 언제든 바뀔 수 있었습니다. 승원이 세워진다고 해도 다시 파괴되지 않으리라는 보장이 없었습니다.

그렇다고 해서 스님들을 멈출 수는 없었습니다. 스님들이 불확실성에 자신들의 의도를 더하는 식으로 불확실성에 맞서나갔기 때문입니다. 스님들은 미래를 알 수 없기 때문에 그냥 그렇게 진행한 것입니다. 그들은 해야 할 일을 그저 할 뿐이었습니다. 누군가가 돌 하나를 쌓으면 다른 사람이 그 위에 또 하나를 올렸습니다. 그리고 돌들이 무너져 내리면 다시 쌓아 올렸습니다. 그렇게 하지 않으면 아무것도 세워지지 않을 테니까요. 그들은 끈질기게 계속했습니다. 결국 미래를 만드는 것은 이와 같이 끈질긴 집요함입니다.

4: 보리심

우리가 마주하는 불확실성에는 티베트 스님들의 것과 비슷한 의도의 힘이 필요합니다. 만약 보리심, 즉 일체중생의 안녕을 기원하는 마음으로 초석을 삼는다면, 무슨 일이 생겨도 우리는 믿고 의지할 수 있습니다. 보리심은 우리가 일체중생과 하나로 연결되어 있다는 의식에 근거를 두고 있습니다. 그렇기 때문에 우리의 출발점이 됩니다. 이를 기반으로 우리는 서 있습니다. 재교감 작업의 나선형 순환을 실천하면, 우리는 이런 하나임을 강화시킬 수 있고, 더 믿음을 가질 수 있습니다. 우리가 나선형 순환을 실천할 때마다 우리의 보리심도 강화됩니다. 불확실성의 시대에 보리심은 우리가 확신할 수 있는 한 가지입니다.

불교 전통에서는 보리심을 매우 귀중한 어떤 것, 소중히 아끼고 지켜야 할 어떤 것으로 보았습니다. 우리의 마음속에서 우리를 인도하고 우리의 행위를 통해 빛나게 타오르는 불꽃이라고나 할까요? 불교 전통에서 위대한 영웅인 보살은 보리심이 너무 강해 열반의 문 앞까지 가서 영원히 해탈할 권리를 얻었음에도 불구하고 언제나 돌아서서 되돌아옵니다. 보리심이 지구상의 생명에 봉사하고 일체중생의 성불을 위해 일하라고 요구하기 때문에 그들은 윤회하는 고해로 돌아오기를 선택한 것입니다.

이 세상으로 돌아오기를 선택한 보살들의 이미지를 가지고 사고실험의 출발점으로 활용할 수도 있습니다. 우리가 처한 상황에 대해 다른 사고방식을 해보는 것은 회복력과 창의성을 강화하는 강력한 방법입니다. 보살의 전형은 모든 종교, 모든 사회운동에 존재합니다. 지구상의 생명체를 위해 행동할 때, 당신은 보살적 자아라고 할 수 있는 내면의 자비심을 용기 있게 표출하고 이것은 바로 현재 당신의 일부인 것입니다. 아래 연습을 통해 뭔가 얻기 위해 당신이 불교신자이거나 환생을 믿어야 할 필요는 없습니다. 그냥 따라해 보고 어떻게 되는지 살펴보면 됩니다.

🐾 따라해 보세요 – 보살의 시각

이 과정의 출발점은 당신이 현생으로 오는 문 앞에 대기하고 있다고 상상하는 것입니다. 당신은 지금 이생의 삶으로 태어나기 전으로 돌아가 있습니다. 이 환생을 위해 당신에게는 세 번째 천 년의 벽두에 일어날 위대한 변화에 참여할 기회가 주어졌습니다. 인류 문명은 지난 수십 년간 위험을 키우다가, 이제 세상은 유래 없는 심각한 위험과 가능성의 시점에 도달했습니다.

핵무기의 제조와 사용, 전체 생태계를 오염시키고 폐기물을 쏟아내는 산업 기술, 가난에 찌든 수십억 사람들 등 여러 형태의 도전이 있습니다. 그러나 한 가지는 분명합니다. 지구상의 생명이 번창하려면, 비약적인 의식 변화가 필요합니다. 이 말을 듣는 지금 이 순간, 당신은 용기와 공동체에 관해 그동안 배운 모든 것을 지니고 지구상에 인간의 몸으로 태어나기로 함으로써, 생명에 대한 당신의 다짐을 새로이 하고 이 고해에 다시 들어오기로 결정한 셈입니다.

이는 중대한 결정입니다. 그리고 어려운 결정이기도 합니다. 당신이 왜 돌아왔는지 기억할 것이라는 보장도 없고, 맡은 바 임무를 성공적으로 해낼 것이라는 확신도 없기 때문입니다. 더구나 당신은 외롭다고 느낄 수도 있습니다. 당신처럼 지금 태어나기로 결정한 많은 보살들을 당신이 알아보지 못할 것이기 때문입니다.

이렇게 문제가 복잡한 시기에 지구에서 인간의 몸으로 기꺼이 태어날 자신의 의도를 잠시 동안 잘 생각해 보세요. 그렇게 요청하고 있는 것은 바로 당신의 보리심입니다. 그렇다고 해도 지금은 그토록 어려운 시기이고, 당신도 알고 있듯이 고통으로 엄청 괴로운 인생으로 태어날 수도 있습니다.

모든 인생은 필연적으로 특별합니다. 당신은 총체적 의미의 인간으로 태어나는 게 아니라, 특별한 상황으로 형성된 독특한 인간으로 태어납니다. 이제 그 구체적 상황으로 들어간다고 느껴 보십시오. 그런 상황이 당신에게 생명의 번성을 위해 일하도록 준비하는 데 어떻게 도움이 될 수 있는지 인식하면서 그런 상황을 선택한다고 상상해 보십시오.

이제 당신이 태어나는 해로 들어갑니다. 언제 태어났는가에 따라 당신은 특별한 여건과 사건의 영향을 받게 됩니다…

태어나는 장소로 갑니다. 어느 나라를 택했습니까? 도시인가요 아니면 시골인가요? 눈을 처음 뜰 때 지구의 어느 편이 보이나요?

피부색과 종족은 어떤가요? 사회경제적 여건은 어떤가요? 이런 선택에서 생기는 특권과 궁핍은 당신이 하려는 일을 준비하는 데 도움이 됩니다…

어떤 종교적 전통을 가진 집안에서 태어났습니까? 어린 시절 알게 된 종교적 이야기와 이미지는 당신이 인생 목적을 어떻게 보고 찾아갈 것인지에 영향을 미칩니다…

이제 중요한 선택이 남아 있습니다. 바로 성과 성적 취향입니다…

그리고 부모님들입니다. 어떤 아버지를 택했습니까? 어머니는 어떤 분인가요? 친부모일 수도 있고 양부모일 수도 있습니다. 부모님의 강점과 약점, 당신이 받는 사랑과 겪게 되는 상처가 모두 하려는 일을 준비하는 데 도움이 됩니다.

독자입니까 아니면 형제자매가 있습니까? 이런 선택으로 생겨나는 우애, 경쟁,

고독 등이 당신이 세상에 가져다 줄 독특한 취향의 강점을 만들어 냅니다.

이번에는 어떤 장애를 갖고 태어날 건가요? 몸과 마음의 장애가 있으면 타인의 어려움과 역량을 더 깊이 이해하게 됩니다.

어떤 강점과 열정이 이생에서 당신 삶을 특징지을 수도 있습니다. 이번 삶에서는 어떤 정신적·육체적·영적 힘과 욕구를 가지기로 결정했습니까?

마지막으로 잠깐 동안 명확히 본다고 상상하세요. 당신은 어떤 특별한 임무를 수행하려고 합니까?

각각의 선택은 당신의 실제 삶을 언급하는 것이지, 꿈속에서의 삶을 언급하는 것이 아닙니다. 당신이 한 일은 보다 포괄적인 차원의 의식을 가지고 자신의 선택을 바라본 것입니다. 이것은 그동안 보이지 않았던 정체성의 중요한 일부를 기억해 내는 것과 같습니다. 이 과정을 거치면서 당신은 내면에 있는 보살과 다시 친해지게 됩니다. 개인적인 생각으로, 일기를 쓰는 것으로, 혹은 자기 자신에게 쓰는 편지로 이 과정을 대신할 수도 있습니다. 친구나 소규모 집단으로 여럿이 한다면, 서로 돌아가며, 서로를 챙겨주면서 자신의 경험과 견해, 생각, 감정 등을 함께 나눌 수도 있습니다.

당신이 이런 연습에 익숙해지면, 보살 보고서에 들어갈 주제를 더하거나 빼고 싶을 수도 있습니다. 후속 과정으로 이번 삶의 과정에 우리가 내린 선택을 되돌아볼 수도 있습니다. 예를 들면, 교육적 노력, 영적 실천, 중요한 관계, 직업적 탐구와 다짐 등과 관련해서 말입니다. 다음은 이 과정에 참여했던 한 동료의 말입니다.

저는 보살의 선택에 대해 많은 생각을 했습니다. 그리고 그것이 우리 역량을 강화시켜 준다는 것을 알게 되었습니다. 저는 제 자신이 책임 있는 사람이라고 생각했습니다. 그러나 이전에는 한 번도 내 삶의 모든 여건을 체계적으로 검토할 기회가 없었습니다. 이 과정을 거치면서 저는 오늘 이 자리로 불러준 저의 여건에 대해 기쁘게 생각하게 되었습니다.

우리가 삶의 여건을 선택할 수 있다는 생각이 어떤 사람들에게는 문제가 될 수 있다는 것을 알고 있습니다. 우리를 억압한 상황에 대해 우리에게 책임을 지우려는 생각은 희생자가 오히려 비난을 받게 되는 모순이 있습니다. 그러나 우리의 목적은 모든 생명의 경험이 가혹하고 제한적일지라도, 우리의 이해와 봉사하겠다는 동기를 고상하고 풍요롭게 해주는 것으로 볼 수 있다는 점을 인정하자는 데 있습니다. 영적 가르침 또한 우리가 우리 삶의 세부적인 것까지 모두 아우르고 그것들을 마치 우리가 선택한 것처럼 정당하다고 볼 때, 진정한 해방이 이루어진다고 단언하고 있습니다.

5: 희망 만들기라는 진주를 찾아서

보리스 치룰닉은 열 살 때 피신을 해야 했습니다. 독일 점령기에 프랑스에서 살아남으려면 안 보이는 곳에 숨어야 했습니다. 유대인이라는 이유로 다른 가족들은 모두 아우슈비츠로 끌려가 죽임을 당했습니다. 이처럼 극단적으로 가혹한 경험을 했기 때문에, 그는 무엇이 강점을 찾게 해주고 무엇이 회복력을 깊게 해주는지 의문을 가지게 되었습니다. 학대 받는 아이들, 콜롬비아의 소년병, 르완다 인종 학살의 생존자들과 함께 하면서, 그는 어린이들이 트라우마를 극복하는 문제에 관한 세계 유수의 심리학자가 되었습니다. 자신의 저서 『회복탄력성』에서 그는 이 렇게 말합니다.

굴 속의 진주는 회복탄력성의 상징이라고 할 수 있습니다. 하나의 모래가 굴 속에 들어가 성가시게 하면 굴은 자신을 보호하기 위해 진주색 물질을 분비하 게 되고, 이런 보호적 반응 때문에 단단하고 빛나는 귀중한 물질이 생겨나는 것 입니다.[2]

우리는 지구의 살아 있는 몸체가 공격을 받고 있는 시기에 살고 있습니다. 그런데 그 공격자는 외계인이 아닌 바로 우리 자신의 산업 사회입니다. 동시에 보기 드문 회복 과정, 즉 대전환이라는 생사가 걸린 창의적 대응이 이미 진행 중입니다. 우리는 각자가 뭔가 중요한 것을 할 수 있고 기여할 일이 있다는 사실을 알기에, 엉망진창인 현실에 대처할 수 있습니다. 최선의 역할을 하고 난국을 잘 헤쳐나가면, 우리는 삶을 풍요롭게 하고 이 세상을 치유하는 귀중한 뭔가를 발견할 수 있습니다. 자신의 트라우마에 대응하여 굴이 진주를 키워내듯, 우리는 희망 만들기라는 선물을 키우고 제시할 수 있습니다.

ACTIVE
HOPE

참고자료

모든 웹사이트 연결은 2011년 8월과 9월에 이루어졌습니다.

Acknowledgment

Thich Nhat Hanh, The Heart of Understanding: Commentaries on the Prajnaparamita Heart Sutra (Berkeley, CA: Parallax Press, 1988), 3.

저자 서문

1. 2002년 175개 나라의 25,164명을 대상으로 한 여론조사를 보면 67% 가 환경 여건이 더 나빠지고 있다고 생각하고 있습니다. http:// netpulseglobalpoll.politicsonline.com/results/highlights.doc. 참조.

2. 노벨 경제학상 수상자인 조셉 스티글리츠와 그의 동료 린다 빔즈는 미국이 이라크 전쟁에서 쓴 돈이 3조 달러를 넘는다고 계산하고 있습니다. *See The Three Dollars War* (New York, Norton 2008) 참조.

3. See Joanna Macy and Molly Young Brown, *Coming Back to Life: Practices to Reconnect Our Lives, Our World* (Gabriola Island, BC: New Society Publishers, 1998).

4. Rebecca Solnit, *A Paradise Built in Hell: The Extraordinary Communities That Arise in Disaster* (New York: Viking, 2009), 10.

5. Rabindranath Tagore, *Gitanjali* (Brookline, MA: International Pocket Library, 1912), 45.

1. David Korten, The Great Turning: *From Empire to Earth Community* (Sterling, VA: Kumarian Press, 2006), 251.

2. George W. Bush, press briefing by Ari Fleischer, http://www.presidency. ucsb.edu/ws/index.php?pid=47520#axzz1VIT70S9z.

3. Rich Pirog and Andrew Benjamin, "Checking the Food Odometer: Comparing Food Miles for Local Versus Conventional Produce Sales to Iowa Institutions," Leopold Center for Sustainable Agriculture, 2003, http://www.leopold.iastate.edu/pubs-and-papers/2003-07-foododometer.

4. "Obama at G20: U.S. Needs Faster Growth to Curb Deficit," *Reuters*, November 11, 2010, http://www.reuters.com/article/2010/11/11/us-obama-deficits-idUSTRE6AA20H20101111.

5. Anup Shah, "Children as Consumers," *Global Issues*, November 21, 2010, http://www.globalissues.org/article/237/children-as-consumers.

6. Oliver James, *Affluenza* (London: Vermillion, 2007), 81.

7. Paul Solman, "China's Vast Consumer Class," *PBS NewsHour*, http://www.

pbs.org/newshour/bb/asia/july-dec05/consumers_10-05.html.

8. "Where America Stands: Economic Worries Persist; Dissatisfaction with Washington Runs High," *CBS News poll*, May 25, 2010, http://www.cbsnews.com/htdocs/pdf/poll_052510.pdf.

9. "57% Think Next Generation Will Be Worse Off," *Fox News poll*, April 9, 2010, http://www.foxnews.com/politics/2010/04/09/fox-news-poll-think-generation-worse/.

10. "Global Survey Highlights Fear of Future and Lack of Faith in World Leaders," Gallup International Poll, January 17, 2008, http://extranet.gallup-international.com/uploads/internet/DAVOS%20release%20final.pdf.

11. Korten, *Great Turning*, 21.

12. Karen Ward, Zoe Knight, Nick Robins, Paul Spedding, and Charanjit Singh, "Energy in 2050: Will Fuel Constraints Thwart Our Growth Projections?" HSBC Global Research, March 2011, http://www.research.hsbc.com/midas/Res/RDV?p=pdf&key=TB0uEyzId3&n=293253.PDF.

13. See Jeff Rubin, "Oil Prices Caused the Current Recession," *The Oil Drum*, November 5, 2008, http://www.theoildrum.com/node/4727.

14. See Rob Hopkins, *The Transition Handbook: From Oil Dependency to Local Resilience* (White River Junction, VT: Chelsea Green, 2008), 21–22.

15. "Coping with Water Scarcity: Challenge of Twenty-First Century," World Water Day Report, 2007, http://www.fao.org/nr/water/docs/escarcity.pdf.

16. Albert Schumacher, "Water for All: *Moving Towards* Access to Fresh Drinking Water and Sanitation," *UN Chronicle*, 2005, http://www.un.org/Pubs/chronicle/2005/issue2/0205p20.html.

17. Aiguo Dai, Kevin E. Trenberth, and Taotao Qian, "A Global Dataset of Palmer Drought Severity Index for 1870–2002: Relationship with Soil Moisture and Effects of Surface Warming," *J. Hydrometeor 5* (2004): 1117–30, doi: 10.1175/JHM-386.1.

18. Quoted in "Recycling Facts," *Green Muze*, August 21, 2008, http://www.greenmuze.com/waste/recycling/289-recycling-facts.html.

19. William J. Antholis and Martin S. Induk, "How We 're Doing Compared with the Rest of the World," Brookings Institution, February 13, 2011, http://www.brookings.edu/papers/2011/0213_recovery_renewal.aspx.

20. For a detailed overview of how the world is warming, see "The State of the Climate Highlights, 2009," National Oceanic and Atmospheric Administration, July 2010, http://www1.ncdc.noaa.gov/pub/data/cmb/bams-sotc/2009/bams-sotc-2009-brochure-lo-rez.pdf.

21. Petra Low, "Weather-Related Disasters Dominate," Worldwatch Institute, October 1, 2008, http://vitalsigns.worldwatch.org/vs-trend/weather-related-disasters-dominate.

22. See reports on Climate Central, http://www.climatecentral.org/videos/web_features/washington_warming_and_wildfires.

23. Quoted in "Massive California Fires Consistent with Climate Change, Experts Say," *Science Daily*, October 24, 2007, http://www.sciencedaily.com/releases/2007/10/071024103856.htm.

24. Gordon McGranahan, Deborah Balk, and Bridget Anderson, "The Rising Tide: Assessing the Risks of Climate Change and Human Settlements in Low Elevation Coastal Zones," *Environment and Urbanization* 19 (2007): 17, doi: 10.1177/0956247807076960.

25. Tim Lenton, Anthony Footitt, and Andrew Dlugolecki, "Major Tipping Points in the Earth's Climate System and Consequences for the Insurance Sector," World Wildlife Fund/Allianz SE, November 23, 2009, http://assets.panda.org/downloads/plugin_tp_final_report.pdf.

26. Quoted by Jenny Fyall, "Warming Will 'Wipe Out Billions,' " *The Scotsman*, November 29, 2009, http://news.scotsman.com/latestnews/Warming-will-39wipe-out-billions39.5867379.jp.

27. UN Food and Agriculture Organization Food Price Index, August 9, 2011, http://www.fao.org/worldfoodsituation/wfs-home/foodpricesindex/en/.

28. See Anup Shah, "Poverty Facts and Stats," *Global Issues*, September 20, 2010, http://www.globalissues.org/article/26/poverty-facts-and-stats.

29. Shah, "Poverty Facts."

30. Joseph Stiglitz, "Of the 1%, by the 1%, for the 1%," *Vanity Fair*, May 2011, 242 http://www.vanityfair.com/society/features/2011/05/top-one-percent-201105.

31. Richard Wilkinson and Kate Pickett, *The Spirit Level*: Why More Equal Societies Almost Always Do Better (New York: Penguin, 2009).

32. Jeffrey Sachs, "Can Extreme Poverty Be Eliminated?: Crossroads for Poverty," *Scientific American* (September 2005): 56–65.

33. "World Military Spending Reached $1.6 Trillion in 2010," Stockholm International Peace Research Institute, April 11, 2011, http://www.sipri.org/media/pressreleases/milex.

34. "Global Biodiversity Outlook 2," Convention on Biological Diversity, 2006, http://www.cbd.int/doc/gbo/gbo2/cbd-gbo2-en.pdf.

35. Lauren Morello and ClimateWire, "Phytoplankton Population Drops 40 Percent Since 1950," Scientific American, July 29, 2010, http://www.scientificamerican.com/article.cfm?id=phytoplankton-population.

36. "Al Gore's New Thinking on the Climate Crisis," TED talk, March 2008, http://www.ted.com/talks/al_gore_s_new_thinking_on_the_climate_crisis.html.

37. See Hopkins, Transition Handbook, 26.

38. Donella H. Meadows, Jørgen Randers, and Dennis L. Meadows, *Limits to Growth: The 30-Year Update* (White River Junction, VT: Chelsea Green, 2004), 3.

39. Paul Hawken, Blessed Unrest: *How the Largest Movement in the World Came into Being and No One Saw It Coming* (New York: Penguin, 2008), 2.

]**40.** "Economic Crisis Turns UK Customers to Ethical Banking, Savings, and Investments," NOP Poll for Triodos Bank, http://www.ethicalconsumer. org/CommentAnalysis/marketresearch/2009reports.aspx.

41. As quoted on Space Quotations, http://www.spacequotations.com/earth. html.

42. "Bill Anders," Wikipedia, last modified October 2, 2011, http:// en.wikipedia.org/wiki/William_Anders.

Part1-Chapter3, 고마움으로 시작하기

1. Robert Emmons, "The Joy of Thanks," *Spirituality & Health* (Winter 2002), http://www.spiritualityhealth.com/magazine/recommended-articles/the-joy-of-thanks.html.

2. Reviewed in Emily Polak and Michael McCullough, "Is Gratitude an Alternative to Materialism?" *Journal of Happiness Studies* 7, no. 3 (2006): 343–60, doi: 10.1007/s10902-005-3649-5.

3. R. A. Emmons and M. E. McCullough, "Counting Blessings Versus Notes 243 Burdens: An Experimental Investigation of Gratitude and Subjective Well-Being in Daily Life," *Journal of Personality and Social Psychology*, 84, no. 2 (2003): 377–89, doi: 10.1037/0022-3514.84.2.377.

4. Michael E. McCullough, Marcia B. Kimeldorf, and Adam D. Cohen, "An Adaptation for Altruism? The Social Causes, Social Effects, and Social Evolution of Gratitude," *Current Directions in Psychological Science* 17, no. 4 (2008): 281–85, http://www.psy.miami.edu/ehblab/Gratitude/Gratitude_CDPS_2008.pdf.

5. Alice Isen and Paula Levin, "Effect of Feeling Good on Helping: Cookies and Kindness," *Journal of Personality and Social Psychology* 21, no. 3 (1972): 384–388, doi: 10.1037/h0032317.

6. Polak and McCullough, "Gratitude," 347.

7. Oliver James, *Affluenza* (London: Vermillion, 2007), 28.

8. See Oliver James, *Britain on the Couch: Treating a Low-Serotonin Society* (London: Arrow, 1998), 96–110.

9. A. E. Becker et al., "Eating Behaviour and Attitudes Following Prolonged Exposure to Television Among Ethnic Fijian Adolescent Girls," *British Journal of Psychiatry* 180 (2002): 509–14, doi: 10.1192/bjp.180.6.509.

10. Jerry Bader, "The Law of Dissatisfaction: How to Motivate Prospects," *Woodridge Marketing Articles*, http://www.mrpwebmedia.com/blog/thelaw-of-dissatisfaction-how-to-motivate-prospects.

11. Explored in detail by Gregg Easterbrook in *The Progress Paradox: How Life Gets Better While People Feel Worse* (New York: Random House, 2004).

12. Gavin Andrews, Richie Poulton, and Ingmar Skoog, "Lifetime Risk of Depression: Restricted to a Minority or Waiting for Most?" *British Journal of Psychiatry* 187 (2005): 495–96.

13. Environmental Protection Agency, "Sustainable Materials Management: The Road Ahead" (Washington, DC: EPA, 2009), 2, http://www.epa.gov/osw/inforesources/pubs/vision2.pdf.

14. T. Kasser, R. M. Ryan, C. E. Couchman, and K. M. Sheldon, "Materialistic Values: Their Causes and Consequences," in *Psychology and Consumer Culture: The Struggle for a Good Life in a Materialistic World*, ed. T. Kasser and A. D. Kanner (Washington, DC: American Psychological Association, 2004), 11–28.

15. Polak and McCullough, "Gratitude," 356.

16. See Richard Layard, *Happiness: Lessons from a New Science* (New York: Penguin, 2005), 81.

17. See "A Basic Call to Consciousness: The Haudenosaunee Address to the Western World," *Akwesasne Notes* (1978), http://ratical.org/many_worlds/6Nations/6nations1.html#part1.

18. The Thanksgiving Address is viewable at http://www.nmai.si.edu/ education/files/thanksgiving_address.pdf.

19. See "The Tree of Peace," *Native American Wisdom*, http://www.earth portals.com/Portal_Messenger/shenandoah.html.

20. James Lovelock, *Healing Gaia: Practical Medicine for the Planet* (New York: Harmony Books, 1991), 113.

21. Lovelock, *Healing Gaia*, 22.

22. Lovelock, *Healing Gaia*, 133.

23. Paying it forward is a powerful concept, beautifully illustrated in the film Pay It Forward, directed by Mimi Leder (2000).

Part1-Chapter4. 세상에 대한 우리의 고통을 존중하기

1. 여기 인용된 시는 13세기 볼프람 폰 에셴바흐(Wolfram von Eschenbach) 의 시를 역자가 번역한 것입니다.

2. Bibb Latané and John Darley, "Group Inhibition of Bystander Intervention in Emergencies," *Journal of Personality and Social Psychology* 10, no. 3 (1968): 215–21.

3. See Paul Farhi, "Liberal Media Watchdog: Fox News E-Mail Shows

Network's Slant on Climate Change," *Washington Post*, December 15, 2010, http://www.washingtonpost.com/wp-dyn/content/article/2010/12/15/AR2010121503181.html.

4. See Sutin Wannabovorn, "Thai Meteorology Chief Who Got It Right Is Brought In from the Cold," Guardian, January 12, 2005, http://www.guardian.co.uk/world/2005/jan/12/tsunami2004.thailand.

5. See Naomi Oreskes and Erik Conway, *Merchants of Doubt*: How a Handful of Scientists Obscured the Truth on Issues from Tobacco Smoke to Global Warming (New York: Bloomsbury Press, 2010).

6. See Cassandra Larussa, "BP Enjoys Lobbying Strength, Close Ties to Lawmakers as Federal Investigation Looms," OpenSecrets, April 30, 2010, http://www.opensecrets.org/news/2010/04/on-thursday-oil-giant-bp.html.

7. "World Troubles Affect Parenthood," BBC News, October 8, 2007, http://news.bbc.co.uk/1/hi/uk/7033102.stm.

8. For a follow-up study of outcomes in participants, see Chris Johnstone, "Reconnecting with Our World," in *Creative Advances in Groupwork*, ed. Anna Chesner and Herb Hahn (London: Jessica Kingsley, 2002).

9. 죽음과 임종과 관련하여 처음 개발된 퀴블러-로스(Kübler-Ross)모델, 즉 부정, 화냄, 타협, 우울, 수용의 5단계 모델이 현재는 상실감을 받아들이는 과정으로 더 광범위하게 적용되고 있습니다. Elisabeth Kübler-Ross and David Kessler, On *Grief and Grieving: Finding the Meaning of*

Grief through the Five Stages of Loss (New York: Scribner, 2005) 참조.

10. J. William Worden, *Grief Counseling and Grief Therapy: A Handbook for the Mental Health Practitioner*, 4th ed. (New York: Springer Publishing, 2008).

11. Quoted in Joanna Macy and Molly Young Brown, *Coming Back to Life: Practices to Reconnect Our Lives, Our World* (Gabriola Island, BC: New Society Publishers, 1998), 91.

12. Arne Naess, "The Shallow and the Deep, Long-Range Ecology Movement," *Inquiry* 16, nos. 1–4 (1973): 95–100, doi: 10.1080/00201747308601682.

13. Margaret Wheatley, "Dear Friends and Colleagues," *Turning to One Another*, http://www.turningtooneanother.net/home.html.

Part2-Chapter1. 넓은 의미의 자아

1. Arne Naess, "Self-Realization: An Ecological Approach to Being in the World," in *Thinking Like a Mountain: Toward a Council of All Beings*, ed. John Seed, Joanna Macy, Pat Fleming, and Arne Naess (Kalispell, MT: Heretic Books, 1988), 28–29.

2. Sam Keen, from "Hymns to an Unknown God," in *The Sacred Earth: Writers on Nature and Spirit*, ed. Jason Gardner (Novato, CA: New World Library, 1998), 122.

3. Helena Norberg-Hodge, Ancient Futures: *Learning from Ladakh*, 2nd ed. (London: Rider, 2000), 83.

4. Carl Jung, "Spirit and Life," in *The Collected Works of C. G. Jung*, vol. 8, *The Structure and Dynamics of the Psyche* (London: Routledge & Kegan Paul, 1960), 337.

5. Naess, "Self-Realization," 28.

6. Marilynn Brewer, "The Social Self: On Being the Same and Different at the Same Time," *Personality and Social Psychology Bulletin* 17, no. 5 (1991): 476, doi: 10.1177/0146167291175001.

7. Described by Naess in "Self-Realization," 28.

8. World Values Survey, quoted by Robert Putnam, *Bowling Alone: The Collapse and Revival of American Community* (New York: Simon & Schuster, 2000), 140.

9. Naess, "Self-Realization," 20.

10. Quoted in Joanna Macy, *World as Lover, World as Self* (Berkeley, CA: Parallax Press, 2007), 150.

11. Harvey Sindima, "Community of Life: Ecological Theology in African Perspective," in *Liberating Life: Contemporary Approaches in Ecological Theology*, ed. Charles Birch, William Eaken, and Jay B. McDaniel (New 246 Active Hope York: Orbis, 1990), xx, http://www.religion-online.org/

showarticle.asp?title=2327.

12. For more on this story, see Wes McKinley and Caron Balkany, *The Ambushed Grand Jury: How the Justice Department Covered Up Government Nuclear Crimes and How We Caught Them Red Handed* (Lanham, MD: Apex Press, 2004).

13. Wes McKinley in video interview, Wes McKinley and Caron Balkany, *The Ambushed Grand Jury*, http://www.ambushedgrandjury.com/video.htm.

14. Quoted in Wes McKinley & Caron Balkany, *The Ambushed Grand Jury* (New York, Apex Press, 2004), 165.

15. Lynn Margulis and Dorion Sagan, *Microcosmos: Four Billion Years of Evolution from Our Microbial Ancestors* (Berkeley and Los Angeles: University of California Press, 1997), 29.

Part2-Chapter2. 새로운 유형의 권력

1. "World Troubles Affect Parenthood," *BBC News*, October 8, 2007, http://news.bbc.co.uk/1/hi/uk/7033102.stm.

2. Joe Litobarski, "We Are Powerless to Stop Climate Change," *Th!nk About It*, November 14, 2009, http://climatechange.thinkaboutit.eu/think4/post/we_are_powerless_to_stop_climate_change.

3. "World Military Spending Reached $1.6 Trillion in 2010," Stockholm International Peace Research Institute, April 11, 2011, http://www.sipri.org/media/pressreleases/milex.

4. Jeffrey Sachs, "Can Extreme Poverty Be Eliminated?: Crossroads for Poverty," *Scientific American* (September 2005): 56–65.

5. Nelson Mandela, *Long Walk to Freedom: The Autobiography of Nelson Mandela* (London: Abacus, 1995), 625.

6. D. H. Lawrence, "The Third Thing," *Pansies: Poems* (Knopf, 1929), 133.

7. Mandela, *Long Walk*, 438.

8. Joanna Macy, "Grace and the Great Turning," The Co-Intelligence Institute, http://www.co-intelligence.org/Grace_Macy.html.

9. Quoted in Joanna Macy, *Despair and Personal Power in the Nuclear Age* (Gabriola Island, BC: New Society Publishers, 1983), 134. Adapted from T. H. White, *The Sword in the Stone* (New York: Putnam, 1939).

Part2-Chapter3. 풍부한 공동체 경험

1. M. Scott Peck, *The Different Drum: Community Making and Peace* (London: Arrow, 1990), 27.

2. Miller McPherson, Lynn Smith-Lovin, and Matthew Brashears, "Social Isolation in America," *American Sociological Review* 71, no. 3 (June 2006): 353–75.

3. Robert Putnam, *Bowling Alone: The Collapse and Revival of American Community* (New York: Simon & Schuster, 2000).

4. "Better Together," Saguaro Seminar report, December 2000, 10, http://www.bettertogether.org/thereport.htm.

5. Rebecca Solnit, *A Paradise Built in Hell: The Extraordinary Communities That Arise in Disaster* (New York: Viking, 2009), 3–4.

6. Solnit, *Paradise*, 5.

7. Doris Haddock, "Fear Is a Humbug," *New Hampshire* magazine (December 1, 2008), http://www.nhmagazine.com/archives/404336-329/fear-is-a-humbug.html.

8. See Joanna Macy, *Dharma and Development: Religion as Resource in the Sarvodaya Self-Help Movement*, rev. ed. (Sterling, VA: Kumarian Press, 1991).

9. "Action Handbook: Ideas for Transition Projects," Transition United States, http://www.transitionus.org/sites/default/files/HowTo_ActionHandbook_v1%200.pdf.

10. Martin Luther King Jr., "Letter from Birmingham Jail," April 16, 1963,

paragraph 4, http://abacus.bates.edu/admin/offices/dos/mlk/letter.html.

11. Every day 29,000 children under the age of five die from preventable diseases, malnutrition being a contributing factor in more than half of these. See "Childhood under Threat: The State of the World's Children," Unicef, 2005, 9, http://www.unicef.org/sowc05/english/fullreport.html.

12. Donella Meadows, "If the World Were a Village of 1,000 People," Squidoo, http://www.squidoo.com/world-village-1000-people.

13. See http://www.odt.org/popvillagesources.htm.

14. Helena Norberg-Hodge, "The Pressure to Modernise," International Society for Ecology and Culture, 1992, http://www.localfutures.org/publications/online-articles/the-pressure-to-modernise.

15. Helena Norberg-Hodge, *Ancient Futures: Learning from Ladakh*, 2nd ed. (London: Rider, 2000), 45.

16. See Molly McNulty, "She's Swimming the Skeena," Skeena Watershed Conservation Coalition, August 5, 2009, http://skeenawatershed.com/news/article/shes_swimming_the_skeena/.

17. James Lovelock, *The Vanishing Face of Gaia: A Final Warning* (New York: Allen Lane, 2009), 9.

18. See Mohawk Nation, "Thanksgiving Prayer," http://www.mohawkcommunity.com/images/Thanksgving_prayer_1_.pdf.

19. See International Union for Conservation of Nature, "IUCN Redlist," http://www.iucnredlist.org.

20. Duane Elgin, *Promise Ahead: A Vision of Hope and Action for Humanity's Future* (North Yorkshire, UK: Quill, 2001), 28.

21. See Pat Fleming and Joanna Macy, "The Council of All Beings," in *Thinking Like a Mountain: Toward a Council of All Beings*, ed. John Seed, Joanna Macy, Pat Fleming, and Arne Naess (Kalispell, MT: Heretic Books, 1988), 79–90.

Part2-Chapter4. 긴 안목으로 보는 시간

1. See GRID-Arendal, United Nations Environmental Program, "Collapse of Atlantic Cod Stocks off the East Coast of Newfoundland in 1992," http://maps.grida.no/go/graphic/collapse-of-atlantic-cod-stocks-off-the-east-coast-of-newfoundland-in-1992.

2. Boris Worm et al., "Impacts of Biodiversity Loss on Ocean Ecosystem Services," *Science* 314 (2006): 787–90, doi: 10.1126/science.1132294.

3. "Market Crisis 'Will Happen Again,' " BBC News, September 8, 2009, http://news.bbc.co.uk/1/hi/8244600.stm.

4. "Quant Trading: How Mathematicians Rule the Markets," BBC News, September 26 2011, http://www.bbc.co.uk/news/business-14631547.

5. Quoted in Jem Bendell and Jonathan Cohen, "World Review," *Journal of Corporate Citizenship*, no. 27 (June 2007): 10.

6. See Greg Palast, *The Best Democracy Money Can Buy* (London: Robinson, 2003), 257.

7. National Commission on the BP Deepwater Horizon Oil Spill and Offshore Drilling, "Deep Water: The Gulf Oil Disaster and the Future of Offshore Drilling," Report to the President (January 2011), 125, http://www.gpoaccess.gov/deepwater/index.html.

8. "Deep Water," 125.

9. Gordon McGranahan, Deborah Balk, and Bridget Anderson, "The Rising Tide: Assessing the Risks of Climate Change and Human Settlements in Low Elevation Coastal Zones," *Environment and Urbanization* 19 (2007): 17, doi: 10.1177/0956247807076960.

10. See "Lake Karachay," Wikipedia, last updated August 18, 2011, http://en.wikipedia.org/wiki/Lake_Karachay.

11. Malidoma Patrice Somé, *Of Water and the Spirit: Ritual, Magic, and Initiation in the Life of an African Shaman* (New York: Penguin, 1994), 9.

12. Several sources were used for this. For an overview, see "Timeline of Evolution," Wikipedia, last updated October 2, 2011, http://en.wikipedia.org/wiki/Timeline_of_evolution.

13. Several sources were used for this. For an overview, see "Timeline of Ancient History," Wikipedia, last updated October 1, 2011. http://en.wikipedia.org/wiki/Timeline_of_ancient_history.

14. Jared Diamond, Collapse: *How Societies Choose to Fail or Survive* (New York: Penguin, 2006), 495.

15. 이 수련은 저자와 몰리 브라운(Molly Young Brown)이 제시한 이중원 (double circle) 과정을 바꾼 것입니다. *Practices to Reconnect Our Lives, Our World* (Gabriola Island, BC: New Society Publishers, 1998), 146 참조.

Part3-Chapter1. 영감을 주는 비전 붙잡기

1. The full speech is available at Martin Luther King Online, http://www.mlkonline.net.

2. Elise Boulding, "Turning Walls into Doorways," *Inward Light* 47, no. 101 (spring 1986), http://fcrp.quaker.org/InwardLight101/101Boulding.html.

3. Jill Bolte Taylor, a neuroanatomist who suffered a stroke, combines her personal experience with neuroscience research in describing the different roles of our two cerebral hemispheres. See *My Stroke of Insight: A Brain Scientist's Personal Journey* (New York: Penguin, 2009).

4. Stephen Covey, *The Seven Habits of Highly Effective People* (New York:

Simon & Schuster, 1990), 99.

5. Boulding, "Turning Walls."

6. Ibid.

7. See Coleman Barks, trans., *The Essential Rumi* (San Francisco: HarperSanFrancisco, 1995).

8. See J. Edward Russo and Paul Schoemaker, *Confident Decision Making: How to Make the Right Decision Every Time* (London: Piatkus, 1991), 111.

9. Thomas Berry, *The Dream of the Earth* (San Francisco: Sierra Club Books, 1990), 201.

10. See the Co-Intelligence Institute, http://www.co-intelligence.org/ I-wholeness.html.

11. Joseph Campbell, *The Hero's Journey: Joseph Campbell on His Life and Work* (Novato, CA: New World Library, 2003), 217.

Part3-Chapter2. 할 수 있다고 믿어보기

1. Quoted in Ellen Gibson Wilson, *Thomas Clarkson: A Biography* (New York: Macmillan, 1989), 11.

2. Described most movingly in Adam Hochschild, *Bury the Chains: The*

British Struggle to Abolish Slavery (London: Pan McMillan, 2006).

3. Joseph Campbell, *The Hero with a Thousand Faces* (1949; repr., n.p., Fontana, 1993), 92.

4. The origin of this quote is thought to be a combination of Goethe and W. H. Murray. See Goethe Society of North America, "Popular Quotes: Commitment," http://www.goethesociety.org/pages/quotescom.html.

1. Paul Ray and Sherry Ruth Anderson, *The Cultural Creatives: How 50 Million People Are Changing the World* (New York: Harmony Books, 2000), 44.

2. P. W. Schultz et al., "The Constructive, Destructive, and Reconstructive Power of Social Norms," *Psychological Science* 18 (2007): 429–34.

3. Described in David Gershon, *Social Change* 2.0: A Blueprint for Reinventing Our World (White River Junction, VT: Chelsea Green, 2009).

4. Interviewed by Chris Johnstone, "Changing the World from Your Neighbourhood," *Permaculture magazine* (March 7, 2011), http://www.permaculture.co.uk/articles/changing-world-your-neighbourhood.

5. Cecily Maller et al., "Healthy Nature, Healthy People: 'Contact with

Nature' as an Upstream Health Promotion Intervention for Populations," *Health Promotion International* 21, no. 1 (December 2005): 45–54, doi: 10.1093/heapro/dai032.

Part3-Chapter4. 활력과 열정 유지하기

1. See Bob Abernethy, "Profile: Frederick Buechner," *Religion & Ethics Newsweekly*, online newsletter, episode no. 936, May 5, 2006, http://www.pbs.org/wnet/religionandethics/week936/profile.html.

2. Mihaly Csikszentmihalyi, *Flow: The Psychology of Happiness* (London: Rider, 1992), 3.

3. See, for example, Action for Happiness, http://www.actionforhappiness.org. See also Helena Norberg-Hodge's film *The Economics of Happiness* (2011).

4. See links at Chris Johnstone, "Happiness Lectures," http://www.chrisjohnstone.info/happiness_lectures.htm.

5. John Robbins, *The New Good Life: Living Better Than Ever in an Age of Less* (New York: Ballantine, 2010), 5.

6. Robbins, *New Good Life*, 10.

7. John Robbins, *Diet for a New America*, 2nd ed. (Walpole, NH: Stillpoint, 1998).

8. Robbins, *New Good Life*, xv.

9. See Bioregional Development Group and WWF International, One Planet Living, http://www.oneplanetliving.org.

Part3-Chapter5. 불확실성 때문에 더 강해지기

1. Jared Diamond, *Collapse: How Societies Choose to Fail or Survive* (New York: Penguin, 2006), 498.

2. Boris Cyrulnik, *Resilience: How Your Inner Strength Can Set You Free from the Past* (New York: Penguin, 2009), 286.

Active Hope

초판1쇄 인쇄 | 2016년 5월 1일
초판1쇄 발행 | 2016년 5월 6일

지은이 | 조안나 메이시&크리스 존스톤
옮긴이 | 양춘승
펴낸이 | 김진성
펴낸곳 | 봄나루

편 집 | 허강, 김선우
디자인 | 장재승
관 리 | 정보혜

출판등록 | 2012년 4월 23일 제2016-000007
주 소 | 경기도 수원시 팔달구 북수동 15-1 2층 202호
전 화 | 02-323-4421
팩 스 | 02-323-7753
이메일 | kjs9653@hotmail.com

ⓒ 조안나 메이시&크리스 존스톤
값 15,000원
ISBN 978-89-97763-10-8 03190

* 잘못된 책은 서점에서 바꾸어 드립니다.